BANK

新时代国有商业银行
竞争力再造研究

杨　英◎著

Competitiveness Rebuilding Research
of State-owned Commercial Bank in the New Era

西南财经大学出版社
中国·成都

图书在版编目(CIP)数据

新时代国有商业银行竞争力再造研究/杨英著 . —成都:西南财经大学出版社,2022.4
ISBN 978-7-5504-5308-1

Ⅰ.①新…　Ⅱ.①杨…　Ⅲ.①国有商业银行—市场竞争—竞争力—研究—中国　Ⅳ.①F832.33

中国版本图书馆 CIP 数据核字(2022)第 058446 号

新时代国有商业银行竞争力再造研究
XINSHIDAI GUOYOU SHANGYE YINHANG JINGZHENGLI ZAIZAO YANJIU
杨英　著

策划编辑:李琼
责任编辑:孙婧
责任校对:李思嘉
封面设计:墨创文化
责任印制:朱曼丽

出版发行	西南财经大学出版社(四川省成都市光华村街55号)
网　址	http://cbs.swufe.edu.cn
电子邮件	bookcj@swufe.edu.cn
邮政编码	610074
电　话	028-87353785
照　排	四川胜翔数码印务设计有限公司
印　刷	四川五洲彩印有限责任公司
成品尺寸	170mm×240mm
印　张	12.75
字　数	235 千字
版　次	2022 年 4 月第 1 版
印　次	2022 年 4 月第 1 次印刷
书　号	ISBN 978-7-5504-5308-1
定　价	78.00 元

前　言

　　国有商业银行是经济金融发展的主力军，其市场规模在银行业金融机构中占据半壁江山。2018 年年末，国有商业银行资产总额 105 万亿元，占银行业金融机构的 37%；各项存款余额 76 万亿元，占比为 44%；各项贷款余额 58 万亿元，占比为 38%；员工人数 165 万人，占比为 40%。国有商业银行竞争力发展不仅关系自身生存发展，也关系金融稳定和社会稳定。鉴于国有商业银行的重要性，学术界不乏对国有商业银行竞争力的研究，但随着时代的变迁，社会政治经济环境发生变化，国有商业银行竞争力应该被赋予新的内涵，因此，在新时代背景下研究国有商业银行竞争力问题具有重要的理论和实践意义。

　　国有商业银行竞争力问题不是一个孤立的问题。根据马克思商品价值理论，银行业本身并不创造利润，而是参与剩余价值的再分配，这就要求我们把国有商业银行竞争力放在特定社会生产力条件下进行研究。2013 年，习近平总书记先后提出共建"丝绸之路经济带"和"21 世纪海上丝绸之路"的重大倡议，同时，随着"宝宝类"互联网金融产品风靡一时，2013 年也被称为互联网金融元年。2014 年，习近平总书记指出我国经济已经进入"新常态"。2015 年，中国人民银行针对利率市场化改革三次发文，标志着中国利率市场化改革向前迈出了重要一步。2018 年，习近平主席在亚洲博鳌论坛上，提出"将大幅放宽市场准入"，"在服务业特别是金融业方面，去年年底宣布的放宽银行、证券、保险行业外资股比限制的重大措施要确保落地"，我国金融业对外开放程度进一步加深。这一桩桩一件件历史事件表明，我国经济社会已经跨入了一个新的历史时代。

　　马克思货币银行理论指出，银行资本的主要构成为借入资本和派生存款方式创造的资本，银行资本的积累和产业周期关系密切。因此，本书将商业银行竞争力定义为商业银行的环境适应能力，包括对市场、政府监管、经济、客户、全球化等方面的适应能力。在不同的历史条件下，政治经济社会环境不同，研究商业银行竞争力问题，先要划定时间界限，总结时代特征。从上述事件可以看出，2013 年是一个关键时间节点，自 2013 年后，互联网金融、利率市场化，以及金融市场对外开放进程明显加快。因此，本书将 2013 年作为时间起点，着力研究 2013 年以后国有商业银行竞争力问题，并总结出这一时期具有线上化趋势明显、智慧化进程加快、个性化消费突出、全球一体化加强、政府监管趋严五大特征。

从影响因素来看，国有商业银行竞争力的外部影响因素有宏观经济、政府监管、市场竞争等，内部影响因素有治理机制、组织架构、人才队伍、科技能力、风险管理能力等。本书详细阐述了内外部影响因素在新时代对国有商业银行造成的具体影响及影响机理。例如，从宏观经济角度，中国经济步入新常态后，产业结构重构促使国有商业银行信贷投向转变，经济增长质量的要求推动国有商业银行产品策略调整。国有商业银行对宏观经济形势的适应速度和政策匹配度将成为其竞争力的重要决定因素。

具体来看，商业银行竞争力应包括以下四种能力：一是对外部环境变化的敏锐力，二是对外部环境变化所带来影响的判断力，三是调整战略方向的决策力，四是战略执行力。四大能力缺一不可，形成从感知、判断到决策、执行四位一体的战术合围。商业银行内部沟通、报告、协调、传导四大机制决定着商业银行信息传递与组织架构的敏捷性，是上述四大能力的重要决策因素。

商业银行对环境的适应能力，实质为创造适应环境的金融供给，而商业银行的金融供给取决于商业银行的职能职责。为适应新时代环境，国有商业银行逐渐从金融中介职能扩展出金融平台职能、金融公民职能、金融外交职能，以提供相应的金融产品和服务，适应互联网金融、国家政策、全球化等新变化。

建立竞争力评价指标体系，可以用实际数据直观展示国有商业银行竞争力情况。本书着眼于商业银行市场适应能力、政府适应能力、客户适应能力、新经济适应能力、国际化适应能力，构建了包含三个维度共计 24 个指标的多元评价体系，运用熵值法计算了 2012—2018 年 13 家商业银行，包括 5 家国有商业银行和 8 家股份制商业银行的竞争力指数，考察时间窗口内不同商业银行的竞争力变化趋势与同一时点上不同商业银行之间的竞争力差异，以为后续寻找商业银行竞争力提升的路径及提出相关政策建议提供实证支撑。整体来看，国有商业银行的竞争力要高于其他股份制商业银行，且呈稳定、缓慢上升趋势；股份制商业银行的竞争力呈普遍下降的趋势，但内部分化明显。个别股份制商业银行的竞争力在激烈的市场竞争环境下快速提升。例如，平安银行在 2012 年的竞争力指数约为 0.29，在 13 家商业银行的排序中仅位居第八位，而 2018 年平安银行的竞争力指数约为 0.45，位居榜首。

从国有商业银行竞争力发展现状来看，过于庞大和完全垂直的组织架构，多年积压下来的人员老龄化及学历结构问题，绩效考核市场化程度较低，以及新老"三会"公司治理机制尚需完善等问题，导致国有商业银行对外部信息的敏锐力、对外部影响的判断力、内部决策力和执行力不够强。纵观美国、日本、英国等发达国家大型商业银行发展案例，在经历2008年国际金融危机后，国际化大型银行采取的转型策略有诸多相似之处，比如加大信息科技研发力度、缩减物理网点规模、强化国际化发展等，对我国国有商业银行具有借鉴意义。

笔者在国有商业银行工作数年，以自身实践结合理论知识搭建起国有商业银行竞争力再造问题分析框架，重新定义国有商业银行竞争力内涵，界定新时代范围，分析内外部影响因素及存在问题，总结国外先进商业银行经验，开展了较为扎实的研究，并在此基础上提出国有商业银行竞争力再造政策建议。主要建议包括：一是要做好五大创新，针对组织架构、内部管理、金融科技、业务产品、客户服务五大方面提出创新建议；二是指出四大路径，即要转变发展观念、创新中介职能、风险管理与业务调整并重、变革管理模式；三是提出要正确处理效率与规模、盈利性与社会性、稳健性与创新性、表内业务与表外业务四大关系。希望本书能够对后续国有商业银行竞争力再造理论研究和经营实践提供有价值的参考。

杨英

2022 年 1 月

目　录

1 导论

1.1 研究的背景与意义

1.1.1 研究的背景

商业银行的经营和发展受制于外部环境的变化。2013 年以来，伴随国内外经济形势的大变革，移动互联网技术的发展，我国社会发展迈入新的历史时代。如何在新时代迎接挑战、抓住机遇是我国国有商业银行面临的重大课题。

在宏观经济方面，我国经济在经历 40 多年的高速增长以后，增速开始放缓，产业结构性矛盾开始凸显。2014 年，习近平总书记指出我国经济已经进入"新常态"，经济增长速度由超高速向中高速换挡，经济发展方式由追求规模速度向追求效率质量、由粗放式发展向集约化增长转变，产业结构由中低端向中高端水平升级，增长动力由要素驱动、投资驱动向创新驱动转换。环保绿色产业、普惠民生产业成为国家发展重点，产能过剩产业、环境高污染产业发展受到限制。产业结构的调整和经济增速的转换对商业银行业务结构、经营风险影响重大。

在科学技术方面，2013 年被称为互联网金融元年，第三方平台移动支付、"宝宝类"互联网理财产品以及互联网保险、基金和融资产品借助社交平台迅速发展到家喻户晓。自此，金融和科技开始深度融合，其内涵和外延愈发丰富，既涉及支付结算、数字货币、线上贷款等金融领域，也涉及云计算、大数据、区块链、移动互联、人工智能、生物识别、物联网等主流信息科技，以及业务与技术高度结合的智能合同、智能投顾等诸多领域。伴随金融科技和移动互联技术的发展，银行业务线上化、移动化、自动化、智能化趋势越来越明显。

在消费文化方面，"90 后""00 后"新生代消费群体更注重便捷化、线上化、个性化、时尚化、定制化，国有商业银行传统金融服务供给方式与客户消费习惯出现差异。

在全球化方面，伴随人民币国际化进程加快，在中国政府国际地位提升，以及"一带一路"倡议的带动下，国有商业银行纷纷着手布局海外市场。

在监管方面，宏观审慎调控政策、资管新规、巴塞尔协议Ⅲ等从资本充足率、理财业务、风险资产等多方面提高了对商业银行的要求，商业银行的发展将从野蛮生长步入强监管模式。

商业银行竞争力的提升，归根结底是商业银行能否保持可持续高质量发展，涉及方方面面的因素，最重要的是拥有强大的适应能力，能够根据外部环境的变化迅速调整经营战略，而非因循守旧，唯此才能提升和保持强大的市场竞争力，画出漂亮的财务指标图。

因此，在新的历史时代，有必要从全新的角度对国有商业银行竞争力这个永不过时的课题进行深入研究，以更好地服务理论、服务现实、服务经济发展。

1.1.2 研究的意义

习近平总书记在党的十九大报告中提出防范和化解重大风险、精准脱贫、污染防治三大攻坚战，其中防范和化解系统性金融风险位于首位。2018年年末，工、农、中、建、交五家国有商业银行资产总额105万亿元，占银行业金融机构的37%；各项存款余额76万亿元，占银行业金融机构的44%；各项贷款余额58万亿元，占银行业金融机构的38%；员工人数165万人，占银行业金融机构的40%[①]。因此，在新时代背景下，对体量如此巨大的国有商业银行开展竞争力研究，不论是对于防范和化解系统性金融风险，维持金融市场稳定，还是促进国民经济良性发展，都具有重要意义。

从理论研究意义看，本书是对国有商业银行竞争力研究课题的一个补充。尽管对商业银行竞争力研究的成果较多，但针对国有商业银行竞争力的分析在2000年左右较多，近20年却几乎没有。然而，近20年来，不论是外部环境，还是国有商业银行自身，都发生了很大的变化，原有的理论已经难以指导如今的实践。因此，本书具有一定的理论价值。

此外，国有商业银行在过去粗放式发展过程中存在诸多问题，本书可以为解决国有商业银行在发展过程中的一些现实问题提供一定的指导和依据，以稳

---

① 数据来源于中国银保监会公布数据。

步推进国有商业银行改革创新，促进全社会经济金融健康发展。所以，从这个角度看，本书也有着重要的现实意义。

1.2　主要内容与研究方法

1.2.1　主要内容

国有商业银行竞争力分析问题较为复杂，本书的主要内容如下：

第 1 章是导论，主要介绍本书的研究背景、研究意义、主要内容、研究方法、研究重点及难点，并阐述本书可能的创新点和存在的不足之处。

第 2 章是相关理论研究与文献综述，阐述了银行理论、竞争力理论，梳理了国内外关于商业银行竞争力的研究现状。在银行理论方面，详细阐述了马克思货币银行理论、金融中介理论、商业银行经营管理理论，以及其他一些银行职能方面的理论；在竞争力理论方面，主要介绍了马克思的竞争理论、亚当·斯密的竞争力理论、波特的竞争力理论以及核心竞争力理论，为后文展开分析奠定了理论基础。

第 3 章是商业银行竞争力理论分析框架。本章首先对新时代外部环境做了分析，划定了本书中新时代所指的时间范围，分析了新时代特征以及其对商业银行经营管理带来的影响；其后，结合时代特征界定了商业银行竞争力内涵，即商业银行竞争力是指商业银行的环境适应能力，具体表现在对市场、政府、新经济、国际化等环境的适应能力；最后，对影响商业银行竞争力的内外部因素和影响机理进行了讨论，建立理论分析框架统领后文的研究。

第 4 章是商业银行环境适应能力分析。首先，在商业银行竞争力内涵界定的基础上，本章进一步将商业银行适应能力界定为对外部环境的敏锐力、判断力，内部战略的决策力和执行力，并明确商业银行竞争力的三大重要决定因素是其沟通机制、协调机制、传导机制。其次，本章描述了商业银行需要适应的市场、政府监管、客户、新经济、国际化环境的具体内容和适应方式，以及能够反映适应能力的量化指标等问题，为下一章量化分析商业银行竞争力提供了理论支持。最后，阐述了商业银行的职能拓展是其能够适应环境的基础条件。商业银行在金融中介职能的基础上，逐步扩展了金融平台职能、金融公民职能、金融外交职能。目前，这些职能并非所有银行都具备，但这是大势所趋，只有具备了一定实力和基础条件的银行才能更好地适应新时代外部环境的变化。

第5章是商业银行竞争力评价分析,旨在尽可能地对国有商业银行竞争能力给出较为准确的量化分析。本章建立了包括市场适应能力、政府监管适应能力、客户适应能力、新经济适应能力与国际化适应能力五大方面的商业银行竞争力综合评价多元指标体系,使用计算综合指数的熵值法测算了2012—2018年13家商业银行的竞争力指数,并从一级维度与二级维度两个层面开展了结果评价分析。

第6章是国有商业银行竞争力现状及问题。本章从市场适应能力、政府监管适应能力、客户适应能力、新经济适应能力、国际化适应能力五个方面分析了国有商业银行竞争力现状,从组织架构、人员结构、公司治理、绩效管理等方面论证了国有商业银行对外部信息的敏锐力、外部影响的判断力、内部决策力和执行力不强的问题。在对国有商业银行竞争力现状及问题分析基础上,本章通过关键财务指标对比、市场竞争主体和市场需求变化等方面进一步论述了国有商业银行竞争力再造的必然性,以及目前国有商业银行竞争力再造的迫切性。

第7章是国外商业银行经营实践及对中国的启示。本章重点解剖了美国花旗、富国、大通及美国银行,日本三菱日联和瑞穗集团,英国汇丰银行,德意志银行,俄罗斯联邦储蓄银行的经营实践,研究其对我国商业银行可能的启示。研究表明,国际化大型银行采取的转型策略有诸多相似之处,比如,强调国际化、加大信息科技研发、缩减物理网点规模等。可见,在相似的外部经营环境下,商业银行的经营管理都有其共通性,即使所有制形式等存在差异,也具有一定的借鉴价值。

第8章是国有商业银行竞争力再造的政策建议。在前文对新时代背景、商业银行竞争力内涵、商业银行职能拓展、国有商业银行竞争力现状及问题、国外经验等分析基础上,本章围绕组织架构、内部管理、金融科技、业务产品、客户服务五大方面,提出了创新建议;指出了国有商业银行竞争力再造四大路径,即转变发展观念、创新中介职能、风险管理与业务调整并重、变革管理模式,以及对如何正确处理好效率与规模的关系、盈利性与社会性的关系、稳健性与创新性的关系、表内业务与表外业务的关系提出了建议。

第9章是基本结论与后续展望。本章对整个研究内容进行了全面总结,指出了研究中可能存在的问题和不足之处,并对之后可能开展的后续研究进行了展望。

1.2.2 研究方法

本书主要采用了如下几种研究方法:

一是历史唯物主义与辩证唯物主义分析法。笔者在研究过程中将马克思主义政治经济学方法论贯穿始终。本书研究新时代背景下的国有商业银行竞争力再造，本身就是利用一种历史唯物主义研究方法，研究国有商业银行在新时代这一特定历史时期下客观、必然的发展规律。在政策建议中提出要处理好四大关系，使用了辩证唯物主义分析法，通过寻找矛盾对立体，达到辩证统一。

二是定性与定量分析相结合的方法。定性分析是文章写作最常用的方法，本书的整个行文过程都使用了该方法，比如对新时代特征的描述、商业银行竞争力的定义、商业银行适应能力的界定、国有商业银行现状和问题的分析，以及对国外商业银行经验和启示的总结等。定量分析是通过数据语言对定性分析加以辅证，更加精确地说明问题，是本书重要的研究方法之一，重点运用在了商业银行竞争力综合评价分析章节，以及国有商业银行竞争力现状分析章节。数量分析法也是马克思主义政治经学常用的分析方法。政治经济学要求在进行质的研究的同时进行量的研究，在数量分析中探求经济形式变化的数量界限，探求经济过程变动的量的趋势。

三是规范分析与实证分析相结合的方法。规范分析是指提出一些价值判断标准，并研究如何达到这些标准和回答"应该是什么"的研究方法。规范分析方法在第3章建立新时代商业银行竞争力理论分析研究框架和第4章对商业银行适应能力研究中得到了充分使用，科学地回答了商业银行竞争力的内涵外延、影响因素，以及商业银行适应能力是什么、适应什么和怎么适应的问题。实证分析是指排除主观判断，只对现象、问题及事物做客观分析的研究方法。实证分析是评价国有商业银行竞争力水平的有效工具，在本书的第5章为了比较分析国有商业银行、股份制商业银行在不同维度的竞争力水平，采用了熵值法，客观地展现了样本银行竞争力水平。

四是比较研究与经验总结相结合的方法。比较研究法是研究和判断事物之间、人与人之间的相似性或差异性的一种方法。比较研究法可以理解为对两个或两个以上相关事物进行考察，找出它们的异同点，并寻找出相关规律的方法。第2章中对研究文献的归类、第5章中对不同银行不同维度竞争力水平的比较分析、第6章中对国有商业银行发展现状的比较分析等都是在进行比较分析。经验总结法是本书较常使用的方法之一，第3章中对新时代特征的分析、第6章对国有商业银行发展存在的主要问题的分析，以及第7章中对国外商业银行经营实践经验总结等都广泛运用了经验总结法。

1.3 研究的重点与难点

1.3.1 研究的重点

本书研究的重点主要在于分析新时代特征、定义商业银行竞争力、构建商业银行竞争力综合评价指标体系，然后通过对照竞争力内涵和综合评价结果，剖析国有商业银行存在的问题，结合国有商业银行自身特征，提出国有商业银行竞争力再造的对策建议。具体主要包括以下两个部分：

一是总体论述部分，包括第 3 章、第 4 章对新时代商业银行竞争力研究的理论分析，以及第 8 章国有商业银行竞争力再造的政策建议。第 3 章阐述了新时代特征、商业银行竞争力的定义、内外部影响因素；第 4 章分析了商业银行适应能力的具体内涵、适应内容、决定因素和基础条件；第 8 章提出了国有商业银行竞争力再造的五大对策、四大路径和四大关系。

二是分论研究部分，包括第 5 章对商业银行竞争力水平的实证分析，第 6 章对国有商业银行发展现状、存在问题和竞争力再造必然性的论述，以及第 7 章对国外商业银行在国际金融危机后经营转型的梳理，及其对我国国有商业银行的启示。

1.3.2 研究的难点

本书的研究难点主要在于理论分析框架的建立、实证分析和商业银行职能拓展部分。

一是搭建新时代国有商业银行竞争力的理论研究框架。只有科学合理地划定新时代所指时间范围，明确新时代特征，界定商业银行竞争力的基本内涵、明晰其影响因素、基础条件，才能有序开展后续研究，确保研究目标的实现。

二是构建商业银行竞争力水平综合评价指标体系。商业银行竞争力水平的实证分析是本书的重要组成部分，而建立一套能够科学、准确反映商业银行竞争力内涵的指标体系是这项工作的基础条件，关系到评价结果是否准确、合理，是否能有效把握商业银行的竞争力水平。

三是关于国有商业银行职能的拓展。国有商业银行在历经 30 多年的发展以后，职能已悄然发生变化，本书从千头万绪中把国有商业银行目前具有的职能总结梳理出来，以期为后续国有商业银行的发展提供参考借鉴。

1.4 创新与不足

1.4.1 创新点

笔者认为本书在以下几个方面存在创新点：

第一，对新时代商业银行竞争力内涵的界定。已有文献对商业银行竞争力的界定多数为财务指标的比较，本书创新性地提出了商业银行的竞争力是特定时代背景下的适应能力。因此，本书首先分析了新时代条件下新零售、新金融、新物流、新技术、新金融、新消费、新的国际环境等时代背景，进而把商业银行竞争力定义为对市场、政府监管、新经济、全球化等环境的适应能力，具体表现为对外部环境的敏锐力、判断力，内部战略的决策力和执行力，并创新性地指出了不断拓展的商业银行职能是其能够适应环境的基础条件。

第二，对新时代国有商业银行职能理论的发展。已有文献对商业银行职能研究较多，一般认为资金融通的金融中介职能是其主要职能，少有对国有商业银行的职能展开分析的文献，几乎没有对金融中介职能以外的其他职能的系统梳理。本书结合新时代背景，研究了国有商业银行在金融中介职能方面的拓展，提出了金融平台职能、金融公民职能和金融外交职能，在商业银行职能理论方面具有一定的创新性。

第三，对新时代商业银行竞争力综合评价指标体系的设计。依据商业银行竞争力的内涵及特征设计商业银行竞争力评价指标体系的三级维度逻辑，并结合指标选择的若干原则，本书设计了一个三层的综合评价指标体系，第一层是商业银行竞争力，用来反映商业银行竞争力的水平；第二层由市场适应能力、政府适应能力、客户适应能力、新经济适应能力和国际化适应能力五个维度组成；第三层由绿色信贷占比、境外收入等 24 个分类细项指标构成。在指标体系的设计方面具有一定的创新性。

1.4.2 存在的不足

由于笔者研究能力、写作时间约束，以及数据获取困难等，虽然笔者已经尽了最大努力，但本书依然存在以下不足之处：

第一，受制于笔者目前的理论水平、学识眼界，新时代国有商业银行竞争力研究的理论分析框架可能不够完备，对部分问题的理论研究深度还不够。

第二，在本书写作过程中，外部环境会不断发生变化，有可能导致本书对新时代外部环境的分析存在一定滞后性。

第三，鉴于部分商业银行经营数据的可获得性等客观原因，在构建商业银行综合评价分析指标体系时，部分三级指标对二级指标的解释力还不够，这可能导致对商业银行竞争力水平的衡量存在一定偏差。

2 相关理论研究与文献综述

2.1 关于银行理论的回顾

2.1.1 马克思的货币银行理论

1. 货币理论

马克思的货币理论与商品价值理论密切相关。他指出，货币是商品经济的产物，起源于商品交换过程。根据马克思的商品价值理论，商品具有使用价值和交换价值双重属性，使用价值是商品的自然属性，交换价值是商品的社会属性。商品生产者要想获得其他生产者的使用价值，必须通过出售自己的商品，即实现商品的交换价值。然而，商品生产者不能将商品的使用价值直接转换为交换价值，这个时候，必然产生出"一个第三种商品来充当表现商品的实际交换价值的尺度"①，"这个第三物本身不再是一个特殊的商品，而是作为商品的象征，是商品的交换价值本身的象征；因而，可以说，它代表劳动时间本身"②。这个"第三物"就是货币。因此，货币是商品交换的产物，是在商品交换过程中逐渐产生的。可见，马克思从分析货币的起源入手，揭示了货币作为商品交换一般等价物的本质属性。

此外，马克思认为："货币不是东西，而是一种社会关系。"③ 可以看出，实物货币虽然也以某种物品形式存在，但其社会属性却不是物，而是作为货币

① 中共中央马克思恩格斯列宁斯大林著作编译局. 马克思恩格斯全集：第46卷［M］. 北京：人民出版社，1958：83.

② 中共中央马克思恩格斯列宁斯大林著作编译局. 马克思恩格斯全集：第46卷［M］. 北京：人民出版社，1958：88.

③ 中共中央马克思恩格斯列宁斯大林著作编译局. 马克思恩格斯全集：第4卷［M］. 北京：人民出版社，1958：88.

所体现出来的社会生产关系。随着社会生产力的发展，生产关系发生变化，货币形式从小商品交易时期以物易物的简单一般等价物，发展到贵金属货币、纸币，直至目前无纸化线上虚拟货币。线上虚拟货币是互联网、移动互联网技术，以及智能手机快速发展的结果，是人们追求快速便捷、绿色环保支付方式的要求。

马克思全面分析了货币的职能，在《资本论》第一卷第一篇中将货币职能概括为价值尺度、流通手段、货币职能。其中，货币职能又包括储藏职能、支付手段职能和世界货币职能。

作为衡量商品价值尺度的职能是货币的最基础职能，"是把商品价值表现为同名的量，使它们在质的方面相同，在量的方面可以比较"①，"商品的价格或货币形式，同商品的价值形式本身一样，是一种与商品的可以捉摸的实在的物体形式不同的，因而只是观念的或想象的形式……因为商品在金上的价值表现是观念的，所以要表现商品的价值，也可以仅仅用想象的或观念的金"②。可见货币执行价值尺度职能可以是观念上的货币，并不一定要有现实的货币。

流通手段职能是最终促成商品交易的货币职能。货币作为流通手段"是在商品的使用价值确实把商品价格中只是想象的金吸引出来的时刻完成的"③。货币的流通手段职能把商品交易分裂成买和卖两个动作，使得商品之间的交换可以突破商品种类、生产地域和时间方面的限制，对商品经济的蓬勃发展具有重要意义。

货币的第三个职能是充当储藏手段。随着商品流通本身的发展，出售商品后获得的货币有了富余，劳动生产率较高的生产者出售商品不再是单纯为了购买其他商品，而是为了将自己生产的商品交换为更多货币，并储藏起来，于是"货币转化为储藏货币，商品出售者成为货币储藏者"④。执行价值尺度职能的货币和作为流通手段的货币不需要是实物货币，可以是观念上的货币，或者以价值符号来代替。然而，将货币作为储藏货币，必须是能够长期保存的实物货币。因此，"一般要求由金属货币或作为货币商品的贵金属来执行这一职能"⑤。

支付手段职能是货币的第四个职能。马克思认为："随着商品流通的发展，

① 马克思. 资本论：第一卷 [M]. 北京：人民出版社，2004：114.
② 马克思. 资本论：第一卷 [M]. 北京：人民出版社，2004：115.
③ 马克思. 资本论：第一卷 [M]. 北京：人民出版社，2004：129.
④ 马克思. 资本论：第一卷 [M]. 北京：人民出版社，2004：153.
⑤ 邱兆祥. 耕耘和探索：上册 [M]. 北京：中国财政经济出版社，2009：202.

使商品的让渡同商品价格的实现在时间上分离开来的关系也发展起来……一个商品所有者出售他现有的商品，而另一个商品所有者却只是作为货币的代表或作为未来货币的代表来购买这种商品。卖者成为债权人，买者成为债务人。由于商品的形态变化或商品的价值形式的发展在这里起了变化，货币也就取得了另一种职能。货币成了支付手段。"①可见，商品生产者在未获得货币前先将商品使用价值进行让渡的行为，即商品赊销，是产生货币支付手段职能的根本原因。同时，马克思指出："现在我们来考察一定时期内的流通货币的总额。假定流通手段和支付手段的流通速度是已知的，这个总额就等于待实现的商品价格总额加上到期的支付总额，减去彼此抵消的支付，最后减去同一货币交替地时而充当流通手段、时而充当支付手段的流通次数。"②也就是说，货币发挥支付手段职能会对货币流通数量造成影响，即会减少商品流通中所需的货币量，从而提高货币流通速度。

根据马克思的理论，我们可以看出，信用货币是直接从货币的支付手段职能中产生的，是随着商品经济发展的需要，在商品流通中代替金属货币履行流通手段和支付手段的信用凭证，包括商业汇票、银行票据等。它本身不包含实在的价值，只能存在于流通领域，不能执行价值尺度的职能，一旦退出流通领域则不具有价值。目前，信用货币已经发展到不再需要信用凭证，仅仅通过电子记账就可以了。电子记账可以到银行进行信用凭证如钞票的提现，但一般用于支付和流通的都并不是必须要使用实物的信用凭证，通过银行划转、第三方支付等多种电子渠道划转即可实现货币的流通和支付功能。

在世界贸易中，货币越出国界执行世界货币职能，它是货币的四个职能在地域空间上的拓展。马克思说："世界货币执行一般支付手段的职能、一般购买手段的职能和一般财富的绝对社会化身的职能。它的最主要的职能，是作为支付手段平衡国际贸易差额。"③世界货币必须由贵金属来充当，马克思指出，"货币一越出国内流通领域，便失去了在这一领域内获得的价格标准、铸币、辅币和价值符号等地方形式，又恢复原来贵金属块的形式"④。在贵金属充当货币的条件下，金银充当货币的相对价值是由凝结在其中的一般人类劳动决定的，因此，"不同国家在同一劳动时间内所生产的同种商品的不同量，有不同

---

①　马克思. 资本论：第一卷 [M]. 北京：人民出版社，1975：154.
②　马克思. 资本论：第一卷 [M]. 北京：人民出版社，1975：159.
③　马克思. 资本论：第一卷 [M]. 北京：人民出版社，2004：167.
④　马克思. 资本论：第一卷 [M]. 北京：人民出版社，2004：166.

的国际价值，从而表现为不同的价格，即表现为按各自的国际价值而不同的货币额"①。

马克思研究论述了货币流通理论，包括货币流通性质与流通规律。他认为货币的价值取决于生产货币所耗费的无差别的人类劳动，并不取决于货币需求；货币流通是商品流通派生出来的，商品流通是基础，货币流通是表象，因此，商品的价格决定流通中所需要的货币数量，而流通中的货币数量并不能决定商品的价格，这是货币流通的基本原理。马克思总结了货币流通规律，即"就一定时间的流通过程来说是：商品价格总额/同一单位货币的流通次数＝执行流通手段职能的货币量"。也就是说，商品交易中所需要的货币数据，一方面取决于商品价格总额，另一方面取决于货币流通周转次数。它与商品价格总额成正比，与货币流通速度成反比。

2. 信用理论

信用理论是马克思银行理论的基础，研究银行理论首先应研究马克思关于信用的论述。马克思关于信用的理论是从生息资本，即借贷资本开始的。马克思说："生息资本从它的所有者的占有物变为职能资本家的占有物，但它不是被卖出，而是被贷出；它是在这样的条件下被转让：第一，它过一定时期流回到它的起点，第二，它作为已经实现的资本流回，流回时，已经实现它的能够生产剩余价值的那种使用价值。"② 通过对借贷资本流动形式的分析，马克思给信用下了一个经典定义，资本主义信用是借贷资本的运动形式，即信用"就是贷和借的运动"，它是一种"以偿还为条件"的借贷行为。

信用作为一种借贷行为，从形式上看，任何社会形态都是一样的，但不同生产关系的社会形态下，信用在内容和本质上是不同的，体现出不同的社会生产关系。资本主义信用是以资本主义生产关系为基础的贷放运动，体现的是借贷资本家和职能资本家共同瓜分工人阶级剩余价值的剥削关系。在社会主义市场经济条件下，信用，尤其是银行信用体现的是社会主义生产关系，其贷放运动是为了扩大再生产，为满足人民日益增长的美好生活需求提供金融支持，服务社会主义现代化建设。

根据马克思的信用理论，借贷资本既可以采取货币形态，也可以采取商品形态，因而借贷资本的运动形式即资本主义信用，也可以分为商业信用和银行信用两种形式。

---

① 马克思. 资本论：第一卷 [M]. 北京：人民出版社，1975：163.
② 马克思. 资本论：第三卷 [M]. 北京：人民出版社，2004：384.

商业信用是信用制度的基础，反映的是商业资本家之间互相提供的信用。马克思认为货币的支付手段推动了商业信用的产生，因为货币的支付手段的职能保障了商品生产者和商品经营者之间的赊销关系的实现，从而形成了信用制度的自然基础，商业信用由此产生。同时，马克思指出："随着商业和只是着眼于流通而进行生产的资本主义生产方式的发展，信用制度的这个自然基础也在扩大、普遍化和发展。货币在这里只是充当支付手段，也就是说，商品不是为取得货币而卖，而是为取得定期支付的凭证而卖。"① 这种定期支付的凭证就是票据，因此，"真正的信用货币不是以货币流通为基础，而是以票据流通为基础"②。

但是，商业信用存在局限性，"商业信用的最大限度，等于产业资本的最充分动用"③。也就是说，商业信用只是职能资本家之间以商品形式提供的信用，马克思明确指出，商业信用就其自身来说有着两个界限：一是受职能资本家所能支配的准备金的限制；二是受资本回流的快慢的限制。这种局限性，使得商业银行不能满足资本主义扩大再生产的需要；因此，在商业信用的基础上产生了银行信用。

银行信用是银行资本家以货币形态向职能资本家提供的信用。"银行家把借贷货币资本大量集中在自己手中，以致与产业资本家和商业资本家相对立的，不是单个的贷出者，而是作为所有贷出者的代表的银行家。银行家成了货币资本的总管人。另一方面，由于他们为整个商业界而借款，他们也把借入者集中起来，与所有贷出者相对立。银行一方面代表货币资本的集中，贷出者的集中，另一方面代表借入者的集中。"④ 根据以上马克思的论述，银行信用不同于商业信用之处在于：一是银行信用不是职能资本家个人提供的信用，而是由银行贷放给职能资本家的信用。二是银行信用不受个别资本数量和资本归流的限制，能够把社会上各种闲置资金集中起来，形成巨额借贷资本。三是银行信用的对象不是实物商品资本，而是暂时闲置的货币资本，因此银行信用的范围不受商品流转方向的限制。四是银行信用可以由银行提供给任何一个职能资本家，而商业信用则只能由商品的卖方提供给买方。因此，银行信用能够提供金额更大、期限更长的借贷资本，更能满足社会化大生产的需要，随着经济

---

① 马克思. 资本论：第三卷 [M]. 北京：人民出版社，2004：450.

② 马克思. 资本论：第三卷 [M]. 北京：人民出版社，2004：233.

③ 中共中央马克思恩格斯列宁斯大林著作编译局. 马克思恩格斯全集：第25卷 [M]. 北京：人民出版社，1974：546.

④ 马克思. 资本论：第三卷 [M]. 北京：人民出版社，2004：453.

的发展，银行信用成为信用的主要形式。

马克思深刻地论述了信用在资本主义生产中的作用：一是信用制度"对利润率的平均化或这个平均化运动起中介作用，整个资本主义生产就是建立在这个运用的基础之上"①。资本主义生产是建立在利润率平均化基础之上的，信用制度的存在和发展，有助于资本在各部门之间的自由转移，促成各产业部门之间利润率实现平均化。二是可以减少流通费用。首先是节约货币本身的费用，马克思在《资本论》第三卷第二十七章中指出，通过信用节约货币费用的三种形式为：①由于信用制度的存在，以及信用凭证的使用，很大一部分交易不再需要货币。②信用会加速商品形态变化的速度，聚集闲置资本重新投入使用，从而加速货币流通的速度。③金币为纸币所代替后，大大节省了生产金属货币的费用。其次，信用加速了股份公司的成立。马克思在《资本论》第三卷第二十七章中指出，在资本主义生产规模快速扩大后，"建立在社会生产方式的基础上并以生产资料和劳动力的社会集中为前提的资本，在这里取得了社会资本的形式，表现为社会企业（即公司企业），个别资本不可能建立的企业出现了，这是作为私人财产的资本在资本主义生产方式本身范围内的扬弃"②。因此，马克思说："信用制度是资本主义的私人企业逐渐转化为资本主义的股份公司的主要基础。"③ 再者，"信用为单个资本家或被当作资本家的人，提供在一定界限内绝对支配他人的资本，他人的财产，从而他人的劳动的权利"④。股份公司的成立，为资本家拿别人的钱去冒险提供了可能性，不像经营自己的资本一样谨慎，投机和冒险主义精神滋生和发展，"财产在这里以股票的形式存在，它的运动和转移就纯粹变成了交易所赌博的结果"⑤，在这种赌博中，财富逐渐集中到少数人手里。所以，马克思说："信用制度固有的二重性质，一方面，把资本主义生产的动力——用剥削别人劳动的办法来发财致富——发展成为最纯粹最巨大的赌博欺诈制度，并且是剥削社会财富的少数人越来越少；另一方面，又是转到一种新生产方式的过渡形式。"⑥

3. 利息理论

利息理论是银行理论的重要组成部分，马克思在《资本论》中详细论述

---

① 马克思. 资本论：第三卷 [M]. 北京：人民出版社，2004：493.
② 马克思. 资本论：第三卷 [M]. 北京：人民出版社，2004：494.
③ 中共中央马克思恩格斯列宁斯大林著作编译局. 马克思恩格斯全集：第 25 卷 [M]. 北京：人民出版社，1974：596.
④ 马克思. 资本论：第三卷 [M]. 北京：人民出版社，2004：497.
⑤ 马克思. 资本论：第三卷 [M]. 北京：人民出版社，2004：498.
⑥ 马克思. 资本论：第三卷 [M]. 北京：人民出版社，2004：500.

了利息的来源和本质，以及利息率的决定和在经济周期中的变化。

马克思首先论述了利息的来源和本质，马克思说："利息原来表现为，原来是并且实际上始终不外是利润即剩余价值的一部分，这个部分是执行职能的资本家，即产业家或商人，在他不是使用自有的资本而是使用借入的资本时，必须支付给这个资本所有者和贷出者的。"① 利息的本质是平均利润的一部分，是借贷资本家转移资本使用价值的回报。利息来自利润分配，职能资本家利用借贷资本家提供的货币资本，雇用劳动进行生产，形成剩余价值。尽管借贷资本家并没有参加生产和经营活动，但他作为货币资本的所有者，能够通过提供资本借贷间接影响生产，并凭借对资本的所有权获得参与剩余价值分配的资格。同时，马克思还指出，利息只能是剩余价值的一部分，而不是全部，因为如果利息包括所有利润，那么职能资本家就无法获得利益，也不会有动力去借钱生产；职能资本家也不能把全部剩余价值当作自己的利润，如果借贷资本家没有利息，即借贷资本没有报酬，借贷资本家就不会出借资本。只有借贷双方都能从借贷行为中获利，货币执行资本职能才能得以实现。马克思说："同一货币额所能对双方都作为资本执行职能，只是由于利润的分割。其中归贷出者的部分叫作利息。"②

马克思在《资本论》第三卷里对利息率的决定及其变动规律做了详细考察，马克思谈道："首先让我们假定，总利润和其中要作为利息支付给货币资本家的部分之间的比率是固定的。在这种情况下很清楚，利息会随着总利润而提高或降低，而总利润则由一般利润率和一般利润率的变动决定"③，"假定一般利润率是已定的，利息的变动就和用借入的资本营业的执行职能的资本家手中所留下的那部分利润的变动成反比"④。可见，利息率一是受一般利润率影响；二是在平均利润既定时，利息率则取决于总利润在贷者和借者之间进行分割的比率。

马克思考察了利息率的高低与产业周期运动的关系。资本主义再生产周期一般分为萧条、复苏、繁荣和危机四个阶段，马克思指出："低利息率多数与繁荣时期或有额外利润的时期相适应，利息的提高与繁荣转向急转直下相适应，而达到高利贷极限程度的最高利息则与危机相适应"，"低的利息可能和

---

① 马克思. 资本论：第三卷 [M]. 北京：人民出版社，2004：415.
② 中共中央马克思恩格斯列宁斯大林著作编译局. 马克思恩格斯全集：第 25 卷 [M]. 北京：人民出版社，1974：395.
③ 马克思. 资本论：第三卷 [M]. 北京：人民出版社，2004：402.
④ 马克思. 资本论：第三卷 [M]. 北京：人民出版社，2004：403.

停滞结合在一起，适度提高的利息可能和逐渐活跃结合在一起"①。在经济萧条期间，由于资本的供给大于需求，利息率最低；在复苏和繁荣阶段，生产开始恢复，职能资本家利润有所提高，利息率逐步上升；在危机阶段，利息率达到最高限度。危机阶段的借款主要用于应急，借款利息率可以不受利润率的限制，甚至超过利润率。

4. 银行理论

马克思通过对信用制度的考察研究论述银行起源。马克思认为，资本主义信用制度是资本主义银行产生的基础，信用的本质是借和贷的运动，资本主义银行虽然是由货币经营业发展而来的，但是，货币经营业在产生初期并不从事借贷信用业务。马克思说："它是纯粹的货币经营业，即与信用制度相分离的货币经营业"②，主要是从事与货币相关的业务。随着货币经营业的发展和业务范围的不断扩大，货币经营者手中聚集了大量的货币，为他们放贷获取利息提供了可能性。当他们不仅办理保管货币、汇兑货币等货币业务，还办理吸收存款和发放贷款等信用业务时，货币经营业就演变为早期的银行业。这就是说，古老的货币经营业发展成为现代银行，是从货币经营业原来所承担的货币的保管、出纳等各种职能与信用职能结合在一起开始的。

根据马克思有关资本主义银行产生和发展的论述，邱兆祥（2009）将资本主义银行总结为一种经营货币和信用业务的特殊企业。之所以说资本主义银行是企业，是因为它和企业有如下共同点：一是资本主义银行经营的目的是获取利润，利润的来源同样是剩余价值。马克思说："货币经营者的利润不过是从剩余价值中的一种扣除。"③ 马克思指出："银行的利润一般地说在于：它借入时的利息率低于贷出时的利息率。"④ 银行利润虽然采取利息形式，其实质是银行资本家通过贷出货币给职能资本家，间接地参与了剩余价值的瓜分，这与产业利润、商业利润是相同的，大体上等于社会平均利润。二是银行资本家把闲置的资本集中起来，贷放给职能资本家，最终带着一个追加的价值收回来，即银行资本与产业资本、商业资本一样，都是预付一定数额的货币，然后带着一个追加的货币额收回来，都具有 G-G' 这个资本的一般形式。因此，

---

① 马克思. 资本论：第三卷 [M]. 北京：人民出版社，2004：404.

② 中共中央马克思恩格斯列宁斯大林著作编译局. 马克思恩格斯全集：第25卷 [M]. 北京：人民出版社，1974：359.

③ 中共中央马克思恩格斯列宁斯大林著作编译局. 马克思恩格斯全集：第25卷 [M]. 北京：人民出版社，1974：360.

④ 中共中央马克思恩格斯列宁斯大林著作编译局. 马克思恩格斯全集：第25卷 [M]. 北京：人民出版社，1974：453.

马克思说：“只要对货币流通起这种技术上的中介作用的货币资本……是由一类特殊资本家预付的，资本的一般形式 G—G'也就会在这里出现。由于 G 的预付，就会有 G+ΔG 为预付者而生产出来。”[①] 三是从银行在再生产过程中的作用来看，银行的经营活动与工商企业一样，处于社会再生产过程之中，是社会再生产必不可少的一个环节。

但是，银行作为经营信用和货币的特殊企业，与一般企业相比，具有自身的特殊性，具体表现在：一是银行经营的对象不是普通商品，而是作为特殊商品的货币资本；二是银行的经营范围处于货币信用领域，并不直接从事商品生产和流通，而是通过其业务活动为商品生产和商品流通服务；三是普通商品被卖出去以后，即发生所有权的转移，而银行借贷资本却是被贷出，并没有发生所有权的转移。马克思说："它既不是被付出，也不是被卖出，而是被贷出。"[②] 正是因为银行将货币贷出后并没有发生所有权的转移，借贷资本的回流和增值是以生产、流通的正常运转为前提的；因此，银行特别关心资本的正常循环和资本的投入产出，与一般企业出售商品后，不再关心商品的使用价值大不相同。银行的性质决定了银行的发展和外部经济环境息息相关，能否适应外部环境的变化决定了银行的存亡和兴盛。

马克思在《资本论》中论述了资本主义银行的主要职能，主要有：一是信用中介。马克思说：“银行一方面代表货币资本的集中，贷出者的集中，另一方面代表借入者的集中。”[③] 即货币经营者是货币资本的实际贷出者和借入者之间的中介人，货币的借入和贷出是他们主要从事的业务。二是把社会各阶层的货币转化为资本。马克思把银行支配的资本，划分为“产业家和商人以货币形式持有的暂时闲置的资本部分，即货币准备或尚未使用的资本”和“一切收入和积蓄中永远或暂时不用的货币收入”[④]，即社会各阶层暂时不用的货币收入。银行通过存款业务，把社会上一切可用的闲置资本和货币收入集中起来，再交给职能资本家去使用，银行可以支配的资本的范围远远大于自有资本的范围。三是支付中介。企业和个人一般都在银行开立账户，委托银行办理

① 中共中央马克思恩格斯列宁斯大林著作编译局. 马克思恩格斯全集：第 25 卷［M］. 北京：人民出版社，1974：360.

② 中共中央马克思恩格斯列宁斯大林著作编译局. 马克思恩格斯全集：第 25 卷［M］. 北京：人民出版社，1974：384.

③ 中共中央马克思恩格斯列宁斯大林著作编译局. 马克思恩格斯全集：第 25 卷［M］. 北京：人民出版社，1974：453.

④ 中共中央马克思恩格斯列宁斯大林著作编译局. 马克思恩格斯全集：第 25 卷［M］. 北京：人民出版社，1974：865.

货币收付结算等业务，银行便成为交易双方的支付中介。银行的支付中介职能，节省了流通费用，加速了资本的周转。四是派生存款扩大信用。根据马克思的相关论述，银行通过存贷业务可以派生出存款，超过自有资本和吸收资本总额扩大信用，加速货币流通，满足社会对资本的需求。

马克思考察了银行资本的构成，他指出："银行资本由两部分组成：一是现金，即金或者银行券；二是有价证券。有价证券包括两部分：一部分是商业证券即汇票；另一部分是公共有价证券，如国债券，国库券，各种股票。"①银行资本的各个物质构成，从来源看，分为银行家的自有资本和银行通过各种途径吸收的存款，即借入资本。银行的自有资本占比很小，按照巴塞尔协议Ⅲ的规定，银行资本充足率不低于8%。银行资本的构成，除上述实际组成的各个部分外，银行还可以通过发行无黄金担保的银行券和派生存款的方式创造信用和资本。比如马克思的举例，"开出以二十一天为期在伦敦兑付的汇票，但在开出汇票时，立即收进现金"②。在开出汇票收进现金时，以 21 天为期，在这期间内，银行可以把这笔现金当作资本发放短期贷款。

资本作为银行的核心竞争要素备受关注。由于银行资本的主要构成为借入资本和派生存款方式创造的资本，银行资本的积累和产业周期关系密切，受产业周期影响较大。马克思详细考察了银行借贷资本和现实资本在产业周期中的运动关系，对于指导银行资本的积累意义重大。马克思认为，在产业周期中，借贷货币资本的积累和现实资本的积累表现不总是完全一致的，在每一个周期阶段中，二者的方向和程度都不同。在萧条阶段，生产萎缩会造成交易减少和物价下跌，导致生产资本职能不能充分发挥；同时企业开工不足、工资降低和失业增加等造成消费不足，导致借贷资本的供给增加，需求减少，此时，借贷资本的增加只是现实资本的停滞和收缩，而非现实资本的积累。同理，在恢复和繁荣阶段，生产逐渐恢复和扩张，借贷资本的供给充足、需求旺盛，"借贷资本的相对充裕，是和现实资本的扩大结合在一起的"③。到危机阶段，企业大量破产，商品过剩卖不出去，工厂开工不足，产业资本大量闲置，出现现实资本过剩。这时，为应对危机，借贷资木需求增加，生产瘫痪，商业信用出现

---

① 中共中央马克思恩格斯列宁斯大林著作编译局. 马克思恩格斯全集：第 25 卷 [M]. 北京：人民出版社，1974：526.

② 中共中央马克思恩格斯列宁斯大林著作编译局. 马克思恩格斯全集：第 25 卷 [M]. 北京：人民出版社，1974：526.

③ 中共中央马克思恩格斯列宁斯大林著作编译局. 马克思恩格斯全集：第 25 卷 [M]. 北京：人民出版社，1974：553.

问题，支付手段不足，导致借贷资本和现实资本反方向运动。

马克思除了深入探讨了借贷资本与产业资本积累的关系，也研究了借贷资本的单纯积累，即存款如何增加这个商业银行关注的问题。按照马克思的分析，借贷资本的单纯积累主要有以下几种情况：一是"银行业务的扩大和集中"①，银行规模相应扩大。二是借贷资本的流动会使借贷资本的总量增加，"但是它会不断地流入和流出，一个人把它提出，另一个人就把它存入"②，借贷资本不断流入流出，不断派生出存款。三是再贴现制度使借贷资本增加。"当银行家依据汇票经纪人已经贴现过一次的汇票，贷款给这个汇票经纪人时，他事实上为这种汇票进行了一次再贴现。"③四是货币流通速度的加快可以增加货币资本积累。根据马克思的理论，同一货币参与购买和支付的次数越多，作为存款流回银行的次数越多，即货币流通速度越快，也就越能更多次地被当作借贷资本发挥作用。

马克思对借贷资本积累的深入分析，指明了国有商业银行存款增长路径，对于国有商业银行负债业务发展具有指导意义。

由于银行作为借贷双方的信用中介，马克思也考察了银行贷款。马克思将银行贷款分为货币贷款和资本贷款，指出："只要商人和生产者能够提供可靠的担保品，对支付手段的需求，就只是对转化为货币的可能性的需求；如果不是这样，就是说，如果支付手段的贷放不仅给他们提供货币形式，而且也把他们所缺少的任何一种形式的用来支付的等价物提供给他们，那么，对支付手段的需求就是对货币资本的需求。"④同时，马克思还对贷款的三种形式做了详细分析：第一种是贷款客户纯属信用贷款，无须用任何物品作抵押，这种情况的贷款"他得到的不仅是货币，而且是货币资本"⑤；第二种是客户提供抵押品获得银行贷款，客户并没有从贷款中获得追加资本，而只是获得了货币，因

① 中共中央马克思恩格斯列宁斯大林著作编译局. 马克思恩格斯全集：第25卷 [M]. 北京：人民出版社，1974：561.

② 中共中央马克思恩格斯列宁斯大林著作编译局. 马克思恩格斯全集：第25卷 [M]. 北京：人民出版社，1974：561.

③ 中共中央马克思恩格斯列宁斯大林著作编译局. 马克思恩格斯全集：第25卷 [M]. 北京：人民出版社，1974：563.

④ 中共中央马克思恩格斯列宁斯大林著作编译局. 马克思恩格斯全集：第25卷 [M]. 北京：人民出版社，1974：584.

⑤ 中共中央马克思恩格斯列宁斯大林著作编译局. 马克思恩格斯全集：第25卷 [M]. 北京：人民出版社，1974：484.

此，"这里是货币贷放，不是资本的贷放"①；第三种是客户通过商业汇票到银行贴现获得贷款，这既不是资本贷款，也不是货币贷款，而是"纯粹的买卖"。这就是说，所谓货币贷款，就是以可靠的担保品做抵押，通过贷款并没有给借贷人追加资本的贷款；所谓资本贷款，则是无须提供任何担保品，通过贷款能给借款人增加使用资本的贷款。

这两种性质的贷款，在不同的产业周期阶段有不同的需求。在繁荣时期，职能资本家为了扩大生产规模，需要追加新的资本用以购买生产资料和劳动力，此时职能资本家从银行取得的贷款，大多属于资本贷款。而在危机阶段，资本家取得贷款不是为了扩大再生产，而是用于偿还债务，这种贷款只获得了支付手段，没有增加真实的资本，只是货币贷款。货币贷款对于国有商业银行来说风险更小，资本贷款风险更大。

2.1.2 金融中介理论

《新帕尔格雷夫经济学大辞典》关于金融中介的解释是："金融中介（financial intermediaries）是从事金融资产事业的企业"，"典型的金融中介占有相当少的真实资产，只有大楼、设备及业务所需的物品"。杨德勇和李杰（2007）认为："金融中介是指从事金融活动及为金融活动提供相关服务的各类金融机构。金融中介一般由银行金融中介和非银行金融中介构成，具体包括商业银行、证券公司、保险公司以及信息咨询服务机构等中介机构。"② 研究商业银行金融中介职能对于讨论国有商业银行在当前的竞争力问题非常有必要。

在早期经济发展阶段，货币和信用为两大主要金融活动，金融中介机构仅有银行一类。有关货币、信用和银行的理论在早期的古典经济学中已有所涉及，尽管这些早期的论述并没有形成系统、完整的金融中介理论，却构成了金融中介理论的理论来源。随着经济金融的发展，金融中介理论也在不断发展，从古典金融中介理论发展到了现在的现代金融中介理论③。

古典金融中介理论包括信用媒介论、信用创造论。信用媒介论是最早对金融中介进行研究的理论，大卫·李嘉图、亚当·斯密、穆勒、约翰·斯图亚特

---

① 中共中央马克思恩格斯列宁斯大林著作编译局. 马克思恩格斯全集：第 25 卷 [M]. 北京：人民出版社，1974：485.

② 杨德勇，李杰. 金融中介学教程 [M]. 北京：中国人民大学出版社，2007：1.

③ 金融中介理论的发展主要经历了古典金融中介理论、新古典金融中介理论、现代金融中介理论三个阶段。

等是其主要的代表人物。该理论认为，银行的功能在于信用媒介，而非创造信用，货币只是简单的交换媒介，信用是进行资本转移的媒介，信用既不是资本，也无法创造资本，银行必须先接受存款才能发放贷款，银行的负债业务更为重要。随着资本主义的发展，银行在经济活动中的作用越来越重要，银行的职能也发生了变化，列宁指出，银行开始从普通的中介者变为万能的垄断者，信用创造论正是基于这一背景产生的。在继承和发展信用媒介论的基础上，信用创造论的基本观点是，银行的功能是为社会创造信用，它能够超过所接受的存款金额发放贷款，可以通过发放贷款的方式创造存款。因此，银行的资产业务要优先于负债业务，负债业务由资产业务决定。熊彼特、麦克鲁德、约翰·劳、哈恩等为信用创造论的主要代表人物。马克思系统全面地考察分析了货币、信用和资本主义银行，其基本理论在上一节中已做详细介绍。

新古典金融中介理论主要包括信用调节论、金融抑制论、金融深化论和金融约束论等。信用调节论产生于资本主义经济进入垄断阶段、20世纪二三十年代经济大危机时期，霍曲莱、凯恩斯、萨缪尔森等是主要代表人物。信用调节论的主要观点是，资本主义危机可以通过货币信用政策去治理，通过扩大或收缩货币信贷规模，控制信贷总供给，对经济生活进行干预，从而调整经济增长。凯恩斯在他的《就业、利息与货币通论》，以及萨缪尔森在《经济学》中，都论述了货币政策和财政政策对经济的调节作用。麦金龙和肖在1973年出版的《经济发展中的金融深化》和《经济发展中的货币和资本》两部著作，对发展中国家的金融问题做了开拓性的研究，形成了金融理论中著名的"金融深化论"和"金融抑制论"。麦金龙在金融抑制论中提出，金融制度与经济发展之间是一种既相互促进又相互影响的良性循环关系，其作用机理在于，健全的金融制度能够通过动员储蓄、引导生产投资来有效地促进经济发展，经济发展带来的国民收入增加和金融需求增长又将进一步刺激金融的发展。在许多发展中国家，由于存在"金融抑制"行为，情况却相反，金融制度与经济发展呈现恶性循环的状态，发展中国家摆脱困境的出路在于消除金融抑制，实现金融深化。肖的金融深化论认为，金融体制和经济发展之间存在相互推动和制约关系，金融深化对于取得储蓄效应、收入效应、投资效应、分配效应具有积极推动作用，有助于国家摆脱贫困。麦金龙和肖批判和抛弃了新古典主义和凯恩斯主义，主张推行金融自由化。然后，发展中国家金融自由化出现了众多问题，斯蒂格利茨（Stiglitz）在新凯恩斯主义学派基础上提出了金融约束论，并于1997年和赫尔曼等联合发表《金融约束：一个新的分析框架》，认为政府应采取间接控制方式对金融市场进行监管，并确定监管的标准、范围。金融约束论是指政府通过实施控制存贷利率、市场准入等一系列金融政策，既能有效解决市场失灵问题，又能给民间部门创造预留机会，防止金融抑制的危害，从而达到金融业健康发展的目的。金融约束论是对造成东南亚金融危机原因的深刻反思，是发展中国家从金融抑制走向金融深化过程中的过渡性政策，是对金融理论不断丰富和发展的结果，强调发展中国家针对在经济转轨过程中出现的各种具体情况，发挥政府在市场失灵下的作用。

现代金融中介理论主旨在于解释金融中介存在的原因，其发展大致可以分为几个阶段：早期的理论是以金融中介的规模经济和范围经济来解释其存在性的，随着金融业的发展，经济学家开始借助信息经济学和交易成本经济学，认为不确定性、信息不对称和交易成本是金融中介存在的深层次原因，以此为核心的金融中介理论较好地解释了存款类金融中介的存在理由及其功能；随着金融市场上的信息不对称和交易成本下降，按照交易和信息成本解释金融中介存在的理论，金融中介将变得越来越不重要，这与现实情况并不相符，因此出现了以风险管理、参与成本、价值增加为核心的金融中介理论，进一步丰富和发展了金融中介理论；默顿等人提出的金融中介功能观从动态的角度论述金融中介理论，金融中介功能观认为，金融机构的形式会跟随金融功能不断变化，金融功能相对更为稳定，同时，金融机构的创新和竞争会引致金融系统各项职能效率提高。对金融中介功能观的后续研究，进一步动态地看待金融中介与金融市场的关系，认为两者相辅相成、相互促进，共同推动金融产品多元化和金融体系的螺旋式发展。

在最新发展中，金融中介理论分析框架纳入了信息技术和金融创新，并将研究视野扩展到发展中国家和转轨国家，从而获得更普适和广泛的解释力。

2.1.3　商业银行经营管理理论

商业银行的健康高效运营关系到社会金融稳定，无数学者致力于研究其经营管理，从资产管理理论到负债管理理论，再到资产负债管理理论，不同时代对商业银行的经营管理有不一样的要求，因此，不同的资产管理理论没有优劣之分，只有适宜不适宜的问题。本节对商业银行经营管理理论进行回顾梳理，汲取前人的精华理论，以期对当今的国有商业银行转型有所启发。

1. 资产管理理论

在 20 世纪 60 年代之前，基于当时银行外部经营环境，资产管理理论适用性较强，成为各家商业银行着重强调的经营管理理论之一。在当时，银行负债主要来源于吸收活期存款，存款产品较为单一，而其他非银行金融中介机构尚处于缓慢发展阶段，数量很少。银行无法绝对掌控负债管理，但却能很好地掌握资产管理主动权，因此，商业银行更加强调对资产的管理，而不重视负债管理。

此时，资产管理理论主要侧重三个方面：商业银行贷款管理理论、资产转移理论、预期收入理论。一是商业银行贷款管理理论。商业银行主要通过存贷差获取利息，为解决自身流动性问题，商业银行不断发放基于自偿性的短期贷款，从而产生该理论。二是资产转移理论。1918 年 H. G. Moulton（美国学者）在《商业银行资产及形成》文章中首次提到该理论，其观点是商业银行出售自身金融资产及其他证券，获取一定收益，加快资金流动。较前一理论，该理论有一定创新，银行在兼顾安全性的条件下，促进资产的流动，是加强流动性管理的重要体现。三是预期收入理论。预期收入理论认为，资产的回收是基于对未来的收入预期，因此在货币市场与资本市场，中长期资金都有很大的市场需求，这促使商业银行不断改善自身资金期限结构，在确保安全性的前提下，尽可能地提高盈利性。

2. 负债管理理论

伴随美国经济在 20 世纪 20 年代的快速发展，实体经济对资金的需求变大，迫使商业银行加强对资金业务的管理。而在此时，美国联邦储备委员会开始了对商业银行利率的管制。商业银行为满足客户资金需求，并保持合理的流动性，采取了购买资金等措施，由此产生了负债管理理论。同时，"顾客至上，一切以顾客为中心，增强其服务意识"是此阶段理论的主要理念，在这种理念下，出现了销售理论。销售理论认为银行不仅仅是金融中介机构，更是生产和销售金融产品的机构。销售理论是对商业银行开展负债管理的金融行为的另一种总结，进一步深化了负债管理理论。

3. 资产负债管理理论

金融对经济具有促进作用，20 世纪 70 年代，美国经济发展停滞，需要强大的金融力量支持经济发展。此时，单一的资产管理理论或者负债管理理论均不能很好地满足金融发展的需要，资产负债管理理论应运而生。资产负债管理理论认为，资产与负债业务对于商业银行的经营同样重要，应并驾齐驱同步发展。同时，该理论重点关注资产与负债业务的期限配置和结构问题，强调应科学配置两者的比例结构和期限结构，在安全性、流动性基础上，实现收益最大化。

资产负债管理理论主要包括偿还期对称理论、分散化理论和目标替代理论。其中，偿还期对称理论强调资产与负债流动性结构匹配问题，即时间期限结构匹配问题。短期资产应该与短期负债相对应，中长期资产应有中长期负债相对应，这种对应匹配关系并非一一配对，而是经营理念和总体配置上的对应关系。分散化理论主要是指商业银行的投资应分散于不同的产品和领域，不能过于集中，避免遭受重大风险损失。目标替代理论认为商业银行的流动性、安全性、盈利性目标之间存在相关性，具有相互替代关系，将三个目标结合起来才能找到商业银行效益问题的最优解。

4. 资产组合管理理论

20 世纪 50 年代，马克维茨提出了资产组合管理理论，该理论主要用于风险投资管理，其基本观点是投资于单一资产的风险远远大于组合式资产，进行资产组合可以降低风险。资产组合管理理论在商业银行的应用，主要是在防控贷款风险方面，通过将不同的贷款资产进行组合，降低投资风险，确保投资收益。即商业银行会在给定的风险下追求收益最大，在相同的收益条件下将风险控制到最小，通过对资产的组合寻找风险和效益之间的最佳平衡点。

2.2　关于竞争力理论的回顾

2.2.1　马克思的竞争理论

黄茂兴等（2016）指出："马克思把竞争关系视为资本主义经济关系中最一般的关系，在论述价值的形成和实现、剩余价值的生产和分配过程中，对竞争关系和运动规律做了深刻的阐述，形成了其独特的竞争观。"[①] 马克思对竞争的产生以及过程和结果进行了深入研究，对市场主体之间的竞争关系进行了系统性分析，并从生产、流通、消费三大领域分别研究了市场竞争。

1. 马克思关于竞争产生的论述

马克思对竞争的研究开始于对商品货币关系的分析，通过剩余价值规律科学地揭示了竞争的本质。首先，竞争是商品经济发展的客观要求。马克思认为，竞争是众多经济现象中的一种，是商品经济发展的产物。由于社会分工的存在，商品生产者需要通过交换满足自己的生活所需，交换过程中都追求自身利益最大化，这必然导致竞争的发生。他指出："社会分工则使独立的商品生产者互相对立，他们不承认别的权威，只承认竞争的权威，只承认他们互相利

---

① 黄茂兴，叶琪，陈洪昭. 马克思主义竞争理论及其在当代中国的运用与发展 [J]. 数量经济技术经济研究，2016（5）：17-29.

益的压力加在他们身上的强制。"① 其次，竞争规律是商品经济的基本规律。马克思说："如果生产商品所需要的劳动时间不变，商品的价值量也就不变。但是，生产商品所需要的劳动时间随着劳动生产力的每一变动而变动。"② 商品生产者为了追求剩余价值，不断改进生产方法，降低个别劳动时间，通过循环往复的竞争，最终将个别劳动时间转化为社会劳动时间，个别价值成为社会价值。因此，马克思认为，竞争推动了价值规律的实现，竞争规律存在于价值规律之中。

2. 马克思关于竞争过程的论述

马克思认为，在价值形成、实现及分配过程中，均存在竞争。第一，在价值形成过程中，资本家对剩余价值的追逐产生了竞争。马克思阐述了竞争和剩余价值之间的内在关系，"资本主义生产的发展，使投入工业企业的资本有不断增长的必要，而竞争使资本主义生产方式的内在规律作为外在的强制规律支配着每一个资本家。竞争迫使资本家不断扩大自己的资本，而他扩大资本只能靠累进的积累"③。资本家通过改进技术、提高劳动生产率获取超额利润，在客观上推动了社会劳动生产率的提高，正如马克思所说，"虽然竞争经常以其生产费用的规律迫使资本家坐卧不宁，把他制造出来对付竞争者的一切武器倒转过来针对着他自己，但资本家总是想方设法地在竞争中取胜，孜孜不倦地采用价钱较贵但能进行廉价生产的新机器，实行新分工，以代替旧机器和旧分工，并且不等到竞争使这些新措施过时，就这样做了"④。第二，在价值实现过程中，商品价值主要是由生产者和消费者对价格的竞争实现的。市场主体总是分为需求方和供给方，生产者为供给方，消费者为需求方，由于供给者要追求利润最大化，需求者要追求效用最大化，这是一对矛盾，商品价格由价值决定，供求的失衡会引起价格与价值偏离的矛盾，需要通过生产者与消费者之间的竞争来解决。"竞争，同供求关系的变动相适应的市场价格的波动，总是力图把耗费在每一种商品上的劳动总量化为这个标准。"⑤ 也就是说，交易双方通过不断调整自己的产量或需求，以解决商品价格与价值偏离的矛盾，迫使价格朝着价值的方向发展，二者逐渐统一的过程便是商品价值的实现过程。第

---

① 马克思. 资本论：第一卷 [M]. 北京：人民出版社，1975：394-395.

② 马克思. 资本论：第一卷 [M]. 北京：人民出版社，2004：53.

③ 马克思. 资本论：第一卷 [M]. 北京：人民出版社，1975：650.

④ 中共中央马克思恩格斯列宁斯大林著作编译局. 马克思恩格斯全集：第 23 卷 [M]. 北京：人民出版社，1972：376.

⑤ 中共中央马克思恩格斯列宁斯大林著作编译局. 马克思恩格斯全集：第 25 卷 [M]. 北京：人民出版社，1974：215.

三，在价值分配过程，社会平均利润率由竞争产生。马克思认为，"不同生产部门中占统治地位的利润率，本来是极不相同的。这些不同的利润率，通过竞争而平均化为一般利润率"①。也就是说，竞争引导资本在不同利润率的部门之间流动，完成资本逐利的使命，最终促进社会平均利润率的形成。可见，马克思通过竞争原理阐释了社会平均利润率的产生。

3. 马克思关于竞争结果的论述

马克思对竞争的积极和消极作用都进行了论述。第一，竞争有助于提高社会生产力。马克思指出决定劳动生产力的五个因素，即"工人的平均熟练程度，科学的发展水平和它在工艺上应用的程度，生产过程的社会结合，生产资料的规模和效能，以及自然条件"②，"劳动生产力越高，生产一种物品所需要的劳动时间就越少，凝结在该物品中的劳动量就越小，该物品的价值就越小……可见，商品的价值量与实现在商品中的劳动的量成正比的变动，与这一劳动的生产力成反比的变动"③。因此，资本家在追逐剩余价值的过程中会不断改进技术，提高劳动生产率，从而推动社会技术进步，促进社会生产力水平提高，竞争"这个规律不让资本有片刻的停息，老是在它耳边催促说：前进！前进！"④。第二，竞争催生出资本主义信用。马克思认为竞争是推动信用发展的动力之一，"一种崭新的力量——信用事业，随同资本主义的生产而形成起来。起初，它作为积累的小小的助手不声不响地挤了进来，通过一根根无形的线把那些分散在社会表面上的大大小小的货币资金吸引到单个的或联合的资本家手中；但是很快它就成了竞争斗争中的一个新的可怕的武器；最后，它变成一个实现资本集中的庞大的社会机构"⑤。第三，竞争没有国界，必将走出国门。资本家除了参与国内竞争，还会开展国际贸易，参与更加激烈的国际竞争，国际市场的争夺体现为资本家商品生产的个别劳动时间要低于世界平均劳动时间。"投在对外贸易上的资本能提供较高的利润率，首先因为这里是和生产条件较为不利的其他国家所生产的商品进行竞争，所以，比较发达的国家高于商

---

① 中共中央马克思恩格斯列宁斯大林著作编译局. 马克思恩格斯全集：第 25 卷 [M]. 北京：人民出版社，1974：177.

② 马克思. 资本论：第一卷 [M]. 北京：人民出版社，2004：53.

③ 马克思. 资本论：第一卷 [M]. 北京：人民出版社，2004：53-54.

④ 中共中央马克思恩格斯列宁斯大林著作编译局. 马克思恩格斯全集：第 6 卷 [M]. 北京：人民出版社，1961：501.

⑤ 中共中央马克思恩格斯列宁斯大林著作编译局. 马克思恩格斯全集：第 23 卷 [M]. 北京：人民出版社，1972：686-687.

品的价值出售自己的商品，显然比它的竞争国卖得便宜。"①

4. 马克思关于市场主体之间的竞争关系的论述

马克思认为，市场竞争主要包括三种竞争关系：生产者之间、消费者之间、生产者和消费者之间的竞争。在市场中，市场主体通常分为需求方和供给方，二者之间总会为各自的目标一直处于竞争中，供给者要追求利润最大化，需求者要追求效用最大化。如果供给大于需求，供给方就会处于相对竞争劣势，而竞争随之会在供给者内部展开，而供给者力争摆脱自己的不利地位，只要有一部分供给者被迫降价，供给者的竞争就会把供给方商品的出售价格压到最低，而此时，处于竞争优势一方的需求者会不由自主形成利益共同体合力把供给方的商品价格压至最低。如果供给小于需求，需求一方处于竞争劣势，竞争就将在需求者内部展开，一部分需求者被迫按高价购买商品，需求者之间的竞争就会导致供给方将商品出售价格提至最高。此时，处于竞争优势方的供给者也会形成一个利益共同体，团结起来把需求者的购买价格抬到最高。

5. 马克思对生产、流通、分配三大领域市场竞争的主要观点

在生产领域，根据马克思关于商品价值的论述，商品价值是由凝结在商品中的社会必要劳动时间所决定的。那么，资本家通过提高提高劳动效率，降低商品所包含的个别劳动时间，就能获取超额剩余价值。这就是生产领域资本家之间的竞争。在流通领域，由于在供需不平衡的情况下，等价交换并非在每次交易中都成立，价格和价值之间会存在波动，能否让商品价格体现出其价值构成了商品生产者之间，以及商品生产者与消费者之间的竞争。在分配领域，由于资本的逐利性，资本家通过促使资本在各产业之间的转移和流动，从而实现各产业利润率水平趋于平均化，产生社会平均利润率。利润平均化则是由分配领域资本家之间的竞争实现的。

此外，马克思还论述了垄断与竞争的辩证统一关系。"在实际生活中我们不仅可以找到竞争、垄断和他们的对抗，而且可以找到他们的合题，这个合题并不是公式，而是运动。垄断生产着竞争，竞争产生着垄断。垄断资本家彼此竞争着，竞争者逐渐变成垄断资本家。垄断资本家用局部的联合来限制彼此间的竞争，工人之间的竞争就要加剧对某个国家的垄断资本家来说，无产者群众愈增加，各国垄断资本家间的竞争就愈疯狂。垄断只有不断投入竞争才能维持自己。"②

---

① 中共中央马克思恩格斯列宁斯大林著作编译局. 马克思恩格斯全集：第 25 卷 [M]. 北京：人民出版社，1974：264.

② 马克思恩格斯选集：第 1 卷 [M]. 北京：人民出版社，1972：142.

马克思对竞争理论的研究做出了重要贡献，对于竞争的论述，对于竞争本质的认识，超越了古典经济学认识范畴，揭示了竞争背后所掩藏的社会经济关系，为竞争理论的研究提供了科学的方法论和世界观。马克思认为，"竞争不过是资本的内在本性，是作为许多资本彼此间的相互作用而表现出来并得到实现的资本的本质规定，不过是作为外在必然性表现出来的内在趋势"①。在商品经济中，交易双方为满足自身利益要求，必然会产生竞争，因此，竞争仅仅是众多经济现象中的一种，同样是社会分工体系下商品经济的产物。

2.2.2 亚当·斯密的竞争力理论

在西方经济学中，亚当·斯密（Adam Smith）将竞争由人类潜在的生存意识转化为明确的经济学概念，并根据当时时代背景，在经济人利己主义前提下，研究自由竞争理论，建立了完全竞争市场模式。他认为，竞争能够促使资本从收益较低的行业流向较高的行业，能够促进均衡价格的形成；因此，斯密提倡经济自由主义，反对限制经济自由的政策。

在《国富论》中，斯密写道："要想仅仅依赖他人的恩惠，那是一定不行的。他如果能够刺激他们的利己心，使有利于他，并告诉他们，给他做事，是对他们自己有利的，他要达到目的就容易得多了。"② 斯密认为资本家的一切行为都以利润为目标，进行生产就是为了追求利润最大化，因此应该从经济中的个人主义出发来分析研究经济世界，"假设劳动生产物的售卖所得，不能多于他所垫付的资本，他便不会有雇佣工人的兴趣；而且，如果他所得的利润不能和他所垫付的资本额保持相当的比例，他就不会进行大投资而只进行小投资"③。斯密在解释由于追求利润最大化，从而加强学习导致竞争能力提升的客观事实时指出："如果竞争是自由的，个人相互排挤，那么相互的竞争，便会迫使每个人都努力把自己的工作弄得相当正确"，"竞争和比赛往往引起最大的努力。反之，单有大目的而没有促进其实现的必要，很小可能激起任何巨大的努力"④。竞争对于合理配置资本要素和推动劳动要素具有很大作用。斯密指出，竞争能够提高劳动者通过学习熟练掌握劳动技能的积极性。此外，斯密总结了一些影响自由竞争的不利因素，比如未被公开的技术、政府给予的垄

---

① 中共中央马克思恩格斯列宁斯大林著作编译局. 马克思恩格斯选集：第 46 卷 [M]. 北京：人民出版社，1980：397-398.

② 斯密. 国富论：上卷 [M]. 北京：商务印刷出版社，1972：13.

③ 斯密. 国富论：上卷 [M]. 北京：商务印刷出版社，1972：43.

④ 斯密. 国富论：上卷 [M]. 北京：商务印刷出版社，1972：319-320.

断政策、专营特权、师徒合同，以及一切将竞争约束在少数人之间的法律等。

根据斯密的完全竞争理论，在整个市场中，由于自由竞争的存在，相同的资源投入会得到相等的回报，即各产业各部门的利润率总体上趋于平均化，将处于一个动态调整直至均衡的状态，参与竞争的企业或生产者具有完全一样的绩效。斯密倡导在任何时间与空间下都应尊重市场规律，倡导自由竞争，着重强调用市场这只看不见的手调节经济，反对利用政策限制市场参与者之间的自由竞争。斯密认为，政府的作用仅仅是维护经济社会的秩序，以法律的形式保障劳动者能够享受自己的劳动成果，而不是干预经济的自由发展。

斯密的完全竞争理论在当时受到经济学家们的大力推崇，不少学者对它进行了补充和完善，比较著名的学者有穆勒和大卫·李嘉图。穆勒认为，即使是在完全竞争条件下，要素资源在部门之间的流动和转移是需要成本和时间的，因此，竞争力的差异在较短时间内是存在的。李嘉图强调自然资源禀赋，并在此基础上提出了比较优势理论，扩展了斯密的竞争力理论。此外，费雪、帕累托、瓦尔拉等著名经济学家也对斯密的竞争力理论进行了研究，并发表了自己的看法。

2.2.3 波特的竞争力理论

在《竞争战略》《竞争优势》《全球产业中的竞争》等著作中，美国哈佛大学的教授迈克尔·波特详细阐述了其竞争力理论。最著名的为"五力模型""三大战略"和"价值链理论"。

波特认为，一个产业内部的竞争取决于五种竞争力量：进入威胁、替代威胁、卖方议价能力、买方议价能力及现有竞争对手的竞争。上述五种作用力的合力决定着该产业的竞争强度和产业的最大利润。

一般来说，在与这五种力量适应抗争的过程中，贯穿着三种成功型战略思想，即总成本领先战略、差异化战略和专一化战略。每一家公司必须对上述三种战略思想予以明确，否则将处于非常不利的的战略地位。

在此基础上，波特引入了"价值链"的概念，提出了企业的任务是创造价值，企业的设计、生产、销售、发送等各项活动构成了企业的价值链。企业之间的竞争不仅仅是单一环节的竞争，而是涉及整个价值链的竞争，可以说整个价值链的综合竞争力决定企业的竞争力。价值链一般分为两部分：一是企业的基础生产经营活动，主要包括产品的生产制造、仓储、运输、销售和提供售后服务等全流程；二是辅助生产活动，诸如企业的团队建设、技术研究、成本控制和人事管理。同业之间具有相似的价值链，但又不完全相同，不同的价值链则是企业优势竞争力的来源。波特进一步认为，价值链中有众多的价值活动，只有真正创造价值的经营活动方是企业价值链上的战略环节。企业价值链战略环节上的优势才是企业的竞争优势。

在国家竞争力研究方面，波特创新提出了有名的"国家钻石模型"，即国家竞争力优势四因素模型（见图2-1）。该模型主要阐述：国家的经济环境会影响企业开发竞争优势，主要涉及四个最直接的因素，即生产要素、需求状况、相关和支持产业及企业战略组织和竞争。

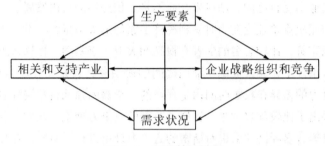

图 2-1　国家钻石模型

波特提出，从根本上来说国家竞争力是若干行业的竞争力优势集合，应从行业的角度来分析考察国家的竞争力，分析一个国家的政治、经济、社会等环境如何影响各个行业的国际竞争力。一般来说，国内"四因素"环境非常有利的行业必然具有最优的竞争力。

2.2.4　核心竞争力理论

英国著名学者普拉哈拉德（C. K. Prahalad）与哈默（Hamel）发表了《公司的核心竞争力》①一文，提出了企业核心竞争力的概念，即基于协调整合观的核心竞争力理论。上述两位学者，通过剖析美国 GTE 和日本 NEC 两家公司从最初的水平相当到后来实力上的巨大悬殊的原因，总结提炼出了企业的核心竞争力。他们认为，核心竞争力是"组织内的集体学习能力，尤其是如何协调各种生产技能并且把多种技术整合在一起的能力"，成功企业经营的本质是实现多种能力的组合，而不是多种业务的集合。上述能力贯穿企业生产经营过程，能够持续为企业各项业务增加更多的价值，因此，通过持续的组织学习提升企业对其技能和技术的协调整合能力是构建企业核心竞争力的关键。企业核心竞争能力主要有四个特点：对经营环境反应的适应能力、不易模仿性、

---

① 该文章由普拉哈拉德（C. K. Prahalad）与哈默（Hamel）于1990年发表于《哈佛商业评论》。

创造更多的价值、可增减性与可置换性。

著名的战略管理学家美国人巴顿（D. L. Barton），创新性地提出了基于知识观的核心竞争力理论。他认为，核心竞争力是一种使企业具有独特优势，能够为企业创造竞争优势的知识体系[①]，知识体系构成要素之间的相互作用促进核心竞争力的产生和提升。同时，巴顿还指出，企业的竞争优势是由不容易被竞争对手模仿的核心竞争力构成的。

除了基于协调整合观、基于知识观的著名核心竞争力理论，比较有代表性的还有基于系统观及资源观的核心竞争力理论。盛小平和孙琳（2006）从企业获取和配置资源能力的差异性角度提出了基于资源观念的核心竞争力理论，认为资源是企业赚取超额利润的基础条件，企业对资源的组织和运用能力决定了其竞争能力[②]。张道玉（2013）提出基于系统观的核心竞争力理论，该理论认为企业的核心竞争力包括"元件能力和构架能力"。元件能力指的是诸如企业文化、操作系统等局部的能力，架构能力则是把众多元件以某种方式进行整体组装的能力，不同的组装方式将会形成新的组织架构，整合出新的能力[③]。也就是说众多元件的子能力通过系统性组装以后，能够发挥出超过合集的更大的能力，则是企业的竞争优势所在。

2.3　关于商业银行竞争力研究的梳理

金融是现代经济的核心，商业银行作为重要的金融机构，其健康可持续发展不仅影响自身的存亡和发展，而且对社会稳定、经济发展等具有重要影响，因此，国内外不少学者致力于研究商业银行的竞争力问题，梳理前人的理论，站在巨人的肩膀上才能把问题研究得更为透彻。

2.3.1　商业银行竞争力内涵的文献综述

研究商业银行竞争力问题，首先需要研究什么是商业银行的竞争力，即商业银行竞争力的内涵。比较具有代表性的观点有以下几种：一是盈利能力论。多数学者以商业银行盈利能力作为其竞争力，主要用商业银行的财务指标来衡量商业银行的竞争力。二是可持续发展论。伴随商业银行的快速发展，仅仅以

---

① 该知识体系主要包括技巧和知识系统、管理系统、技术系统和价值观系统四个维度。
② 盛小平，孙琳. 企业核心竞争力理论透视 [J]. 经济问题探索，2006（11）：81.
③ 张道玉. 企业核心竞争力的动态演进研究 [J]. 经济研究导刊，2013（3）：21.

盈利能力来评估商业银行竞争力，很难完全衡量商业银行的发展能力，盈利能力代表的是过去的经营成果。殷雷（2002）认为商业银行竞争力是指商业银行的市场拓展能力和未来开创能力，与此同时，要兼顾履行社会责任，为公众提供服务。这种能力分为三个层次，由表及里分别是商业银行竞争行为能力、竞争战略管理能力以及竞争潜在能力，即考察商业银行的竞争力不仅需要关注现在的盈利能力，还要关注潜在的发展能力。三是竞争优势论。张连怀（2005）提出商业银行竞争力是指商业银行在开放、竞争的市场环境中，通过不断优化配置自身资源及充分利用外部环境和资源，特别是通过整合协调商业银行中的关键性资源形成超越对手并且对手难以模仿复制的竞争优势。商业银行竞争力集中表现为产品、服务竞争力和抵抗风险的能力。

上述对商业银行竞争力的定义无所谓对错，都是符合当时的社会生产力发展水平的。盈利能力是衡量商业银行经营成果最基本的指标，是能够量化的指标，能够直观反映商业银行与竞争对手的竞争力水平高低，是衡量商业银行竞争力最基础的指标。单纯使用盈利能力指标衡量商业银行竞争力的缺点在于利润水平代表的是过去商业银行经营管理战略的结果，不能反映未来发展潜力，不能直观体现竞争力实现的过程。未来发展潜力体现了商业银行的可持续发展能力，可以用资本、人力、科技、战略规划、风险管理、创新能力等指标衡商业银行的未来发展潜力，不可直接量化，需要进行一定的转化，具有一定的主观性。竞争优势论带有主观主义色彩，目前，银行业的竞争虽然不能说是完全竞争，但数据众多的银行和非银行之间的竞争非常激烈，尤其是信息化时代，信息传递速度更快，信息更公开、更透明，银行的产品、技术和管理创新等极易被竞争对手模仿，很难形成难以被模仿的竞争优势。

然而，商业银行不断发展变化，从最开始的货币兑换业，发展为资本家的信用和支付中介，再发展为列宁笔下的万能的垄断者，直到今天的现代商业银行。在不断发展的历史长河中，以前的学者都忽视了影响商业银行竞争力的最重要的因素为外部环境的变化，经济、政治、科技、监管的发展变化推动着商业银行不断向前发展，商业银行的诸多变更并非自愿，而是由生产力水平的变化所导致。只有能够适应外部环境变化的商业银行才能生存下来，不被历史淘汰；只有能够快速适应外部环境变化，不断迭代更新自身产品、服务、发展战略，能进能退的商业银行才能战胜其他竞争者，表现出较强的竞争力。

因此，笔者认为，商业银行竞争力是商业银行能敏锐洞察国内外经济、政治、科技、监管、文化等环境变化，并能迅速做出反应，调整战略规划，制定出与之相适应的业务产品、客户服务、风险管理等战略规划，并通过盈利水平等财务指标对战略实施进行校验，不断迭代升级的能力，即商业银行竞争力核心为商业银行对外部环境变化的应变能力，战略制定的前瞻能力、预判能力，最终体现为商业银行的生存能力和可持续发展能力。

2.3.2　商业银行竞争力影响因素的文献综述

研究商业银行的竞争力问题，需要先研究有哪些因素能够影响商业银行竞争力，不少学者在这方面做了研究。陈红平和吕强（2002）认为，国有资本在银行体系中的主体地位和产权结构是影响国有商业银行市场竞争力的关键；张梅（2004）指出，资产规模和资产质量、管理体制和管理方式、金融手段和金融创新等决定了商业银行的竞争力水平；胡锦娟和张良桥（2011）指出，地区金融环境和创新能力是影响城市商业银行竞争力的主要因素；钟月飞（2013）发现创新能力和金融生态环境是影响城市商业银行未来发展与提升竞争力的重要砝码；曹永栋等（2012）则认为地方政府的扶持、城市商业银行经营管理的区域优势、近年来有利于城市商业银行发展的改革措施是城市商业银行竞争力较强的原因，而公司治理结构不健全、业务创新不足、产品技术含量低及业务结构不合理是其竞争力减弱的原因。

Agyenim Boateng 等（2015）根据评估资产质量、盈利能力、流动性和整体绩效的代理变量来检查银行绩效的决定因素，使用 2000—2012 年 111 家商业银行的样本，研究发现外资银行似乎拥有更好的资产质量和整体表现，虽然盈利能力在下降。在银行层面，股权、负债比率对银行业绩表现有重大影响；而在宏观经济层面，资本国内生产总值、GDP 增长率、流动性和失业率似乎对银行业绩有影响[①]。

Aboagye（2008）通过使用 2001—2006 年的季度数据计算银行 Lerner 指数，分析加纳银行业的市场力量。研究表明，加纳银行业拥有市场力量，明确影响加纳银行业市场力量的因素有：银行规模、银行在员工成本上的效率、宏观经济环境和时间[②]。

Timothy J. Richards 等（2008）指出非大都市地区的银行在不同的空间环境中竞争，研究随着电子银行业务的出现，竞争对手的空间分离给予多少市场竞争力的问题。作者估计了银行服务供求结构模型，其中定价权力明确地取决

---

①　BOATENG A，HUANG W，KUFUOR N K. Commercial bank ownership and performance in China [M]. Applied economics，2015.

②　ABOAGYE A. Explaining the market power of Ghanaian banks [J]. South African journal of economics，2008.

于与对手银行的距离。空间自回归计量经济学模型显示，中西部非大都市银行业务中大约38%的经济盈余是空间市场力量所致①。

Aneta（2015）研究了外资银行大量撤资对剩余银行的市场竞争力的影响，通过对1996—2014年54个国家226家银行的数据进行分析，研究发现外资银行退出对其他银行市场的影响不是线性的，而是"U"形曲线。此外，当撤资的银行占市场份额的10%左右时，剩余银行会出现市场竞争力最大的增长。在超过这个阈值之后，银行竞争力提升的效果逐渐减弱。

Anthony（2013）使用Panzar-Rosse H-Statatistic和Lerner指数，用1998—2011年的年度数据来衡量新兴外资银行进入导致的赞比亚银行业竞争程度变化。Anthony认为风险承担、收入多样性和监管力度都是市场力量的重要决定因素，通过缓解监管障碍，可以进一步优化竞争条件，从长远来看，允许更多的外资银行参与可能会刺激银行业的竞争行为②。

笔者认为，影响城市商业银行竞争力的因素有很多，主要可分为两个方面：一是内部影响因素；二是外部影响因素。外部影响因素对所有商业银行都存在影响，只是影响程度不同，各银行对外部影响因素的反应能力体现出各自的竞争力水平；内部影响因素反映的是各银行的个体特征，内部影响因素往往受制于外部环境因素。

2.3.3 商业银行竞争力评价的文献综述

相比西方发达国家，我国金融市场化时间短、程度低，至今没有比较权威的商业银行评级，相关各方考虑银行评级主要采用监管机构评价结果替代。为了比较客观全面地评价商业银行经营管理状况，早在2004年，银监会就参考权威的骆驼（CAMEL）评级体系，借鉴金融发达国家或地区的银行业监管评级的通行做法，制定发布了我国第一版《股份制商业银行风险评级办法体系（暂行）》，主要从定量和定性两个方面评价目标银行的监管分值，并以此为基础将评价银行分为"良好""一般""关注""欠佳"和"差"五个档次，标志着我国银行业监管思路和方法开始真正与国际接轨。为进一步完善银行业监管评办法，2006年银监会又基于"巴塞尔新资本协议"新变化和"银行有效监管原则"新要求适时出台《商业银行风险核心监管指标（试行）》，初步

---

① RICHARDS T J, ACHARYA R N, KAGAN A. Spatial competition and market power in banking [J]. Journal of economics & business, 2008.

② ANTHONY. Increased foreign bank presence, privatisation and competition in the Zambian banking sector [J]. Managerial Finance, 2013.

构建了以风险水平计量、风险迁徙预警、风险抵偿规范为基础的监管指标体系，共分为七大类 16 项指标，相比第一稿的监管指标体系，内容更加完整，逻辑更加清晰，体系更趋完善。但美中不足的是，由于基础数据的不准确、不完整、不规范，市场风险和操作风险缺乏必要的监管基础，该指标体系也很难全面反映商业银行的真实经营状况，没有得到很好的推广和应用。

2008 年国际金融危机对世界金融体系造成了巨大冲击，此后巴塞尔银行监管委员会（BCBS）、金融稳定委员会（FSB）以及各国的监管当局深刻反思，对系统重要性金融机构的监管做出重大变革。为防止我国发生系统性金融风险，不断提高监管水平，原银监会加强了对监管技术和方法的研究，将国有大型商业银行作为系统重要性银行加强监管，并于 2010 年创新建立"腕骨"（CARPALs）监管指标体系。该体系主要由以下七大类指标构成，即资产质量、大额风险集中度、资本充足程度、拨备状况、流动性、附属机构、案件防控，CARPALs 由以上七个指标英文翻译首字母构成①。

自 2003 年开始，中国《银行家》杂志银行业竞争力评价课题组每年对我国商业银行进行综合排名，通过构建现实竞争力、潜在竞争力和核心竞争力三个维度指标体系，综合评价全国性商业银行与各城商行的竞争力，并出台《年度中国商业银行竞争力评价》报告，其评价结果在国内银行业具有非常大的社会影响力。

2.3.4 商业银行竞争力提升策略的国内外研究

研究商业银行竞争力的目的是提高商业银行的竞争力，最终要落实到提升的措施上，措施的制定需要理论联合实际，需要结合当时的外部经济、政治和监管环境。高任飞（2012）认为，我国商业银行竞争力需要从公司治理、风险管理、财务管理以及金融创新四个方面着手完善和提高②。彭霞（2008）提出要重视发展网络银行，重视宣传，培养人们新的消费观念，通过引导居民转变支付习惯，由现金支付向电子支付转变，逐步发展线上交易业务。同时，加强对银行信息科技系统等基础设施的建设投入，创造条件开发新的电子银行产品品种③。刘锡良和刘轶（2006）从成本领先战略视角研究了商业银行提升竞争力的策略，提出从以下四个方面提升银行竞争力：引人内部资金转移机制，

---

① 七大指标翻译为英文为：Capital adequacy、Asset quality、Risk concentration、Provisioning coverage、Affiliatedinstitutions、Liquidity、Swindle prevention & control.

② 高任飞. 商业银行竞争力评价及提升策略研究 [J]. 商业时代，2012（22）：59-60.

③ 彭霞. 提升我国商业银行竞争力策略研究 [J]. 企业家天地，2008（8）：101-102.

实现资金成本的精细化管理；利用作业成本法，进行营运成本的归集与分摊；加强风险管理，控制风险成本；优化经济资本配置，管理资本成本①。陈雨露和甄峰（2012）通过对竞争力钻石模型的研究，提出未来中国大型商业银行提升竞争力需要关注的要素平衡方向是创新、资产、本地和风险②。易纲和赵先信（2001）认为中国银行业必须过渡到以投资收益为最终目的、以制度创新为依托的竞争阶段，才能在加入 WTO 后得以生存和发展。"历史表明，没有多元化的股权结构，没有以明晰产权为基础的现代公司治理结构和激励制度，国有银行的'创新'只能停留在模仿阶段，以投资收益为目的的竞争只能是一句空话。"③

2.4　简要的评述与展望

商业银行作为国民经济的核心，其竞争力不仅仅关乎企业自身的命运，更关乎金融经济稳定和百姓福祉，因此，国内外不少学者从不同的角度研究了商业银行竞争力问题，其研究成果是笔者研究新时代国有商业银行竞争力问题的坚实理论基础，诸如马克思货币银行理论、资产负债管理理论、金融中介理论、波特和亚当·斯密的竞争力理论等。这些理论对于新时代商业银行提升竞争力具有较强的借鉴和指导意义。

在对商业银行竞争力问题进行综述以后，本书得出以下认识：一是对商业银行竞争力的内涵不同的学者有不同的认识，没有一个统一的定义，都是根据研究需要界定的。二是商业银行竞争力问题是一个不断发展变化的问题，没有标准的研究和评价范式，在不同的历史背景和不同的生产力发展水平下，商业银行竞争力的内涵、特征、评价标准和提升策略都表现出新的特点，商业银行竞争力问题是一个既老又新的问题，在新的时期有新的研究视角。三是在不同的时代背景下，商业银行竞争力提升策略差异较大，只有契合当时的政治经济环境的措施，才能行之有效。

---

① 刘锡良，刘轶. 提升我国商业银行竞争力：成本领先战略视角 [J]. 金融研究，2006（4）：71-80.

② 陈雨露，甄峰. 大型商业银行国际竞争力：理论框架与国际比较 [J]. 国际金融研究，2012（2）：94-95.

③ 易纲，赵先信. 中国的银行竞争：机构扩张、工具创新与产权改革 [J]. 经济研究，2001（8）：25.

通过对商业银行竞争力研究成果的细致分析，本书发现这一选题依然是值得深入研究的。一方面，我国商业银行生存和发展的环境发生变化，表现在经济改革进入深水区，无现成的经验可寻；宏观经济基本面呈现新常态，告别高速增长时代，转向高质量、稳增长方向发展；互联网金融和金融科技应用快速发展，改变金融消费习惯，颠覆传统金融服务模式；金融对外开放程度加深，商业银行国际化进程加快，在外部环境风云突变的背景下，一部分商业银行及时改变传统经营思路，快速适应新的经营环境，能够实现弯道超车，而一部分因循守旧的商业银行将被历史淘汰。另一方面，近年来，由于实体行业不景气等，金融行业脱实向虚，金融空转，金融资源错配问题严重，加大了金融行业系统性风险。为防范和化解风险，金融监管部门出台了一系列监管政策，在日趋严格的金融监管下，商业银行部分业务面临调整，需要重新寻找增长点。基于前人的成果，笔者需要从以下几方面进一步展开深入研究：一是探讨新时代商业银行竞争力内涵；二是分析商业银行对新时代外部环境变化的适应能力；三是新时代商业银行竞争力的评价和测度问题；四是基于新时代背景，重新认识和界定商业银行功能定位；五是探讨商业银行竞争力提升策略和路径。

2.5　本章小结

梳理文献的目的在于掌握目前国内外研究进展，便于厘清后续研究的方向，用前人的理论指导研究实践，为后续研究工作打牢基础。

本章回顾了银行理论和竞争力理论，梳理了关于商业银行竞争力内涵、影响因素、评价、提升策略的国内外研究成果。通过回顾理论研究，我们发现关于银行理论及竞争力的理论都较为丰富，国内外关于商业银行竞争力的研究颇多，但未形成一套专门的理论。与商业银行竞争力联系较为紧密的观点或理论大约有：马克思货币银行理论、资产负债管理理论、金融中介理论、马克思的竞争理论、波特的竞争力理论、亚当·斯密的竞争力理论。

商业银行竞争力研究是一项极具时代特色的研究课题，传统而又充满新意，随着经济社会的发展，商业银行竞争力的研究内容也日益丰富。关于商业银行竞争力基本问题的研究主要涉及对新时代时间范围的划分以及特征分析、商业银行竞争力的内涵和评价方式、商业银行的适应能力分析和功能定位重塑。

新时代，互联网金融、外资银行等对传统银行业固有市场的不断蚕食，金融市场发展环境下直接融资市场的发展，以及利率市场化改革等，使得商业银行面临金融脱媒、利差收窄和竞争加剧等多重压力，倒逼商业银行转变发展模式，重塑功能定位。实践发生变化，理论研究也应随之跟进。国内外关于新时代商业银行竞争力的研究还不丰富，所以，此时开展这一研究有理论和实践双重意义。

3 商业银行竞争力理论分析框架

新时代国有商业银行竞争力问题研究是在一个特定历史背景下研究国有商业银行这类特定机构的课题，要先从理论分析的角度展开系统性分析，构建完备的理论分析架构，为后续深入研究这一课题打好基础。本章针对新时代商业银行经营管理的外部环境特征，以及商业银行竞争力的内涵、特征、内外部影响因素等进行了系统性的理论研究。

3.1 新时代商业银行经营管理的外部环境分析

3.1.1 新时代的划分和界定

根据马克思货币银行理论，银行资本的主要构成为借入资本和派生存款方式创造的资本，因此银行资本的积累和产业周期关系密切，受产业周期影响较大。因此，在不同的历史条件下，商业银行竞争力的影响因素不同，研究商业银行的竞争力问题，要先划定时期界限，分析指定时期的特征，以及这个时期内对商业银行经营管理最重要的影响因素。

我国商业银行在改革开放以后稳定发展了数十年，资产规模不断扩大，公司治理结构逐渐完善，盈利能力逐渐增强，已经从原来的四大专业银行逐步发展为包括国有银行、股份制银行、外资银行、民营银行等在内的多元银行体系，成为国民经济的核心。然而，商业银行并没有按照原有的既定速度和模式继续保持扩张态势，2013 年以来，移动支付，"宝宝类"互联网理财产品，第三方支付，互联网保险、基金和贷款产品等借助互联网平台迅速发展到家喻户晓，不断蚕食传统商业银行的市场份额，因此，2013 年也被称为互联网金融元年。互联网金融的快速发展，迅速改变了传统金融供给模式，商业银行传统经营方式、业务模式受到全面冲击。

在经历 40 多年的高速增长以后，我国经济增速逐渐放缓，产业结构性矛盾凸显。2014 年，习近平总书记指出我国经济已经进入"新常态"，呈现出经济增长速度由超高速向中高速转换，经济发展方式由规模速度粗放型增长向质量效率集约型增长转换，产业结构由中低端水平向中高端水平转换，增长动力由要素驱动、投资驱动向创新驱动转换等一系列特征，相应地对商业银行信贷结构、风险管理、金融服务供给方式等影响深远。

2015 年，中国人民银行连续三次发文，第一次发文内容为上调金融机构存款利率浮动区间的上限为存款基准利率的 1.5 倍，第二发文放开了一年期以上（不含一年期）定期存款的利率浮动上限，第三次发文主要是对商业银行和农村合作金融机构等不再设置存款利率浮动上限，这标志着中国利率市场化改革又向前迈出了重要一步。利率市场化背景下，存贷利差缩小的可能性增加，要求商业银行提高资产负债管理能力，多元化开展业务对冲利息收入减少带来的影响。

在 2018 年亚洲博鳌论坛上，习近平主席提出，"将大幅放宽市场准入，在服务业特别是金融业方面，去年年底宣布的放宽银行、证券、保险行业外资股比限制的重大措施要确保落地"，我国金融业的对外开放程度进一步加深。随着我国银行业对外开放程度不断加深，外资银行对中国银行业市场的渗透越来越强，我国商业银行外部竞争更为激烈，不仅是国内同业的竞争，还有国际强手的挑战。与此同时，中国银行业也在尝试"走出去"战略，主动参与全球竞争，这对于我国商业银行的国际化管理和汇率管理也是一种挑战。

综合上述分析，笔者认为 2013 年是一个关键节点，打破了人们对传统银行业务的认识，颠覆了传统业务模式，从 2013 年开始，不少商业银行在各项因素冲击下，开始致力于转型和创新发展，避免被时代淘汰。本节将系统分析这个时代的特征及其对商业银行的影响路径，进而为在新时代下提升商业银行竞争力打下基础。

3.1.2 新时代的特征分析

一个时代的特征涉及方方面面，从不同的角度观察会有不会的结论。本书旨在分析新时代背景下银行的竞争力问题，因此，笔者站在对金融经济影响的视角来看待和分析时代特征问题。

1. 线上化趋势更明显

以互联网金融元年作为起点的新时代，以 5G 为代表的移动互联网技术飞速发展，并被运用到各种场景中。电子商务类线上交易从原来的服饰类、电子产品类，逐步扩展到餐饮类、生鲜类、医药类等种种与老百姓生活相关的行业；医疗卫生也从线上预约挂号、线上缴费，逐步扩展到线上查询检查报告、线上问诊、线上回访；此外，线上办公、线上教学等也快速发展。各行各业的线上化迁移带动以线上为核心的产业链快速发展，线下配送、线上 IT 开发、线上宣传获客、电子产品研发、数字品牌咨询策划等一系列上下游产业迅速崛起。

2. 智慧化进程加快

人工智能、物联网、大数据、云计算、区块链等技术不断成熟和在各行各业的广泛应用，推动各行业朝着智慧化方向不断发展。如在银行业，基于大数据分析的智慧营销、基于人脸识别技术的客户管理、基于物联网管控技术的智慧厅堂管理、基于人工智能技术的机器人大堂，以及基于区块链技术的风控管理等，都是银行业智慧化发展的举措；再如，餐饮业机器人送餐、家业业智能家居、零售业无人超市、物流业智慧物流等表明全社会都在探索和推进智慧化发展。相应地，推动智慧化场景发展的是技术的进步和相关产业链的兴起。

3. 消费个性化趋势增强

在收入水平、教育水平普遍提高后，人们对衣食住行的要求不再仅限于温饱，开始追求更加美好的生活。党的十九大报告指出："中国特色社会主义进入新时代，我国社会主要矛盾已经转化为人民日益增长的美好生活需要和不平衡不充分的发展之间的矛盾。"这主要体现在消费方面追求个人化、人性化和定制化，对零售业和金融业需求的变化尤为明显，消费者的需求变化要求各行业进行供给侧结构性改革。

4. 全球一体化趋势加强

通信技术、交通运输、国际物流的发展打破了时间、空间、地域的限制，推动地球村范围逐渐收窄，各国之间、人与人之间交往更为紧密，国家之间产品和资金的流动越来越频繁。在全球化背景下，国家与国家进行经济贸易交流，信息与科学技术在交流过程中得以传播与借鉴，企业的生产经营模式受到影响后，多元化经济发展成为国际发展主流。同时，国际市场的激烈竞争迫使企业树立国际竞争意识，不断创新，创造过硬的产品，在国际市场竞争中寻求一席之地。相对国际贸易而言，金融业受监管、地域等因素限制，全球化步伐较为缓慢，然而，随着全球化向纵深发展，金融业全球化也有一定的必然性。

5. 政府监管趋严

全社会各行业百花齐放的大环境容易滋生各种不合规行为，容易引发各类风险，政府需要加强监督管理，维护社会稳定发展。从国际社会看，2008 年国际金融危机爆发之后，金融体系的脆弱性和监管漏洞被广为诟病。长期以来，各国央行和金融监管机构一直试图通过国家监管和一系列国际协议来加强全球金融体系的稳定性和控制系统性风险，20 个主要经济体通过与巴塞尔银行监管委员会的合作，同意在 2019 年全面实施有关银行债务结构和资产要求的新规则，即《巴塞尔协议 III》，以强化银行对抗风险的能力，提高整个金融体系的稳定性。从国内来看，2017 年中央经济工作会议将防范和化解重大金融风险作为打好决胜全面建成小康社会三大攻坚战的首要战役，党的十九大报告提出建立和健全"货币政策+宏观审慎政策"的"双支柱"调控框架，核心是要将货币政策和宏观审慎政策同时纳入政策框架，通过强化二者之间的协调配合，更好地实现金融和实体经济的共同稳定。此外，政府对商业银行资产管理业务的一系列新规定，也表明新时代是一个强监管的时代。

3.2 商业银行竞争力的内涵

3.2.1 基本概念的分类阐释

1. 银行的产生及定义

（1）银行的兴起。

随着商业的发展，货币经营业开始出现。货币经营业最原始的形式是货币兑换，到清代前后发展成为专业性的票号和钱庄，票号和钱庄成为银行的雏形。王明（1996）认为，现代银行产生于资本家对信用中介机构的需求，与工业的发展关系紧密。在当时的历史条件下，银行作为资本主义企业的一种特殊形式，它的职能是将暂时闲置的产业资本集中，并投向以工业为代表的其他经济部门①。1897 年（光绪二十三年），我国第一家银行中国通商银行成立。

（2）银行的定义与分类。

从中国通商银行成立开始，我国商业银行逐步发展到现在，功能更加完备，类型丰富多样，已成为社会经济金融的血脉。银行是依法成立的经营货币信贷业务的金融机构，是商品货币经济发展到一定阶段的产物。银行是金融机构之一，银行按类型分为中央银行、政策性银行、商业银行、投资银行、世界银行，它们的职责各不相同。

中央银行是一国之中居主导地位的金融机构。中国人民银行是我国的中央银行，其主要职责为制定并执行国家货币政策，负责法定货币发行，对国民经

① 王一成. 简明中国银行史（一）[J]. 中国钱币，1996（2）：54-56.

济发展进行干预和调控，以及实施金融监管。

政策性银行是我国金融体制深化改革的产物，它不以营利为目的，以贯彻执行国家经济政策为主要目标，在特定领域内为特定客户提供政策性融资业务，是国家推动经济发展、社会进步和进行宏观调控的重要管理工具①。

商业银行作为经营货币的特殊企业，通过存贷款和汇兑等基础金融业务发挥金融中介作用。其传统经营范围主要是吸收公众存款、发放贷款、财富管理、支付结算等，随着经济的发展，商业银行的业务范围也在不断变化和扩展。

投资银行是资本市场上区别于商业银行的另一类主要的非银行金融中介机构，主要提供证券发行、承销等间接融资服务，企业重组、兼并与收购等投资顾问服务，投资分析、风险投资等财务顾问服务。

世界银行成立于第二次世界大战之后，初衷是为了战后重建，目前的宗旨是向成员国提供融资等服务，促进国际贸易发展。

2. 商业银行的定义、性质、职能和组织架构

（1）商业银行的定义。

我国的商业银行是依照《中华人民共和国商业银行法》设立的，以吸收公众存款、发放贷款、办理结算等为主要业务，自主经营，自负盈亏，以全部法人财产独立承担民事责任的企业法人，其企业组织形式和组织架构适用《中华人民共和国公司法》。安全性、收益性、流动性是商业银行最基本的经营法则。

《中华人民共和国商业银行法》（2015 年修正）规定，商业银行可以经营的业务范围有：吸收公众存款；发放短期、中期和长期贷款；办理国内外结算；办理票据承兑与贴现；发行金融债券；代理发行、代理兑付、承销政府债券；买卖政府债券、金融债券；从事同业拆借；买卖、代理买卖外汇；从事银行卡业务；提供信用证服务及担保；代理收付款项及代理保险业务；提供保管箱服务；经国务院银行业监督管理机构批准的其他业务。商业银行经中国人民银行批准，可以经营结汇、售汇业务。

（2）商业银行的性质。

根据商业银行的定义，可以看出商业银行的性质主要包括以下三点：一是企业性质，商业银行首先是企业法人，需要具备开展业务所需资本金，和一般企业一样以赚取利润为经营目的，并照章纳税；二是金融属性，商业银行以货

---

① 在我国现阶段，政策性银行包括中国进出口银行、中国农业发展银行、国家开发银行三家。

币作为经营对象，与一般企业经营商品有所区别，因此，商业银行不是直接从事商品生产和流通的企业，而是提供资金借贷等金融产品的企业；三是特殊银行，商业银行在经营范围和目标上，与政策性银行、中央银行具有显著区别，具有区别于其他金融机构的显著特征。

（3）商业银行的职能。

商业银行主要有两种经营模式：一种是短期存贷款模式，以赚取存贷款利差为主要利润来源，此种经营模式以英国为代表，被称为英国模式，该模式具有安全可靠的特点。另一种是综合经营模式，业务范围涵盖短期借贷、中长期借贷和投资银行业务，该种模式以德国为代表，被称为德国模式。商业银行的职能虽然会随着经济金融的发展而变化，但其基本职能是由其性质决定的。我国商业银行基本职能主要有以下五类：

第一，信用中介职能。信用中介是指商业银行充当资金盈余方和短缺方的中介机构，把社会闲散资金集中起来，投向其他经济部门，不改变资金的所有权，只出售资金的使用权。信用中介职能是商业银行最基本的职能，商业银行作为资金借入者和贷出者的中间人，以较低的利率吸收存款、较高的利率发放贷款，从而获取利息收入，赚取利润。

第二，支付中介职能。除信用中介职能外，商业银行通过存款人账户之间的资金划转，充当支付中介机构。商业银行的支付中介职能体现的是其货币经营者角色，代理客户保管货币和支付结算，充当个人及企业客户的货币保管员、出纳以及代理支付机构。

第三，经济调节职能。该职能是指商业银行在信用中介职能基础上，按照中国人民银行货币政策、其他宏观调控政策导向，为社会各部门，尤其是国家重点发展产业部门调节资金盈余，通过资金流向引导经济结构、产业结构调整。

第四，信用创造职能。商业银行作为唯一能吸收公众存款的金融机构，在按照监管要求留足存款准备金之后，可以利用客户存款发放贷款，正常情况下，贷款客户并不会全额提取现金，而是通过转账支付和支票结算将资金存入另外一家银行或者另外一个客户的账户，因此，贷款会派生出新的存款。以此类推，周而复始，商业银行通过信贷活动在银行体系内创造出数倍于原始存款的派生存款，这就是商业银行的信用创造职能。

第五，金融服务职能。随着社会的发展，客户对银行的业务需求不再单是金融产品的需求，而是多元化、综合化的金融服务，比如投资咨询服务、财富管理服务、代发工资、信用卡服务等。商业银行为客户提供金融服务的直接动力来自收取手续费和佣金，间接动力来自通过提供增值金融服务可以提高客户品牌忠诚度，以应对激烈的同业竞争。商业银行从某种意义上说，更是一个提供金融服务的场所。

（4）商业银行的组织形式。

受经济、政治、法律、业务范围等多重因素影响，商业银行具有多种组织形式，主要包括单元银行制、总分行制、集团银行制和联合银行制。

单元银行制是指商业银行不设立分支机构，只有独立的银行机构。单元银行产生于美国，为避免银行垄断，美国政府限制银行跨州开立分行，目前，这种限制已经逐步放开。单元银行制经营灵活，经营自主性较强，能够限制银行业的垄断，但无法形成规模效应，管理成本较高，业务也较为集中，抗风险能力较弱。

总分行制是指可同时设立总行和分支行的商业银行组织形式，它与单元银行制共同构成商业银行两种常设组织形式。总分行制便于商业银行扩大营业范围，形成规模效应，降低经营成本，以及分散经营风险，提高银行实力等，是目前各国普遍采用的组织形式。尤其是在当前全球化、数字化发展背景下，总分行制更利于商业银行海外扩张和研发应用先进的金融科技，进一步提高市场竞争力。总分行制规模容易扩张的特点造成总分行制下容易形成特大型银行，比如我国国有商业银行，这种超大型商业银行在内部管理上较为困难，降低了管理效率，而且容易造成行业垄断，不利于市场自由竞争。

除单元银行制、总分行制两种基本组织形式外，在美国常见的形式还有集团银行制和联合银行制两种形式。集团银行制是大型企业通过设立持股公司收购一家或多家商业银行股权，如收购足够份额的有表决权的股票，达到控制人事及经营决策的目的，持股公司并不直接经营银行业务，只实施控制权，参与重大决策。联合银行制是指通过收购独立银行的一定份额的股票，从而达到控制这些银行的体制，被收购银行依然保持法律上的独立主体地位，在实质上受其控制。集团银行制和联合银行制一般是美国某些大型财团采取的经营策略。

（5）商业银行的类型。

改革开放以后，随着我国经济飞速发展，作为金融体系核心构成主体的商业银行也突破了所有制、地域等约束，实现了从"约等于无"到兴盛繁荣的发展。目前，我国商业银行的组织形式主要采用总分行形式，主要包括国有大型商业银行6家[①]，全国性股份制商业银行12家，城市商业银行133家，农村

---

① 本书对国有商业银行的研究未包括邮储银行，范围限于五大国有商业银行。

商业银行 300 多家，以及分布较为广泛的村镇银行。

3. 国有大型商业银行的定义及发展

（1）国有大型商业银行的界定。

国有大型商业银行（下文简称"国有商业银行"）是指由国家（财政部、中央汇金公司）直接管控的大型商业银行。根据银保监会对商业银行机构类型的划分，长期以来，我国国有大型商业银行包括工、农、中、建、交五大银行①，自 2018 年年底开始，银保监会将邮储银行纳入国有大型商业银行范畴。自此，国有商业银行跨入六大行时代。由于本书写作时间早于邮储银行被纳入国有大型商业银行的时间，因此，在现状分析、存在问题等部分章节撰写中，未将邮储银行考虑在内，未对邮储银行进行分析，研究对象锁定在工、农、中、建、交五大行。

（2）国有商业银行的特质。

与一般性商业银行相比，国有商业银行具有以下特质：一是抗风险能力更强。一般性商业银行的抗风险能力取决于经营管理水平，国有商业银行由国家直接控股，有国家信用做支撑，抵御风险能力更强。二是社会属性更强。国有商业银行作为系统重要性银行，具有维系社会金融安全稳定的职责。因此，相比一般性商业银行以追求利润回报为第一要务，国有商业银行经营策略更为稳健，贯彻落实国家普惠金融、绿色金融政策力度更强。三是经营范围和客户群体不同。一般性商业银行因为地域限制等，往往定位于某一专业领域或者特定人群及区域，开展细分市场差异化经营。国有商业银行在完成股份制改革后，业务遍布全国及全球部分区域，为社会各阶层人群提供内容更为丰富的金融服务。因此，国有商业银行的职能更为全面。

（3）国有大型商业银行的发展历程。

1993 年，国务院发布了《国务院关于金融体制改革的决定》，提出深化金融改革，从工、农、中、建剥离了政策性业务，将四大行由专业银行转变成国有大型商业银行。2002 年，第二次金融工作会议提出"必须把银行办成现代金融企业，推进国有独资商业银行的综合改革是整个金融改革的重点"，"无论是充分发挥银行的重要作用，还是从根本上防范金融风险，都必须下大决心推进国有独资商业银行改革"，"具备条件的国有独资商业银行可改组为国家控股的股份制商业银行，条件成熟的可以上市"。而后，银行业的改革开始遵循"三步走"战略，即首先要降低不良资产、实行审慎会计核算制度，其次

---

① 即中国工商银行、中国农业银行、中国银行、中国建设银行、交通银行。

开展股份制改革，最后完成上市。

2003 年，肩负着为国有商业银行股份制改革提供资金支持的重大使命，中央汇金投资有限责任公司成立。2004 年，中央汇金公司创造性地运用外汇储备向中国银行和中国建设银行（以下简称"建设银行"）注资①，拉开了国有商业银行股份制改革的序幕。

2004 年，交通银行向财政部、中央汇金公司、社保基金定向募股，合计筹集资金 191 亿元，用于补充资本金。交通银行成功通过财务重组，建立起现代金融公司治理机制，改制为国有大型商业银行。

2005—2008 年，中央汇金公司分别出资 150 亿美元、190 亿美元向中国工商银行（以下简称"工商银行"）和中国农业银行（以下简称"农业银行"）注资，帮助两家银行完成股份制改革。随后，各大国有商业银行纷纷开展了战略投资者引进工作，演变为现在的五大国有商业银行。

2018 年年末，国有五大行资产总额 105 万亿元，占银行业金融机构的 37%；各项存款余额 76 万亿元，占银行业金融机构的 44%；各项贷款余额 58 万亿元，占银行业金融机构的 38%；员工人数 165 万人，占银行业金融机构的 40%。可见，国有五大行对于维护社会经济金融稳定、贯彻执行货币政策、调节宏观经济作用十分重要，开展大型国有商业银行竞争力研究，促进大型国有商业银行平稳、健康发展具有现实意义和社会意义。

3.2.2　商业银行竞争力的含义

1. 竞争力的含义

竞争力是两个及以上参与者之间，就某一方面相互比较而体现出来的相对能力，是一种随着竞争而变化、通过竞争被体现的能力。只要有比较，就会有差异，因此，竞争力有高低、强弱之分。对竞争力的衡量，不能笼而统之，必须要限定范围才具有可比性。因此，要评价竞争力，需要有明确的时间范围、可比的目标群体和事项，在具备这些要素之后，才能构建评价竞争力的指标体系，搜集样本数据，最终完成评价。测定和评价竞争力也可以采用未来式研究方法，但竞争力测定的对象是"现在"中包含的"未来"。

竞争力包括多种类型，主要有：区域竞争力、动态竞争力、企业竞争力、核心竞争力、品牌竞争力、财务竞争力、质量竞争力、管理竞争力、服务竞争力、个人竞争力。

---

① 合计注资金额为 450 亿美元外汇储备（合计 3 724.65 亿元人民币）。

从商业银行的定义，我们可以看出商业银行首先是企业，适用于企业竞争力理论；其次，它又是特殊的企业，其竞争力具有自己的特点。

2. 企业竞争力的含义

企业竞争力是指企业在自由竞争环境下，综合利用自身资源和外部资源，实现为客户创造价值和自身发展双重目标的综合能力，也即企业在竞争环境下，能够超越竞争对手，更有效地为客户提供服务和产品，同时获取利润和市场口碑的综合素质。企业竞争力主要包括三个方面内容：

第一是产品竞争力，主要是指企业能较竞争对手以更低的成本、更高的效率生产更高品质产品的能力，包括企业的成本控制能力、创新研发能力等。

第二是组织管理竞争力，主要是指企业建立了现代化的公司治理架构、先进的运行机制，拥有优越的外部资源关系和适宜的企业规模。

第三是核心竞争力，主要是指企业具有优秀的企业价值观、企业理念，良好的品牌形象，差异化的市场策略，强有力的创新能力，以及卓有远见的战略发展规划和目标。

产品竞争力是表层竞争力，组织管理竞争力是平台支持竞争力，企业文化、创新能力和战略眼光是企业最核心的竞争能力。

3. 商业银行竞争力的含义

商业银行作为经营货币的特殊企业，其竞争力体现为与竞争对手的博弈，体现为对市场份额的争夺、社会口碑的树立，以及盈利能力和长期可持续发展能力。

商业银行的竞争对手包括银行业金融机构、非银行金融机构，以及随着互联网金融的发展出现的互联网金融公司等能够提供同质化产品和服务的企业。商业银行利润主要受营业收入、营业费用、不良资产等影响，营业收入包括利息收入和非利息收入两大类，利息收入主要由商业银行传统存贷业务决定，非利息收入是指存贷利差以外的收入，主要来自创新型业务。在利率市场化下，利息收入更趋于行业平均水平，改变了以往利率管制下较大利差的格局，利差将进一步缩小，也取决于商业银行的利率管理能力；非利息收入显得更为重要，非利息收入体现了商业银行的业务创新能力，发展非利息业务成为未来银行发展方向。商业银行竞争力还体现在品牌影响力、客户服务水平、风险管理能力、科技创新等长期影响因素上。受互联网金融发展和监管政策变化影响，民营银行、第三方支付公司等兴起，不断瓜分金融市场，商业银行市场争夺战更加激烈，市场争夺战本质为客户抢夺战。客户金融意识逐渐觉醒，金融消费习惯改变，传统的等客户上门的银行经营模式已经行不通，创新服务营销场景获取客户成为当今及未来商业银行竞争力的重要内容。

　　不少学者对商业银行的竞争力问题都有研究，比较具有代表性的观点有以下几种：一是盈利能力论。多数学者以商业银行的盈利能力作为商业银行的竞争力，用商业银行的财务指标直观展示和比较商业银行的竞争力。二是可持续发展论。随着商业银行的发展，仅仅用盈利性指标已经不能全面评价商业银行的综合实力，盈利能力代表的是过去的经营成果。殷雷（2002）认为："商业银行竞争力是商业银行在兼顾其社会责任和公众服务义务的同时，拓展市场、开创未来的能力。"这种能力分为三个层次，由表及里分别是：竞争行为能力、战略管理能力和潜在能力。三是竞争优势论。张连怀（2005）提出商业银行竞争力是商业银行在开放的市场竞争中，不断提高内外部资源的综合利用效率，特别是通过整合协调商业银行中的关键性资源形成超越对手并且对手难以模仿复制的竞争优势的能力。商业银行竞争力集中表现为产品、服务竞争力和抵抗风险的能力。

　　上述对商业银行竞争力的定义无所谓对错，都是符合当时的社会生产力发展水平的。盈利能力是衡量商业银行经营成果最基本的指标，是能够量化的指标，能够直观反映商业银行与竞争对手的竞争力水平高低，是衡量商业银行竞争力最基础的指标。单纯使用盈利能力指标衡量商业银行竞争力的缺点在于利润水平代表的是过去经营管理战略的结果，不能考量商业银行未来发展潜力，不能体现竞争力创造的过程。未来发展潜力类指标能够衡量商业银行的可持续发展能力，资本、人力、科技、战略规划、风险管理、创新能力等可以作为衡商业银行未来发展潜力的指标，但这类指标非定量指标，需要进行转化，带有一定的主观色彩。竞争优势论带有主观主义色彩，目前，银行业的竞争虽然不能说是完全竞争，但数量众多的银行和非银行机构之间竞争非常激烈，尤其是在信息化时代，信息传递速度更快，信息更公开、更透明，银行的产品、技术和管理创新等极易被竞争对手模仿，很难形成难以被模仿的竞争优势。

　　然而，商业银行在不断发展变化，从最开始的货币兑换业，发展为资本家的信用和支付中介，再发展为列宁笔下的万能的垄断者，直到今天的现代商业银行。在不断发展的历史长河中，以前的学者都忽视了影响商业银行竞争力的最重要的因素为外部环境的变化，科学技术、经济发展、政治背景、监管条件等因素总是处于动态的变化过程中，形成一股综合力量推动着商业银行不断向前发展，商业银行的诸多变更并非自愿，而是由于生产力水平的变化。只有能够适应外部环境变化的商业银行才能生存下来，不被历史淘汰；只有能够快速适应外部环境变化，不断迭代更新自身产品、服务、发展战略，能进能退的商业银行才能战胜其他竞争者，表现出较强的竞争力。

波特的五力模型研究的是如何和现有的和潜在的竞争对手竞争，而企业往往是被没有觉察到的竞争对手打败的，如果能够明确竞争对手，竞争也没有那么残酷，比如商业银行间互相较劲，几十年一直相安无事，殊不知，阿里巴巴、腾讯已在不知不觉中瓜分掉一大块市场份额。所以，笔者认为，商业银行的竞争并不是在明处的和竞争对手你死我活地斗争，而是和自己竞争，不断改变自己，适应外部环境的变化，不断调整升级，适应未来发展。这种竞争是对五力模型潜在进入者的扩展，潜在进入者已经不再局限于同一个行业，而是扩张到一切创新的技术和环境中，一切有可能催生出使传统业务消亡的新技术和新事物。

五力模型分析了买卖双方的议价能力，潜在进入者和替代品带来的威胁，以及同业之间的竞争。买卖双方议价能力更适用于工业经济，在这个追求体验、消费定制化的时代，服务和体验是个性化的，很难对比市场价格，是你情我愿的买卖。定制化的产品和个性化的服务考验的是企业对大数据的分析和对消费者心态的把握，相同的数据在不同的人眼里有不同的含义，提供完全雷同的替代品变得不再容易。公司间的竞争归根结底也是自身发展能力的竞争，只要企业把握好时代的脉搏，适应市场的变化、消费者心理的变化等，就能生存和发展，公司间的竞争只是表象，本质是和过去的自己赛跑。

商业银行的适应能力体现在以下几个维度：一是宏观经济维度，根据宏观经济变化调整战略规划，如在经济新常态下的战略调整。二是政府维度，包括政府经济发展政策和监管政策，根据政府经济发展政策方向调整业务方向，如在"一带一路"倡议、普惠民生、绿色环保背景下的战略调整；在监管框架下合规经营，比如资管新规下纠正金融行业脱实向虚倾向，商业银行要立足回归本源开展业务。三是市场维度，包括树立市场经济主体意识，适应利率市场化改革，加强产品的竞争优势；适应市场竞争，包括同业竞争、国际竞争、跨界竞争；适应客户变化，从供给端改变金融产品和服务；适应市场范围变化，放宽市场视野，拓展海外业务，竞争海外市场。四是技术维度，研发和应用金融科技，发展互联网金融，适应金融发展智能化、便捷化、自助化需求。

因此，本书把商业银行竞争力定义为商业银行的环境适应能力，具体表现为对市场、政府、新经济、全球化等环境的适应能力。

3.2.3 商业银行及其竞争力的特征

1. 商业银行的特征

根据马克思银行理论，银行作为经营信用和货币的特殊企业，与一般企业相比，具有自身的特殊性。商业银行的特殊性决定了商业银行竞争力的特征，商业银行在经营方面、风险方面、网络以及社会性方面与一般企业显著不同，体现在以下几方面：

（1）经营范围和对象的特殊性。

相比一般企业，商业银行经营对象是货币资本，经营范围是向客户提供金融产品和服务，经营方式为借贷方式，作为金融中介，调节资金盈余方和短缺方的资金供需，以较低利率吸收存款，较高利率放出贷款，赚取利差，其利润来源于实体企业的利润再分配。一般企业的经营对象是物质商品和一般性服务，经营方式为买卖方式，利润产生于生产和流通过程。

（2）社会性与外部性特征。

商业银行的经营范围和对象决定了商业银行具有社会性。它广泛服务社会微观主体，覆盖生产和消费的各个环节，表现出较强的社会性特征。而商业银行的社会性又导致其具有外部性特征。外部性特征是指行为人的活动对自身和其他经济主体会产生影响，但不会因为行为人对其他人产生了好的影响而得到额外收益，或对其他人产生不良影响而付出额外补偿。商业银行作为国民经济的核心、经济金融的血脉和货币政策工具的执行者，其经营活动不仅关系自身的生产和发展，还会对产业发展、社会稳定、宏观调控造成影响，具有明显的外部性特征。

（3）广泛性与连接性特征。

商业银行通过支付结算和融资中介职能广泛地连接了社会各交易主体。在支付结算方面，商业银行为客户提供跨行取款、跨行汇款、异地支付等服务，通过与本行分支机构、其他商业银行，以及中国人民银行之间的转支付、代支付资金清算系统，形成一个广泛的网络体系，商业银行自身则是网络中的连接点。在融资中介职能方面，商业银行通过充当储蓄者与贷款方的中介机构开展业务，储蓄者和贷款方可以是企事业单位，也可以是个人。因此，商业银行的经营活动将社会各构成主体有机联系在了一起，形成一个整体。

（4）高风险特征。

商业银行经营管理的货币资本并非商业银行自有资金，其中绝大部分为负债资金，高负债经营模式决定了商业银行经营的高风险性。巴塞尔协议规定，商业银行核心资本充足率不低于8%，意味着商业银行的自有资本仅能覆盖一部分风险。同时，商业银行资产与负债期限的不完全匹配和部分准备金制度，使得商业银行容易出现流动性风险。并且，由于商业银行间的广泛连接性，这种流动性风险极其容易在金融体系内传导，形成系统性金融风险。

2. 商业银行竞争力的特征

鉴于商业银行具有其特殊性，相比一般企业，商业银行的竞争力也有其特殊性，具体体现在：

（1）以营利为目的兼顾社会责任和公共服务。

商业银行作为企业，以追求最大利润为目标，同时，商业银行具有外部性和社会性特征，要担负其提供金融服务的社会责任，向社会大众提供金融服务。不是所有的金融服务都能按照市场定价，部分具有公益性质的金融服务则需要商业银行免费提供。商业银行向社会公众提供公共服务的情况、履行社会责任的情况，会直接影响其社会形象和社会地位。社会形象和社会地位代表着商业银行品牌实力，同样体现出商业银行的竞争力。

（2）注重当期效益，更看长远发展。

相比一般企业，商业银行作为金融中介机构，利润来自对企业利润的再分配。这决定了商业银行在选择融资对象时，不仅要看其当期发展情况、偿还能力，更注重融资对象的未来发展潜力和未来偿还能力。同时，商业银行在极力维护好优质客户时，也注重培育潜力客户，看中客户长远发展潜力，提升客户忠诚度。因此，商业银行的竞争力还体现为选择潜力客户、对未来产业发展形势判断的能力。

（3）追求收益，更要管控风险。

鉴于商业银行高风险属性，管控好风险是商业银行追求收益的前提条件，风险管控能力也应作为商业银行竞争力的重要组成部分。商业银行不能一味地追求收益忽视风险，一旦发生风险，带来的损失可能是巨大的。商业银行经营过程中面临多种风险，主要包括信用风险、操作风险、政策风险、利率风险、汇率风险、国别风险等。历史多次证明，风险管控不当可能给商业银行带来灭顶之灾，比如曾经地位显赫的英国贵族老牌银行巴林银行，由于银行员工的操作风险突然破产。

（4）受科技和人才影响重大。

不同于一般工商企业的盈利受原材料等上游供应链条在价格或者品质方面的制约，商业银行提供的金融产品更多凝聚的是智慧和科技的力量。工商企业设计产品大多为批量化生产，商业银行会为客户提供量身定制产品和提供个性化服务，充当个人客户、公司客户的财富顾问，设计财富管理方案。为解决在金融服务过程中出现的信息不对称问题，以及服务对象广泛化、网络化问题，商业银行必须注重科技研发能力，研发性能优良、安全可靠的支付结算网络，研发为客户和银行带来双赢的金融产品，研发紧跟市场和客户需求变化的新产品和服务方案。因此，科技研发能力和人才竞争优势是商业银行竞争力的核心要素。

（5）受制于外部经济环境。

由于商业银行经营的特殊性，商业银行的经营受国内外宏观经济影响重大。美国次贷危机后，全球银行业遭受重创，花旗银行、美林银行2007年第四季度出现大额亏损，瑞士银行更是亏损114亿美元。可见，商业银行的竞争力除了受制于内部经营管理因素以外，还受制于外部宏观经济环境，并不能与外部环境割裂开来分析。同时，商业银行竞争力水平也是一个相对的概念，在不同的外部经济环境下，通过商业银行之间的同业比较，可以发现竞争力水平较高的银行，也可以通过纵向比较展示某一家商业银行纵向竞争力水平变化情况。但是不同的商业银行在不同的历史时期是不具有可比性的，因为在不同经济、政治背景下，商业银行竞争力内涵是不同的。

3.3　商业银行竞争力影响因素

3.3.1　外部环境因素

商业银行作为金融行业的核心，存在于社会经济体中，与外部环境有千丝万缕的联系，服务于实体经济，受制于政府监管。根据商业银行竞争力的含义，我们可以从宏观经济、政府监管、市场竞争三个维度分析商业银行经营管理的外部环境。

1. 宏观经济

经济增速影响商业银行盈利能力。我国金融市场尚在发展之中，社会融资仍然以商业银行间接融资为主，宏观经济增速放缓势必会影响商业银行发展规模和盈利水平。我们从2010—2018年我国GDP增速和四大国有商业银行净利润增长率的关系图可以看出二者呈同方向变动，尤其自2012年以来，我国GDP增长速度开始放缓，四大国有商业银行净利润增长率均出现大幅下降，之后伴随GDP企稳而缓慢回升，并在2018年随GDP快速增长而提高，具体见图3-1。

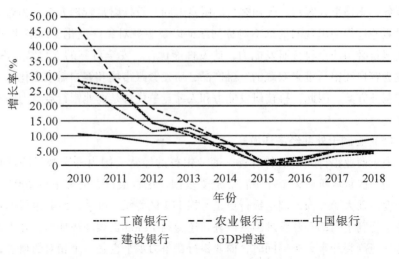

图 3-1　四大国有商业银行净利润增长率与 GDP 增速

此外，我们从表 3-1 可以看出，2015—2018 年 GDP 增速稳定并在 2018 年上升以后，各家商业银行在净利润增长率虽然整体趋势一致，但具体表现仍然存在差异。2018 年工商银行净利润增长率增幅最大，建设银行净利润增长率小幅提升，中国银行、农业银行不增反降，反映出各家商业银行对宏观经济增速变化的适应能力不同，战略调整的速度和力度不同，进而导致在经济波动中竞争力水平出现分化，不排除有些银行会出现弯道超车的情况。行业结构变化同样会导致商业银行竞争力水平变化，首先意识到行业更迭的商业银行，迅速适应市场的变化，及时将信贷投向有增长潜力的行业，控制和适时退出衰退产业，能够有效控制风险，并保持业务增长。

表 3-1　四大国有商业银行净利润增长率与 GDP 增速　　单位:%

年份	净利润增长率				GDP 增速
	工商银行	农业银行	中国银行	建设银行	
2010	28.35	46.01	28.52	26.39	10.60
2011	26.30	28.50	18.97	25.48	9.50
2012	14.50	19.00	11.51	14.26	7.70
2013	10.20	14.23	12.52	11.12	7.70
2014	5.10	7.94	8.22	6.10	7.30
2015	0.50	1.03	1.25	0.28	6.90

表3-1(续)

年份	净利润增长率				GDP 增速
	工商银行	农业银行	中国银行	建设银行	
2016	0.50	1.82	2.58	1.53	6.70
2017	3.00	4.93	4.76	4.83	6.90
2018	3.92	4.90	4.03	4.93	8.70

数据来源：各银行年报及统计年鉴。

2. 政府监管

我国经济正处于计划经济向市场经济转轨时期，市场机制不断健全，商业银行市场主体作用不断增强。此时，由于市场主体的盲目逐利性，也出现了一些市场失灵问题和市场资源配置扭曲，比如资金空转、资金脱实向虚，小微企业融资难，表外资产过度膨胀等问题，需要政府发挥作用，加强监管，匡正商业银行行为，纠正商业银行在配置资金过程中的市场失灵问题。

2017 年被称为我国"金融监管元年"，金融监管力度大大加强，出台了一系列监管政策。

（1）政府政策。

2017 年 4 月中央政治局集体学习"维护国家金融安全"。

2017 年 7 月部署下半年经济工作，提出"整治金融乱象"。

2017 年 7 月，全国金融工作会议上，设立国务院金融稳定发展委员会，作为最高层面的协调监管机构，进一步强化宏观审慎管理。

2017 年 12 月，中央经济工作会议提出"三大攻坚战"，其中防范系统性金融风险居首。

党的十九大报告明确提出了建立和健全"货币政策+宏观审慎政策"的"双支柱"调控框架。

（2）中国人民银行政策。

2017 年一季度起，中国人民银行将银行表外理财正式纳入 MPA 考核，防止银行通过表内与表外资产腾挪规避监管。

2017 年 9 月起，金融机构不得新发超过一年的同业存单。

2017 年 12 月起，整顿"现金贷"，严控银行通过保证金、配资、联合放贷、助贷等模式，变相参与"现金贷"，提供资金来源和业务合作。

2018 年一季度起，将资产规模 5 000 亿元以上的银行发行的一年以内同业存单纳入 MPA 同业负债占比考核。

（3）银保监会政策。

2017 年 3 月，银监会发文开展针对"违法、违规、违章"三违反，"监管套利、空转套利、关联套利"三套利，"不当创新、不当交易、不当激励、不当收费"四不当，"股权和对外投资、机构与高管、规章制度"等十乱象的专项治理。

2017 年 4 月，银监会发布《关于银行业风险防控工作的指导意见》，明确银行业风险防控的十大重点领域。

2018 年 1 月，银监会发布《关于进一步深化整治银行业市场乱象的通知》，整治和取缔以套利为目的的金融"伪创新"，将同业、理财、表外等业务及影子银行作为整治重点。

2018 年，银保监会陆续发布《商业银行大额风险暴露管理办法》《商业银行委托贷款管理办法》《商业银行流动性风险管理办法》等诸多文件，加大对资管、委托贷款、股权管理等的监管力度，完善流动性风险监测体系，细化日间流动性风险管理、融资管理等要求。

加强银行业监管的目的在于防范系统性金融风险，但同时也会给商业银行业务发展带来诸多约束，影响其作为市场主体的积极性，对商业银行的适应能力是一种考验。

3. 市场竞争

改革开放之初，我国金融体系以工、农、中、建四大国有商业银行为主及少量股份制商业银行为辅。为了给地方经济建设搭桥铺路，服务中小企业，中国于 20 世纪 80 年代设立城商行的前身城市信用社，全国城市信用社在 90 年代末已达 5 000 家。21 世纪初，我国加入 WTO 后银行业对外开放的力度逐渐提高。截至 2016 年年末，外资银行在我国设立的法人机构有 39 家，总行直属分行有 121 家，营业机构达到 1 031 家。同时，随着我国金融市场的成熟和发展，信托、证券、基金、保险快速壮大，和银行开展跨业竞争，科技创新下互联网金融崛起，与传统银行跨界竞争。

金融产品和服务供给主体的增多使市场竞争更充分，买方（如普通消费者、实体企业）具备较强的议价能力。当金融需求既定时，金融供给主体的增多必然引发激烈的市场竞争，金融产品和服务的价格相应降低。同时，金融供给主体为了获取充足的储蓄供应，存款利率或理财产品收益率提升的动机增强。在近年来我国经济处于经济新常态这一现实情况和经济增速减缓的情况下，金融需求不具有快速增长的条件，适当的竞争有助于商业银行提高效率和经营质量，过度竞争将威胁商业银行的健康发展。

3.3.2 内部环境因素

商业银行竞争力水平受内外部双重因素影响，在内部因素方面，银行所有制形式、公司治理机制、组织管理架构、人员素质、科技水平、创新能力、风险管理意识和水平等都影响其竞争力水平。

1. 公司治理机制与组织管理架构

所有权制度从根本上决定了商业银行的公司治理机制和组织架构，从而影响商业银行的经营目标及方式。目前，我国银行业形成了国有银行、股份制银行、外资和民营银行等多种所有制形式并存的发展格局，它们分别定位于不同的细分市场，共同服务我国实体经济发展。

根据银保监会印发的《商业银行公司治理指引》，商业银行公司治理是指"股东大会、董事会、监事会、高级管理层、股东及其他利益相关者之间的相互关系，包括组织架构、职责边界、履职要求等治理制衡机制，以及决策、执行、监督、激励约束等治理运行机制"。目前，我国商业银行均建立了现代公司治理机制，以向社会公众集资入股的方式，实现所有权与经营权分离，确立银行法人资格，承担有限责任。商业银行公司各治理主体能否独立运作、有效制衡、相互合作、协调运转，商业银行董事会、监事会、高级管理层是否具备良好的专业背景、业务技能、职业操守和从业经验，直接决定商业银行决策和执行能力是否科学和高效。

新时代，商业银行要想快速响应客户个性化金融需求，推进转型创新，需要有灵活敏捷的组织架构做保障。我国商业银行的组织架构模式主要有职能型、事业部制和大部制三种。当前，随着各大银行改革的推进，也出现了几种混合组织模式。任何一种组织架构模式都有自己的优缺点，职能型是最主流的组织架构模式，专业分工明确，决策权集中在总行，便于条线化管理，但同时也存在机构冗余的弊端；事业部制是近年来各大商业银行改革的方向，能够有效缩短管理链条，利于专业化经营和各专业内集中决策，但是事业部之间，以及事业部与分行之间容易出现利益冲突，造成内耗；大部制按照专业划分对各部门进行了横向整合，有利于专业之间调剂资源、统一管理，但由于大部制下一个部门涉及的人事物过于广泛，对大部制的内部管理能力要求较高，容易出现内部矛盾和摩擦，同时又增加了决策层级。可见，组织架构设置是否科学合理，能否体现商业银行战略导向，是否契合目前金融科技的深度应用趋势，都直接影响到商业银行的竞争力大小。

2. 人员素质因素

商业银行业务的专业性要求员工具有较强的综合素质，商业银行之间的竞争是智慧的竞争和服务的竞争，人员因素对商业银行竞争力的影响体现在服务、产品和风险管理等多个方面。

客户是商业银行开展一切业务的对象，是实现盈利的根源。在客户服务方面，商业银行作为服务行业，员工素质决定了员工对新产品新业务的接受度和理解力，对客户需求的反应能力和处理能力，体现为客户服务效率和客户满意度。商业银行的客户获取能力、维系能力和营销能力都关乎人的因素，商业银行赖以生存的客户基础最终需要商业银行员工来维护。综合素质较强的员工一般会为客户带来较好的服务体验。这也是为什么近年来，商业银行员工招聘普遍存在高学历化的原因之一。

在产品方面，人是产品的创造者，在银行产品的设计、更新方面都体现出人的智慧和能力。产品适不适合市场需要，产品能不能紧跟市场变化，产品收益能否实现客户预期为客户创造财富等，都取决于产品设计者、产品设计团队的专业素养，包括其受教育背景、对市场变化的敏锐程度等。

在风险管理方面，一是员工操作风险，这直接与员工的风险意识、职业道德相关；二是市场信用风险，尤其在贷款业务方面，信贷员贷前调研扎实、贷后管理精细有助于商业银行识别和防范信用风险，提前退出高风险行业，为商业银行的稳健运行保驾护航。

3. 科技创新能力

根据马克思竞争理论，技术进步有助于降低个别劳动时间，有效提升竞争力，因此科技创新能力是推动商业银行发展的重要引擎。科技创新能力涉及商业银行业务流程、支付结算方式、风险管理能力等方方面面。科技是第一生产力，在互联网金融的冲击下，商业银行纷纷加快了对金融科技的研发和应用。创新与科技息息相关，创新先要有变革的思路和勇气，还需要科技做支撑。商业银行在历经市场化洗礼后，面临同业以及跨界激烈的竞争，必须依靠管理模式、业务产品的不断创新，才能适应时代和社会的发展。

4. 风险管理能力

商业银行本身是经营风险的行业，在经营过程中面临各种各样的风险[①]，商业银行的收益是伴随着风险而来的，因此，商业银行的风险管理能力是其竞

---

① 传统商业银行经面临风险包括流动性风险、信用风险、操作风险、市场风险、法律风险、声誉风险、战略风险、国别风险等。

争力的重要影响因素。新时代，一方面，产业结构面临调整，"高污染、高能耗和资源性"行业已经不适应经济、社会发展需要，存量信贷风险明显增大；另一方面，产业结构更迭频率加快，对新兴产业信贷客户的筛选和管理难度加大。同时，国际金融危机以后，国际政治关系更为错综复杂，国际间经营风险明显增大。因此，经济增速放缓、产业结构升级、国际关系波动等宏观背景对商业银行风险管理能力提出了更高的要求，唯有全面管理好各类风险，才能确保商业银行的长期可持续发展。

3.4 内外部因素对商业银行竞争力的影响

3.4.1 互联网金融对商业银行竞争力的影响

2013 年以来，互联网金融有了快速发展，基本形成移动支付、线上融资、网络众筹、线上消费金融和互联网理财等主要业态。其中，移动支付成为当前主流趋势，移动支付金额从 2013 年的 1 075.2 万亿元大幅增加到 2018 年的 2 539.7 万亿元[①]。互联网金融相比传统金融更为开放、包容、民主和普惠，并且在获取数据信息、控制交易成本、创新系统技术等方面具有明显优势，在支付结算、资产管理、融资业务等方方面面都在抢夺商业银行市场份额。

1. 网络借贷

网络 P2P 公司贷款平台的发展，打破了商业银行在直接融资领域的垄断地位。尤其是在中小企业贷款方面，P2P 平台更具普惠性质，在贷款申请便利性和可获得性方面都大大超过传统商业银行，极大地瓜分了其小微贷款市场。虽然目前各大商业银行也在争先推出线上小额信用贷款，但是互联网金融平台公司在这一领域已经占据了先发优势。

2. 互联网理财

以余额宝为代表的"宝宝类"互联网理财类产品对广大长尾客户吸引力巨大，在 2017 年 6 月末，余额宝规模创下了 1.43 万亿元的新高，超过了众多股份制商业银行的活期存款规模。余额宝吸引的这些资金往往是在商业银行达不到理财产品购买起点的资金、短期闲散资金或不定期使用资金，以及没有闲暇时间去银行理财的这部分客户群体的资金。余额宝以其申赎灵活、预期收益高于活期和定期存款、交易便捷、购买起点低的特点，满足了客户的资金收益

---

① 数据来源于中国人民银行公布数据。

性和流动性需求，得以迅速发展壮大，对商业银行负债业务形成一定的冲击，其经营模式值得商业银行思考和借鉴。

3. 互联网支付

微信支付、支付宝支付等第三方支付方式省去了存取现金和携带现金的麻烦，逐渐普及为常用的支付方式。银行卡业务、POS 收单业务、网点柜面以及ATM 等传统商业银行业务受到影响，商业银行在支付领域的控制权、话语权减弱，相应的中间业务收入亦会受到影响。

4. 互联网消费金融

互联网金融跨界开放的特点打破了时间、空间和行业的限制，已经嵌入人们的生活。网上购物、购票、打车、订餐、团购等与生活息息相关的生活场景都已经与互联网金融深度融合。互联网金融去边界化优势明显，与传统金融专注于提供专业金融服务，将金融服务与生活场景分离形成鲜明对比。互联网金融更容易被社会大众接受，更符合社会发展趋势，更易于获取客户。

5. 股权众筹

股权众筹主要是指网络众筹融资模式，该模式以支持某个具体项目为目标，通过互联网平台集中社会大众的资金。相比于银行贷款严苛的申请审批条件，网络众筹对于创新项目吸引力更强。

3.4.2　经济新常态对商业银行竞争力的影响

中国经济在保持 40 多年的高速增长以后步入了"新常态"，经济增长速度、经济结构、经济动能、发展方式等均发生了转变。经济新常态主要包括以下几方面特征：一是经济增长速度放缓，由超高速向中高速换挡；二是经济发展方式转变，由追求规模速度向追求质量效益转变，由粗放型增长向集约型增长转换；三是产业结构调整，由中低端水平向中高端水平升级；四是增长动力变化，由要素驱动投资驱动向创新驱动转换；五是市场在资源配置中的基础性作用向决定性作用转换。经济形势的变化必然影响商业银行的经营管理，具体体现在以下几个方面：

一是产业结构重构将导致商业银行信贷投向和业务结构变化。一方面，传统产能过剩产业面临"去产能""去库存"，这些行业在银行的融资可能面临到期无法偿还的问题，增加商业银行不良资产，影响商业银行经营利润，因此，由于商业银行的逐利性，其信贷投向将由传统产业转向新兴产业；另一方面，商业银行是依靠和支持实体经济发展的企业，多年来，商业银行的业务重点在为传统制造业等实体企业提供间接融资服务，伴随产业结构的调整，未来则更需要银行为创新型企业提供多元化综合性金融服务，包括股权融资、信贷、资产管理、财务问题等，切实起到推动实体经济转型升级的作用。

二是人口结构的变化带来金融消费理念和消费习惯的改变。一方面，我国人口逐渐老龄化，带来对老年金融的新需求；"90 后""00 后"新生代客户群体个性突出、自我认知度高，具有金融消费网络化、时尚化和追求极致客户体验的特点，这就要求商业银行改变传统以产品为中心的经营策略，根据不同客户群体特点，以客户为中心设计和定制产品。另一方面，由于线上交易的便捷性，客户越来越喜欢使用商业银行网上银行、手机银行等线上业务，以及借助微信、支付宝等第三方支付平台进行支付结算，造成网点到店客流量减少，商业银行 ATM 自助存取款机使用率降低。这就要求商业银行改变传统粗放式布设营业网点和自助设备的发展模式。

三是利率市场化改革加大了商业银行利率管理难度。相比官定利率体制，利率市场化条件下的商业银行利率管理难度更大。制定合理的利率水平，既有利于开展存贷款市场的竞争，又可以保持相对合理的利差水平，不影响盈利，是摆在商业银行利率管理方面的新课题。

四是经济转型需要商业银行改变服务重心。在我国经济发展的初期阶段，经济发展靠投资拉动，以重化工业和基础设施建设为主导；相应地，商业银行更多依靠"垒大户"策略，更重视化工行业、建筑行业等大企业、大项目。现阶段，随着我国经济的发展，市场需求变得个性化、定制化、多样化，服务业占比也越来越高，规模也不再是胜负的关键，更多是创新型中小企业的百花齐放，相应地需要银行加大对小微企业、创新项目和服务业的支持力度。

3.4.3 利率市场化对商业银行竞争力的影响

巴曙松等（2013）认为："利率市场化改革是一国金融发展到一定程度的客观需要和必然选择，也是一国经济体制改革中的核心问题。"[①] 利率市场化改革后，大型企业、优质企业对存贷款利率的议价能力将提高，商业银行传统储蓄和信贷业务将面临更为激烈的竞争，其经营和发展受到严峻挑战。

一是高利差的盈利模式难以为继。长期以来，我国商业银行的收入结构中，利息收入占比较高，约为70%，是盈利的主要来源。从国外经验来看，利率市场化将会缩小存贷利差。从我国目前情况来看，为了抢夺优质客户，银行

---

① 巴曙松，严敏，王月香. 我国利率市场化对商业银行的影响分析 [J]. 华中师范大学学报，2013（4）：27.

同业间的竞争日趋激烈，纷纷下调贷款利率，上调存款利率，导致利差进一步收窄。在利率市场化改革之前，我国一直对利率实施严格管制，存贷款始终保持较大利差，银行的收入较为稳定。但是，在利率市场化推行之后，如果商业银行仍然过度依赖存贷款利差，将面临较大的利率风险，甚至可能因利率变动而遭受巨大损失。因此，利率市场化一旦全面实施，必将对国内商业银行，尤其是对以利差为主要收入来源的银行造成较大影响。

二是资本补充压力增大。众所周知，银行资本补充有内源、外源两种融资渠道。近年来，以留存收益为主的内源融资占比上升较快，已成为银行资本补充的重要来源。从会计学来看，留存收益等于税后净利润扣除支付的股息，内源融资是以银行盈利为基础的，并且与盈利水平呈正相关关系，盈利能力越强，内源融资空间越大。由此可见，随着利率市场化改革的推行，银行的利润空间可能随之受到挤占，进而影响留存收益，最终使得银行资本补充压力变大。

三是资产负债定价难度增加。相比官定利率，利率市场化后，资产负债业务定价难度加大，对商业银行资产负债的定价能力要求越来越高。目前，商业银行的资金定价机制主要有央行基准利率确定、企业与银行间利率确定和银行内部资金转移定价三个层次。长期以来，我国商业银行受利率管制影响，在实务中往往只需被动地执行既定利率，尤其是对于存款利率几乎没有定价的意识。对于贷款利率，商业银行通常采用基准利率上浮一定比例的方式来定价，既不考虑成本、收益等因素，也未按贷款对象进行细分，定价缺乏科学性和弹性。

四是风险管理能力面临考验。利率市场化以后，商业银行面临利率风险和信用风险双重压力。存贷利率定价风险、收益曲线率风险是利率风险的主要表现形式，信用风险则主要表现为逆向选择、道德风险。随着利率的升高，低风险项目的收益可能尚不足以弥补其利息支出，企业必将转向高风险项目，覆盖高昂的利息后方可盈利。在高收益的驱动下，银行把业务重点投向高风险贷款，逆向选择风险随之增大。同时，当前国有商业银行的体制机制缺乏对决策层、管理层的硬性约束，责、权、利的不对等导致其经营目标短期化，引发银行内部的道德风险。

五是业务创新压力和动力增加。一方面，利率风险管理的难度加大迫使商业银行研究和综合运用诸如利率互换、掉期、新型金融期货合约、金融期权合约等衍生金融工具来管理利率风险；另一方面，利率市场化是挑战也是机遇，在利率市场化背景下，商业银行能够通过创新获得金融产品的定价权和风险管理的自由权，以获得更高的利息差，在利润的驱使下，商业银行将不断加大创新力度，提高定价能力。

3.4.4 全球化加深对商业银行竞争力的影响

马克思竞争理论指出，竞争的结果必将导致资本走出国门，参与全球竞争。我国商业银行既要面对外资银行对国内市场的争夺，又要面临走出国门参与全球市场争夺的挑战。我国于2001年正式加入世贸组织，承诺入世五年内对外资银行取消所有业务、地域和客户等管束。2006年年底，《中华人民共和国外资银行管理条例》发布，规定外资银行可以享受国民待遇，办理人民币业务不再有地域和客户限制，这标志着中国银行业已经进入全面对外开放的新时期。并且，在2018年亚洲博鳌论坛上，习近平主席提出，"将大幅放宽市场准入，在服务业特别是金融业方面，去年年底宣布的放宽银行、证券、保险行业外资股比限制的重大措施要确保落地"，我国金融业的对外开放程度进一步加深。随着我国银行业对外开放进程的推进，外资银行不断加深对中国金融市场的参与程度，导致我国商业银行市场竞争更为激烈，不仅要面临国内同业的竞争，还要面对国际强手的挑战。与此同时，中国银行业也在尝试"走出去"战略，主动参与全球竞争，这对于我国商业银行的国际化管理和汇率管理也是一种挑战。

金融全球化加剧了商业银行对国内市场份额的争夺。在贷款业务方面，进驻中国的外资银行都属于国际优秀银行，更加注重与国内大型企业合作，对一直以来和大企业大公司合作较多的国有商业银行竞争较大；同时，由于商业银行大部分存款由贷款派生，与贷款客户的合作密切相关，因此，外资银行虽然在吸收公众存款方面不具有优势，但是通过和法人客户合作也能占据一定市场份额。在中间业务方面，外资银行依靠成熟的经营管理模式，中间业务收入占比更高，金融服务和创新手段更多，我国本土银行在中间业务发展方面与外资银行还存在一定差距。在客户竞争方面，外资银行向来以客户为中心，更关注客户体验，更重视客户服务，本土银行正在从以产品为中心向以客户为中心进行战略转型，对客户的维护管理能力还需提升。在与外资银行的竞争与合作过程中，我国商业银行的经营管理模式和盈利模式也将发生变化。

3.4.5 金融科技发展对商业银行竞争力的影响

金融科技的发展和应用带来商业银行大变革，尤其体现在银行业务智慧化、区块链技术发展和大数据的应用三个方面。

1. 智慧银行的建设发展

2018 年 4 月 11 日，建设银行宣布：国内第一家"无人银行"在上海正式开业！这家银行虽然没有柜员、大堂经理、保安，但是 90% 以上的现金及非现金业务都能办理。建设银行"无人网点"是人工智能在商业银行的极致应用。近年来，各大银行均在大力研究金融科技的职能应用，如工商银行的智能设备、农业银行的超级柜台、交通银行的机器人大堂经理等，金融科技的应用在提高服务效率和节约人工成本方面效果显著。未来，商业银行将会继续沿着科技型、智慧型道路发展，大力投入科技研发费用，制定智慧银行建设战略，用科技来引领银行的未来。

2. 区块链技术的兴起

区块链是指一串使用密码方法相关联产生的数据块，每一个数据块中包含了过去十分钟内所有交易的信息，用于验证数据的有效性和真伪性，并生成下一个区块。区块链主要具备五个特点：去中心化、开放性、自动性、不可篡改性、匿名性。区块链技术交易去信任化、网络去中心化的特点，是它成为改善金融市场环境优良工具的天然优势。区块链技术能够提高结算效率、降低交易费用、有效控制系统性金融风险；因此，区块链技术对商业银行带来的影响主要体现在 IT 系统技术架构、支付结算体系、信用风险管理模式，以及互联网金融去平台化等方面。

第一，中后台部门运营模式将被改变。区块链智能合约和多重签名技术可以提升商业银行记账、结算等中后台手工操作的自动化程度，改变传统操作方式，提升运营效率。此外，区块链技术可以缩短 IT 系统开发周期，降低运维成本，使得 IT 系统技术架构进一步优化。

第二，支付结算体系面临变革。支付结算是商业银行的主要职能之一，由于区块链技术可以改变银行支付结算的基础设施和结算方式，区块链技术将对商业银行支付体系和结算功能产生重大影响。一方面，程华和杨志云（2016）认为，如果央行建立区块链体系或商业银行建立区块链联盟，商业银行可以绕过目前的支付中心，直接通过区块链技术进行点对点支付。这种模式可以使支付清算更加方便，降低运营成本，实现 7×24 小时不间断运营，也将改变现有支付凭证共享模式，有利于商业银行获得更多的支付信息，提高支付话语权。另一方面，在这一模式下，银行业目前的支付制度和支付体系已经不再适用，需要对其进行重大调整。

第三，信用风险管理方式需要调整。首先，征信体系会因区块链技术而发生改变，并随着该技术的推广应用逐渐演进为网络征信。网络征信将一改当前人民银行征信中心统一管理、金融机构共享和查询数据的模式，而将金融数据、商业数据等通过区块链直接部署，并实现在区块链上的征信查询。区块链"去中心化"的特征可避免目前征信中心管理体系存在的诸多问题。其次，资产认证也会因区块链技术而发生改变且颇具应用价值，资产凭证、资产信息借助区块链形式管理，便形成数字化资产，商业银行贷款抵押品管理及核验模式则需要随之加以调整。可见，随着区块链技术的深度开发应用，商业银行信用风险管理模式需要调整，技术运用能力面临考验。

第四，互联网金融平台功能弱化。区块链技术去中心化、去信任化的特征刚好与互联网金融平台功能相悖，尤其是交易去信任化将使得互联网第三方支付不再有存在的必要性。同时，网络 P2P 贷款和众筹融资模式发挥的是互联网金融平台化功能，区块链技术能够实现点到点的处理，将会削弱互联网金融的平台功能。可见，区块链技术的发展将赋予传统银行业更多互联网基因，对互联网金融将造成巨大冲击。

3. 大数据的开发运用

商业银行业务向线上化、电子化转型，将留下更完整、更丰富的客户交易信息、查询记录和浏览痕迹。相比原来银行拥有的客户基本信息，这些实时动态的信息能更好地反映客户偏好和客户行为习惯的变化，便于商业银行为客户量身定制产品和提前开展营销。不少商业银行已经认识到大数据的重要性，在部门设置和人员投入上加以侧重，一方面加强对客户交易场景的设计，便于客户数据的获取；另一方面加强对客户数据的分析和深化应用。大数据的开发运用将会改变商业银行传统"刀耕火种"、被动等客、关系营销的经营模式，促使商业银行以数据为基础，以金融交易场景为支撑，重新设计产品营销模式和服务提供路径。数据应用能力不强、数据运用意识不够的商业银行则有可能在竞争中失败。

3.4.6 政府监管强化对商业银行竞争力的影响

自 2017 年开始，我国金融监管转向强监管模式，金融自由化被踩下刹车、影子银行面临监管规范、资管繁荣彻底终结，金融乱象得到比较全面有效的遏制，金融风险得到较大程度的释放，受经济下行周期叠加影响，金融进入收缩周期。受监管环境的影响，银行业更是开始全行业倡导回归本源、适度创新、服务实体。虽然，从长远来看这更有利于银行业规避风险，提高抗风险能力，保持稳健发展势头；但短期看，信用环境紧缩、创新得到控制、资管被动转型、通道业务势微、缩表压力巨大、竞争压力剧增，都对商业银行经营管理带来了较大影响。

1. 不良贷款暴露加快，维持资产质量面临巨大压力

全面强监管背景下，监管部门对于信贷资产分类制定了更高标准和更严程序，同时鼓励银行主动暴露存量信用风险。监管数据显示，2019 年年末，我国商业银行贷款不良率升至 1.86%，这一数字在 2017 年仅为 1.74%。同时，监管部门贷款拨备计提数值调控改为区间调控，对贷款拨备率给予了更大的下调空间，监管部门权限不断增大，但对应的容忍度呈持续下降趋势，这都表明商业银行资产质量攻坚战已经打响。

2. 表内外业务此消彼长，传统信贷业务稳步增加

强监管是以治理资金空转、影子银行、多层嵌套等金融乱象开始的，银信、通道、非标、明股实债等业务受到严格限制。监管和处罚力度的不断加大倒逼商业银行回归传统存贷汇业务。信贷资产投向的穿透要求也促使商业银行表外业务有序回归表内、多层嵌套规避监管的信贷投放回归传统信贷投放，商业银行新增贷款也出现了超预期的增长。

3. 存款市场竞争加剧，产品结构调整压力增大

一是加大了同业业务的监管，银行同业存款规模锐减。监管部门先后出台了规范同业业务的监管规定，如将资产规模超过 5 000 亿元的中大型商业银行发行的短期（一年期以内）同业存单纳入 MPA 同业负债占比考核，金融机构不得新发超过一年的同业存单等，都对银行同业业务产生了较大的冲击。二是资产新规促使理财产品规模增长放缓，银行财富类产品结构调整压力较大。打破银行理财产品的刚性兑付、封闭式银行理财期限不得低于 90 天等新规的发布，均推动部分理财资金撤离寻找新的投资替代产品，商业银行产品结构调整面临较大压力。三是在互联网背景下，跨界竞争引发的存款流失持续增加。金融创新带来的是产品的创新、服务方式的颠覆以及金融服务主体的多元化，金融脱媒现象愈演愈烈，客户之间可以实现供需的直接对接，银行作为中介的职能不断弱化，竞争力的提升需要持续的创新迭代、自我突破。

4. 营收增速下降，利润增长承压

商业银行的营业收入主要来自存款、贷款和中间业务，强监管与经济下行、金融脱媒的共同影响，表面看来是业务发展受限，背后则是营收增长难以为继。一是随着表业、非标、资管等业务的规范和整顿，该类业务不可避免出现规模缩减，间接影响了中间业务的收入增长；二是存款竞争加剧和流动性收紧，更使得银行资金成本增加，但由于宏观环境的影响，政府及监管部门先后出台对实体经济减负政策，限制了贷款价格的上浮空间，导致利差持续收窄，收入减少，对商业银行营收持续增长造成巨大影响。

5. 资本监管趋严，面临补充压力

银行资本不仅为银行的扩张和发展带来资金支持，更有助于树立公众信心，提高银行抗风险能力，保障银行的正常经营。监管不断加强对银行的资本也产生了显著的影响。一是与银行资本直接相关的监管政策影响。包括宏观审慎穿透监管的逐步细化落实，以及新会计准则的实施，促使风险资产计量方式发生变化，影响资产减值准备的计提；巴塞尔协议Ⅲ对资本充足率的要求更加严格。二是严监管对资本的间接影响。严监管带来的表外回归表内，资产分类的严格等都带来商业银行资本消耗的增加，使其面临较大的资本补充压力。

3.5 本章小结

本章为新时代商业银行竞争力问题的理论分析部分。首先，本章深刻分析了当前的时代背景，划定 2013 年为本书所指新时代的起点，指出新时代经济金融具有线上化、智慧化、全球化、消费个性化和监管严格化等特征；其次，阐释了商业银行竞争力相关基本概念，指出商业银行竞争力是指商业银行的环境适应能力，具体表现为对市场、政府监管、新经济、全球化等环境的适应能力，并分析了商业银行竞争力具有的特征；最后，总结出商业银行竞争力的外部影响因素有宏观经济、政府监管、市场竞争等，内部影响因素有公司治理机制、组织管理架构、人员素质、科技创新能力、风险管理能力等，并在此基础上，详细阐述了互联网金融、经济新常态、利率市场化、金融科技发展、政府监管加强对商业银行造成的影响及影响机理。

4 商业银行环境适应能力分析

前文将商业银行竞争力定义为对外部环境的适应能力，本章将详细论述商业银行的环境适应能力，阐明商业银行适应能力的具体内涵，适应内容，适应能力的决定因素，以及应具备的基础条件等。

4.1 商业银行适应能力的释义：基本内涵与决定因素

4.1.1 适应能力的基本内涵

适应能力原本指人为了更好的生活，为了与社会达到和谐状态，而进行的心理、生理和行为上的各种适应性的调整能力。本书把适应能力这一提法应用于商业银行，商业银行同样需要适应外部环境才能更好地生存和发展，商业银行适应能力反映了商业银行根据外部环境变化调整自身组织结构、内部管理、流程战略、业务产品等的响应程度，其中既有响应的速度，在多长时间内做出有效的应对措施，也有响应的强度，在多大程度上缓解或抵消不利影响。

适应能力是动态的，受商业银行管理人员素质、政策执行能力等的影响。具体而言，商业银行适应能力应包括以下四种能力：

一是敏锐力。商业银行对外部环境的变化要有敏锐力，要能及时洞察宏观经济、政府政策、外部市场、科学技术等的变化。商业银行要密切关注时事政治、全球宏观经济动态、国家政策变化、监管导向、产业发展信息、行业技术突破，获取一手数据，综合研究分析自身行业地位和行业经营动态，敏锐观察、及时搜集相关信息和数据，并准确判断出其对本行相关业务的具体影响。

二是判断力。商业银行对外部环境变化所带来的影响要有判断力，要能准确判断出外部环境变化带来的影响，分析其中存在的机遇和挑战。政府、市场以及科技等的变化对商业银行有利有弊，商业银行对外部变化要迅速做出判断，以便下一步提出应对策略。如当国家做出经济结构转型的决策，商业银行应该迅速判断出本行信贷客户哪些属于限制性行业；互联网金融兴起并快速发展之时，商业银行要能感受到发展自身线上业务的急迫性等。

三是决策力。商业银行要有调整战略方向的决策力，能够在判断影响程度的基础上正确做出经营决策或者应对措施。部分商业银行在组织架构上设置了金融研究团队，意图便是及时了解和分析外部环境信息，为决策层提供政策建议，避免成为"瞎子"，盲目决策。决策层在收到政策建议后，应立即反应，调整或制定适应性战略，如信贷行业退出指导意见、积极进入行业发展战略、经营渠道转型战略、客户营销服务战略等。

四是执行力。商业银行全体干部员工要有执行力，能够在战略决策出台后坚决贯彻执行。国有商业银行机构庞大，政策的制定是一个方面，另一方面的执行能力和执行效果也会影响商业银行的适应能力。要通过团队凝聚力文化建设、考核评价激励机制与监督管理机制建设，引导全行上下员工心往一处想、劲往一处使，减少战略在执行过程中的衰减，提高执行力。

4.1.2 适应能力的决定因素

商业银行的敏锐力、判断力、决策力、执行力取决于商业银行沟通、报告、协调、传导四大机制建设情况。

第一，沟通机制。沟通机制指商业银行为获取外部信息建立的对外沟通机制，能确保外部信息及时触达，主要涉及三方面内容：一是与政府和监管部门的联系机制，能及时得到政府宏观调控、监管政策调整的一手信息，避免与政府政策相悖，避免触及监管红线；二是宏观经济和市场动向观察机制，由经济金融学专业背景人才组成市场分析团队，每日梳理市场资讯，定期研讨重点事件，根据影响重要性形成专题报告，汇报决策层；三是同业交换机制，通过中国人民银行等渠道，与可比同业机构进行关键数据交换，了解本行排位情况和经营长短板，反向推测出竞争对手战略重点、战略变化，以此调整本行行动策略。

第二，报告机制。报告机制是指在商业银行内部，信息收集层与决策层之间的报告路径和方式。报告路线越长，信息传递时滞越长，信息衰减越厉害。反之，报告路线越短，反应速度越快，越能为后续决策争取时间机会。报告方式越简单，报告机制越顺畅，越能在更短的时间内将前端触达信息传递到决策层，提高敏锐力和决策力。

第三，协调机制。协调机制是指商业银行内部各专业部室之间的横向协调，主要分为战略决策与执行两个方面：一是在战略决策方面，涉及重大经营战略决策时，需要横向各专业根据本专业技术，分析决策影响，提出决策方向；二是在战略执行层面，一旦战略落定，需要各专业联动执行，各司其职，协同作战。协调机制对商业银行战略执行力影响颇大，没有良好的内部协同合作机制，则难以保障战略的落地执行。

第四，传导机制。传导机制是指商业银行整体战略自上而下的传导路径和方式。政策传达的路线越短，信息衰减越少，执行力越强，扁平化传达比垂直化逐级传达路径更短、更快捷。电子化、线上化、信息化的传递方式比传统传递方式更快捷，点到点的传导方式比广撒网的传导方式更有效。

4.2　商业银行适应能力的内容：外部环境与五大能力

4.2.1　适应环境的内容分析

本节具体分析当前一段时间，商业银行需要适应的外部环境的具体内容。首先，作为市场主体，商业银行需要适应市场的变化，参与市场竞争；其次，商业银行作为企业公民，接受政府的指导和监管，需要适应政府政策；再次，商业银行作为金融产品和服务的供给方，需要适应消费者消费需求的变化，捕捉不断变化升级的新的消费观念；最后，在我国全面深化改革，转型创新发展的重要历史时期，出现了新零售、新金融、新制造、新技术、新能源①等一系列新环境，商业银行必须改变自己，适应新环境。

中国在从计划经济向市场经济的转轨过程中，一方面对国有商业银行进行了股份制改革，确立了商业银行市场主体地位；另一方面基于政府发展经济的需要，以及计划经济时期遗留下来的经济管理方式，政府对市场的调控广泛存在。因此，中国的商业银行作为自负盈亏的企业，首先要适应市场的变化，要在市场中搏击，赢取利润。其次，要接受政府的调控，服务于政府发展经济的需要，甚至为政府政策买单，适应政府多变的政策。

1. 适应监管环境

商业银行作为高风险行业，相比其他行业，面临更严格的监管政策，要不断调整经营策略适应监管要求。2017 年开始，我国正式进入金融强监管时期。银监会对"三套利""四违反""四不当""十乱象"进行了专项整治，并针对强化风险管控、弥补监管短板、押品管理等连发多个文件。2017 年 7 月召

---

①　马云在阿里巴巴云栖大会上提出新零售、新金融、新制造、新技术、新能源"五新"。

开的全国金融工作会议强调了我国金融工作的四大原则——回归本源、优化结构、强化监管、市场导向，将防范系统性金融风险定义为金融工作的永恒主题，将加强监管放在了更突出的位置，这些都将对我国的银行业产生深远的影响。此外，商业银行综合发展趋势增强，往全功能银行发展，原本"一行三会"的条块分割式监管出现监管空白地带。2018年3月，银行业监管部门整合成为"一行一委两会"，原来的银行业监督管理委员会和保险业监督管理委员会合并成为中国银行保险监督管理委员会，新成立国务院金融稳定发展委员会，说明国家已经将金融稳定和金融安全提到了一个新的高度。2018年4月27日，央行、银保监会、外管局联合发布《关于规范金融机构资产管理业务的指导意见》，标志着资产管理进入新时代，银行资产管理业务向本源回归已成为趋势。不断强化和变化的金融监管政策，同样要求商业银行要具有极其快速的反应能力。2017年全年，银监会共开出罚单3 452张，涉及1 877家金融机构，处罚1 527名责任人员，罚没金额30亿元，同比增长10倍①，激增的罚单量足以说明问题。

2. 适应市场环境

随着我国居民收入水平和教育水平的提升，消费者消费观念改变，呈现出新的消费观。新的消费观强调个性化，要求体验化，无论是对实体产品还是金融产品，都不再简单地被动接受，而是具有更强烈的价值主张。这就要求商业银行从供给侧改变服务模式，创新产品和金融解决方案，适应消费者消费行为的变化。从投资需求来看，传统以基础设施建设为主的投资模式难以为继，创新型产业是未来发展的主流；从生产要素来看，原来劳动力成本低廉的时代已经过去，未来需要依靠人力资本质量和技术创新，商业银行对融资对象的选择和管理模式要适应这种变化。

3. 适应经济环境

互联网平台的发展和大数据的运用催生出新经济环境下的新零售、新金融、新制造、新技术、新能源。"新零售"是指线上线下服务和物流结合在一起的零售新模式，即依托互联网技术，利用大数据分析、人工智能技术和消费心理学知识，升级改造商品的生产、流通、销售全流程，重塑零售业务结构和生态系统，深度整合线上服务、线下体验和物流行业的零售模式。"新制造"是指颠覆过去强调大规模、标准化的传统制造业模式，迎合消费者行为习惯和需求变化，推动制造业智能化、定制化发展。由于零售行业发生变化，原来的

---

① 陈宁. 金融严监管对商业银行的影响及应对建议 [J]. 金融在线，2018 (9)：91-92.

B2C 走向 C2B，也就是按需定制。供给侧结构改革就是改革制造业相关产品以适应市场和消费者。

4. 适应技术环境

新经济最突出的特征则是"新技术"与大数据的发展和运用。"新技术"是指原来的机器制作变为人工智能，强调基于互联网和大数据的技术。"新能源"指未来人类的发展将基于大数据等新能源，数据因其具有重复利用性、重组性、效益扩大性和延展性等特征，数据将位于所有新能源之首。金融科技、人工智能、大数据的应用是近年来推动商业银行革新的主动动能，对商业银行的营销服务模式将产生深远影响。

5. 适应金融环境

金融的作用在于服务和支持实体经济发展，在一系列"新环境"出现后，"新金融"诞生了。新金融的诞生将有助于加速经济调整和社会变革。在过去几十年里，中国银行业有力支持了工业经济发展。由于在工业经济时代，极其容易产生大企业、大公司，银行经营管理追求的是"二八理论"，即支持 20% 的大企业，就能拉动 80% 的中小企业。在未来，服务业、创新型产业发展将成为主流，新金融追求"八二理论"，即要支持 80% 的中小企业、创新型企业。

4.2.2 适应环境的能力分析

适应已经变化的内外部环境，对于重塑商业银行竞争力具有重要意义，在残酷的同业竞争、跨界竞争背景下，关系到商业银行的生存和发展。本节将对商业银行的适应能力问题进行探讨。

一是市场适应能力。商业银行作为以赚取利润为目的的企业，科学的成本管理，不断扩大规模占领市场形成规模效应，提高盈利能力，是商业银行追求的目标。根据迈克·波特提出的成本优势理论和规模经济效应理论，各大商业银行可以加大科技投入，提高工作效率，降低人力成本；发展低资本占用新兴业务，降低资本成本；跨界合作，提高市场占有率；注重服务，提升市场口碑，形成品牌效应，扩展新的客户群体，不断提升盈利水平。净资产收益率（ROE）、总资产收益率（ROA）、净利润及增长率、存款增长率、贷款增长率、总资产增长率、人均净利润、成本收入比等都是可量化的衡量商业银行在市场中竞争能力的指标。

二是政府监管适应能力。商业银行在新时代面临的转型，是我国经济从计划向市场转轨的微观主体表现形式之一，体现了市场和政府在社会主义市场经济不同发展时期的作用和职能差异。计划经济向市场经济转轨时期，由于资金短缺，政府要通过市场机制的作用不断强化商业银行支持实体经济的资金供给能力。政府的调控更倾向于重塑市场主体，对商业银行进行放权，通过制度设计来增强市场机制（价格、信号、竞争）配置资源的作用。

随着我国社会主义市场经济不断向前发展，市场配置资源的能力不断增强。此时由于市场主体的盲目性和逐利性，市场机制配置资源扭曲，市场失灵的问题开始体现，比如资金空转、脱实向虚、小微企业融资难、表外资产过度膨胀等问题，对国民经济带来负面影响。为此，政府开始对商业银行在配置资金资源过程中的市场失灵问题进行纠正，如第3章第1节所述，政府的一系列政策调整和监管政策的出台，标志着我国进入强监管时期。政府监管部门通过监管指标对商业银行的经营风险进行日常监测，防范出现重大金融风险，及时纠正商业银行的行为。资本充足率、不良贷款率、流动性比例、存贷比都是被纳入监管体系的指标，能够反映商业银行适应政府监管的能力。

三是客户适应能力。受社会文化、国民素质、居民财富和收入水平影响，客户对金融产品的需求是动态变化的。因此，银行进行供给侧结构性改革需要根据客户需求调整和创新产品及服务流程，以增强客户吸引力和品牌忠诚度。客户对产品和服务的选择能在一定程度上代表客户对银行的认可，客户对银行认可度越高，则银行的客户适应能力越强。如客户规模及增长情况、信用卡增长情况、电子渠道交易情况、自助机具使用情况都能在一定程度上代表客户的选择，衡量客户适应能力。

四是新经济适应能力。新经济是指创新性知识在知识中占主导、创意产业成为龙头产业的智慧经济形态，主要以新零售、新金融、新制造、新技术、新能源"五新"为代表。新零售，即"个人、企业以互联网为依托，通过运用大数据、人工智能等先进技术手段并运用心理学知识，对商品的生产、流通与销售过程进行升级改造，进而重塑业态结构与生态圈，并对线上服务、线下体验以及现代物流进行深度融合的零售新模式"①。新零售以新物流为基础。新金融指在互联网和信息技术、金融科技、云计算、大数据等新技术革命推动下，金融行业经营范围日益扩大，经营界限日益模糊，在金融业务中引入互联网技术，通过金融科技创新优化资源配置，实现金融生态优化、金融服务模式革新、金融产品创新。同时，新金融强调对小微企业等普惠金融、环保生态等领域，以及其他新经济领域重点产业的关注。商业银行在绿色环保、小微企业、批发零售、仓储运输等行业的信贷投向情况，以及创新类中间业务的情

---

① 杜睿云，蒋侃. 新零售：内涵、发展动因与关键问题 [J]. 价格理论与实践：139-141.

况，可以反映商业银行的新经济适应能力。

五是国际化适应能力。随着全球化进程的加快，外资银行进入中国的速度在加快，中国加入WTO后，对外资银行业务的限制逐渐放宽。外资银行的进入加剧了国内银行的竞争。近年来，随着中国国力增强和中国商业银行竞争力增强，商业银行快速布局走出去战略，在"一带一路"倡议影响下，中国商业银行不再固守国内市场，开始着眼海外市场，纷纷开始在机构、人员、业务等方面布局，通过新设、收购、兼并等多种形式拓展海外市场。境外总资产、负债、收入、净利润，以及境外机构和员工数等指标可衡量商业银行国际化适应能力。

4.3 商业银行适应能力的基础：职能演进与四大职能

通过上文分析可知，商业银行适应内容包括市场、政府监管、经济、客户、全球化五大方面。商业银行对环境的适应能力实质为适应环境的金融供给能力，即适应不同环境提供的不同金融服务和产品。而商业银行的金融供给内容取决于商业银行的职责功能，因此，商业银行业环境适应能力有其基础，需要职能定位做支撑，传统金融中介职能无法全面适应外部环境的变化，不断拓展的商业银行职能则是商业银行环境适应能力的基础。

4.3.1 银行职能演进

随着历史变迁，商业银行的职能在不断发展变化和不断丰富拓展，以更好地适应社会的发展、经济的发展和客户的需要。

1. 银行最初的职能为经营货币

据历史记载，"银行"一词始于意大利语banko，后来英语转化为bank，翻译成中文即为银行。历史上最早的银行业务起源于西欧古代社会的货币经营业①，公元前200年，罗马帝国先后出现银钱商，以及类似银行的商业机构。

我国的银行业可追溯到唐朝，出现了邸店、质库等兼营货币的机构。之后，宋代出现了钱馆、钱铺，明代有钱庄和钱肆，清代有票号和汇票庄等。虽然这些还称不上真正意义的银行，但已初具银行早期职能的雏形。

---

① 公元前2000年的巴比伦寺庙，公元前500年的希腊寺庙，已经出现了保管金银、发放贷款、收付利息的记录。

2. 银行职能在中世纪发展为金融中介

在中世纪的欧洲，出现了近代最早的银行。1171 年，在意大利成立的威尼斯银行是最早成立的近代银行，1407 年成立的热亚那银行是早期的存款银行。而后，相继成立了一些开展存贷款业务的银行，担当起了金融中介职能。

英国在 1694 年设立的英格兰银行，是第一家资本主义股份制银行。直到 18 世纪末 19 世纪初，伴随资本主义经济的发展，资本主义银行陆续建立。资本主义银行的主要职责是代替政府发行信用流通工具，经营货币资本，充当资本企业之间的支付中介、信用中介。1845 年，英国人在广州建立东方银行，成为中国最早成立的银行，而 1897 年诞生的中国通商银行，则是中国自己开办的第一家银行。

3. 银行在帝国主义时期演变为万能的垄断者

帝国主义时期，随着银行资本的积聚，出现了银行垄断组织。银行垄断资本与工业垄断资本联合起来，形成金融资本，此时，银行由金融中介人转变为万能的金融垄断者，既能控制国民经济的核心，又能通过跨国输出资本和建立跨国银行向全球发起对外扩张。

4. 我国商业银行职能在当代的新发展

新中国成立以来，经历了计划经济体制和社会主义市场经济体制。在计划经济体制下，银行的主要职能是充当货币发行公司和国家金库；在社会主义市场经济体制下，商业银行是货币和信用的经营机构，具有发行信用货币、调节资金余缺、办理支付结算等职能，扮演着金融中介角色。现代商业银行已经成为金融体系的重要参与主体，关系着国民经济的正常运转。

伴随我国经济的发展，中国居民财富不断积累，中等收入群体增加，对商业银行财富管理职能提出更高需求；经济全球化发展趋势下，国与国之间的贸易更加频繁，走出去的企业越来越多，银行的资金融通功能、贸易结算功能已经不再限于国内，对银行国际化经营职能提出需求；互联网金融蓬勃兴起后，移动互联技术在各行各业广泛应用，消费者行为习惯发生改变，行业边界逐渐模糊，银行逐渐成为围绕衣、食、住、行、游、乐、购为客户提供全方位金融服务的金融平台；在新金融条件下，直接融资需求上升，新金融组织和新金融业态出现，催生出银行以新金融工具、新金融产品和新金融服务为特征的新金融职能。同时，商业银行作为社会成员，应该履行社会职责，推动经济和社会发展。

4.3.2 金融中介职能

商业银行从诞生以来，主要职能为资金融通，充当资金需求方和盈余方的中介。

1. 商业银行金融中介职能内涵

按照《新帕尔格雷夫经济学大辞典》的解释，"金融中介（financial inter-meidiaries）是从事金融资产事业的企业"。金融中介具有便利支付结算、促进资金融通、降低交易成本、改善信息不对称、转移与管理风险的功能，对于市场经济的正常、通畅运转具有重要作用。从事金融中介服务的金融机构大体分为融资类金融中介机构、投资类金融中介机构、保障类金融中介机构和信息咨询服务类金融中介机构。融资类金融中介机构是指以融资业务为主的金融中介机构，在我国主要包括商业银行、信用合作社、储蓄银行、政策性银行、财务公司、信托投资公司、金融租赁公司和金融资产管理公司等。其中，商业银行是最主要的融资类金融中介机构，商业银行自诞生以来，履行的主要职能即为融资类金融中介职能。

2. 商业银行金融中介业务

履行商业银行融资类金融中介职能的主要为负债、资产两大业务。

（1）负债业务。

商业银行组织经营资金来源的业务被成为负债业务，它为商业银行开展资产业务提供资金基础，负债业务主要分为存款性资金来源和非存款性资金来源两大类。存款性资金来源是指商业银行吸收的各种存款，如活期存款、定期存款等，根据存款的性质，西方国家的商业银行将其称为交易账户、非交易账户；除存款性资金来源以外，商业银行还可以通过各种借入资金渠道获取所需要的资金，形成非存款性资金。非存款性资金来源主要包括同业拆借、中央银行的贴现借款、证券回购、发行金融债券，以及通过国际金融市场进行融资。

（2）资产业务。

资产业务是指商业银行对其负债加以运用的业务，是银行获取收益的主要途径，如各类贷款、证券投资和现金类资产等。

现金资产是维系商业银行日常经营开支所必须的资产，不能直接产生收益，是商业银行最富流动性的资产。现金资产主要包括库存现金、法定准备金、存放同业的存款和托收未到款等。商业银行现金管理的基本目的是满足客户提取存款、进行日常交易的需求。现金资产通常不能为银行带来利息收入，因此，银行现金管理的原则应该是尽量减少现金持有量，加快现金周转，以降低机会成本。但是银行也要注意过少的现金储备可能带来的风险。

贷款是银行最基础、最重要的资产业务，是银行赚取收益的重要途径。货款的规模和结构是否合理决定着商业银行能否保持盈利性、安全性、流动性三性平衡。近年来，随着国际银行业金融创新步代的加快以及直接融资市场的迅速发展，商业银行的贷款业务发生了很大变化，如主要的贷款对象由公司客户转向个人客户，消费信贷快速发展。这些不仅使商业银行的贷款规模扩张得以保持，同时也开拓了银行业务新的增长点和盈利点。

投资是银行赚取利润的另外一个重要途径，此处所讨论的投资限定为证券投资。受制于各国法律约束，商业银行面临的外部环境存在差异，导致商业银行证券投资业务参与范围、参与程度具有较大差异，对商业银行经营管理的影响程度也存在较大差异。在实行综合经营的国家，商业银行的证券投资业务不仅是其保持流动性的重要手段，也是银行获取盈利的重要渠道，其在资产中所占份额与贷款相差不大。而在分业经营的国家，银行从事证券投资的规模很小，证券类资产占银行总资产的比重较低，既不能满足银行流动性管理的需求，也不构成银行盈利的主要份额。

（3）中间业务。

资产和负债业务是商业银行作为资金借贷双方的中介产生业务，除了这两类业务，商业银行开展的其他业务被称为中间业务。中间业务是指商业银行未纳入资产负债表的业务，一般包括广义中间业务和狭义资产业务。杨德勇和李杰（2007）认为："广义中间业务是指商业银行所从事的、按通行的会计准则不列入资产负债表内，不影响银行资产负债总额，但可能影响银行当期损益，改变银行资产报酬率的各种业务经营活动。狭义的中间业务，是指未列入银行资产负债表内，但与银行资产负债表内的资产和负债业务联系密切，并在一定条件下会转变为表内资产业务和负债业务的经营活动。"[①]

4.3.3 金融平台职能

商业银行传统金融中介职能主要指的是经济运行中资金供需双方的融资行为。随着经济社会的发展，人类文明的演进，科学技术的进步，我国商业银行借鉴互联网金融经营模式，功能边界在逐渐扩大，不再仅仅局限于资金中介，而是围绕人们的衣、食、住、行、娱、学、购等方方面面将服务深深嵌入了老百姓的生活当中。与政府合作，创新开展各类政务服务；与学校合作，提供校园金融、留学金融服务；与医院合作，开展银医服务；与周边商户合作，搭建金融生态圈，以支付为核心业务，架起商户与消费者之间的桥梁。

1. 金融平台的内涵

关于平台的含义。平台的概念古而有之，伴随互联网技术的发展，互联网

---

① 杨德勇，李杰. 金融中介学教程 [M]. 北京：中国人民大学出版社，2007：148.

平台企业、平台经济迅速发展，平台被赋予了全新的时代含义。"平台"是与双边市场紧密联系的、不同用户端之间的交互空间。双边市场是指包含两个互相存在较强关联关系客户群体的市场，比如互联网应用平台产业。该产业不是单纯由供给方和需求方构成的单边市场，而是由互联网运营商搭建平台和提供服务、两类或者更多用户在平台上能够实现交易的双边市场，甚至多边市场。根据平台经济学对平台的定义，平台被认为是交易空间或者说交易场所，可以是线下的物理空间，也可以是线上的网络空间。平台通过促成双方或多方交易收取服务费用，因而，平台总是在努力促进交易各方使用平台，以实现最大化收益。综上所述，平台商业模式是连接两个及以上特定客群，为其提供交互机制，并满足所有群体的需求，巧妙地从中盈利的模式。

关于商业银行金融平台职能的内涵。借用互联网平台的概念，笔者将金融平台定位为连接客户与银行，客户与政府、医院、学校等机构，以及客户与商户三边的平台。客户通过银行享受金融及非金融服务、享受合作商户优惠；商户在银行获取金融服务与金融支持，提供特定服务，共享银行客源；银行是金融平台缔造者和连接者，提供支付、资金、咨询或者金融讯息。笔者认为银行金融平台职能是银行通过提供专业金融产品及业务建立起客户、商户之间的有机联系，满足客户与商户需求，并巧妙地从中赢取利润或口碑的职能；是银行利用自身分布广泛的经营网络等资源为政府提供政务类服务场所，满足客户就近办理政务事项需求的职能；是银行通过自身科技力量，减轻医院在收费端等的服务压力，满足客户便捷支付需要的职能；是银行通过专业支付体系减轻学校等人员较多机构财务管理压力，满足学生安全支付需要的职能；是银行利用自身支付通道和介质，免去交通部门收费繁杂，满足客户快速通行需要的职能。

金融平台按照线上和线下两个维度来划分，分为线下网点金融生态圈平台、线上开放银行平台；按照特殊职能划分，可分为绿色金融平台、普惠金融平台等。

2. 线下网点金融生态圈平台

近年来，互联网平台企业如雨后春笋般萌生，爆发出传统产业难以企及的发展速度，成功释放出革命性威力，改变了社会行为，颠覆了以往的商业模式。国有商业银行传统、粗放的经营模式变得越来越不适应社会的发展，纷纷开始借鉴互联网平台企业成功经验，借用平台战略思维，改变传统盈利着眼点，挖掘和激发消费市场中潜在的网络效应，寻找客户需求和金融供给之间的连接点，探索打造金融平台生态，拓展银行功能，谋求转型发展之路。

（1）金融生态圈平台的含义。

金融生态圈平台是指借鉴互联网金融生态圈新商业模式，以银行网点为基础，整合周边商业资源，通过入口、场景和系统平台的线下线上融合互通，打造基于网点的生态圈，构建起适应移动互联新时代全客户、全产品的网点营销服务新模式，将网点金融服务主动嵌入客户线下线上生活场景、商务场景等非金融场景，为客户提供与日常生活、商务无缝连接的 O2O 金融服务。圈内主体主要为消费者、网点和商户。

（2）金融生态圈平台打造路径。

打造网点金融生态圈需基于线上平台，整合线下商户服务、各类公众服务，融入社交服务，构建一个线上线下 O2O 一体化，能够自我循环、自我发展的金融生态系统。具体有以下几种路径：

一是以 C 端[①]客户为突破口，挖掘存量客户，整合线下服务资源构建生态圈。将银行网点存量客户、合作商户作为首要 C 端客户，优先发展此类客户为生态圈主体。先从 C 端做大客流，再以庞大的客流吸引商户加入。由于前期商户服务和产品的缺失，这种模式容易导致客户黏性不足。

二是以 B 端[②]商户为突破口，构建生态圈。该模式充分利用网点区位优势进行网格化营销，优先吸引周边商户为消费者提供各种优惠活动，以商户优惠吸引 C 端客户。这种模式需要前期投入成本吸引流量，并且可能出现对消费者实际需求场景研究不充分导致不成功的情况。

三是以平台搭建为突破口，同步发展 C 端客户和 B 端商户。搭建线上线下一体化信息平台，紧密连接商户与客户。商户在平台上发布活动信息，客户搜索能够满足其需求的产品和服务，从而将网点存量客户与商户有机融合。在一定规模和基础上，通过客户不断分享，网点不断营造生活场景，同步吸引客户和商户，壮大生态圈规模。

（3）金融生态圈应用场景。

打造金融生态圈平台有诸多途径，例如利用旅游景区资源，以为客户提供旅游金融服务为切入点，吸引庞大的游客群体，变游客为普通顾客，变普通顾客为忠实客户群体；与第三方出国金融机构合作，与第三方机构互荐客户，打造出国金融服务中心，为高端客户提供出国留学、出境旅游、海外置业等顾问咨询服务，带动网点业务全面发展；与汽车行业共享业务渠道，建立汽车银行

---

① C 端指的是消费者、个人用户，consumer。

② B 端指的是企业或商家，business。

网点，通过开发 App 提供买车咨询、试驾服务、车辆保养、加油优惠等一系列配套服务，为网点资产业务吸引更多潜在客户。

（4）金融生态圈平台意义。

打造金融生态圈平台的意义在于开辟获客新渠道，将银行与客户的接触从办理金融业务开始前移至更早的场景中，变被动等客上门为主动出击，挖掘客户潜在的金融服务需求。打造金融生态圈平台的关键在于找准切入点，细分客户群体，将某类具有共同喜好、习惯的人群紧密联系在一起，从提供非金融服务向金融服务逐步引导、延伸。

3. 线上开放银行平台

（1）开放银行的含义。

开放银行的提法起源于英国，普及和发展于欧洲、美国及亚洲等地区，目前，国内外尚未对开放银行形成统一定义。知名咨询及分析机构 Gartner 认为，"开放银行是一种平台化商业模式，商业银行通过与商业生态系统参与者共享数据、算法、交易、流程和其他业务功能，为商业生态系统的客户、员工、第三方开发者、金融科技公司、供应商和其他合作伙伴提供服务，使银行创造出新的价值，构建新的核心能力"[①]。亿欧智库认为，"开放银行是商业银行经客户授权，通过应用 API（程序编程接口）、SDK（软件开发工具包）以及 H5（超文本标记语言 5.0）等技术与其他银行业金融机构、金融科技公司、垂直行业企业等合作伙伴共享资源，实现银行服务与产品的即插即用"。杨东和龙航天（2019）提出，开放银行应该包括两种模式，一种是仅仅开放程序编辑接口，与第三方机构共享数据；另一种是深度开放内部流程和交易模式，与第三方机构开展全面合作。可见，开放银行打破了传统银行独占数据、直面客户的封闭模式，同时也改变了商业银行独立作战的营销服务模式。开放银行是商业银行借鉴共享经济理念，通过技术手段与合作伙伴共享客户资源、共同提供金融服务的积极探索和有益尝试。

（2）开放银行平台的驱动因素。

一是客户需求偏好推动。在移动互联网时代，金融消费者对支付结算、财富管理、借贷融资等提出了更高要求，希望得到更便捷、更安全和更具个性化的金融服务。传统商业银行服务存在诸多局限性，无法满足当前消费者的需求，而开放银行平台则是围绕以客户为中心的生活场景搭建生态圈，让客户的金融需求变得唾手可得。商业银行通过开放数据端口与旅游、教育、医疗、交

---

① https://www.gartner.com/en/documents/3869115.

通、电商等行业实现互联互通，形成无界金融服务，与第三方机构共享资源、业务融合，精准化、场景化提供金融服务，以满足消费者对金融服务便利性、快捷性的要求。

二是小微企业发展需要。小微企业经营风险较大、抵押担保能力不强、信用等级较低，致使其长期面临融难和融资贵的问题，影响了小微企业的发展。近年来，互联网金融的兴起为解决小微企业融资难题提供了强有力的方案，商业银行通过学习借鉴互联网公司运营模式，与第三方机构合作建设线上开放银行平台将极大推动普惠金融发展。首先，开放银行平台能够积累小微企业交易数据、信用情况、日常经营数据等关键信息，丰富了商业银行数据信息来源，能够有效降低信息不对称，提升商业银行对小企业信贷业务风险定价准确性。其次，开放银行平台采用线上批量方式服务小微企业，集约化的经营模式能够有效提升服务效率，大幅降低单一客户服务成本，具有较强的规模效应，有助于提高商业银行小微业务总体收益，实现可持续发展。

三是商业银行和互联网企业共同驱使。近年来，面对国际金融危机的后遗症、互联网金融的冲击，以及消费者习惯的改变，全球银行业普遍陷入困境。开放银行平台能够依托互联网企业获取用户网络交易、购物浏览等海量数据，用于全方位客户画像，帮助商业银行解决信息不对称、获客成本高、数据获取难等难题，引领商业银行走出一条转型创新之路。与此同时，受制于金融监管的约束，大型互联网公司没有金融牌照，无法满足其线上海量客户的金融需求，需要与商业银行合作，利用商业银行完备的风控体系、高质量的客户及金融交易信息，共同打造新型金融服务模式。因此，互联网巨头与商业银行牵头合作能各取所需，互利共赢。工商银行与京东商城、建设银行与腾讯公司、中信银行与百度都已经建立起了合作关系。

（3）开放银行平台建设路径。

首先，要确定参与主体。根据开放银行平台的运营机制，其参与主体应该包括商业银行、金融科技公司、基础设施服务商、客户和政府。商业银行是平台的搭建者，在平台中处于核心地位。商业银行主要通过开放数据接口的方式与第三方机构合作，获取其基于真实交易的客户信息，获得专业技术支持，建设基于场景交易的易触达、易使用、体验好的金融服务模式，达到提高经营效益的目的。金融科技企业通过参与商业银行服务平台，享受商业银行提供的金融服务资源，充分发掘商业银行资源和数据，规避复杂和较高的监管和合规要求，有效降低客户信息获取成本，进一步提高客户拓展速度。基础设施服务商通过提供硬件、IT技术、金融云、数据库等基础设施，搭建开放银行技术平台，为银行和第三方机构提供软硬件和数据信息解决方案，作为技术提供方，为商业银行和其合作机构赋能。客户通过开放银行平台可以从生活和消费场景直接链接到金融服务，改变了获取金融服务的方式，提升了接受金融服务的便捷性和可得性，是开放银行平台的最大受益者。政府部门的作用在于嵌入其中，利用科技手段实施过程监管。

其次，要确定发展模式。开放银行平台设立的出发点是满足客户需求，进行数据交换，打造生态场景，提供嵌入式金融服务。因此，根据服务方式的不同，将开放银行平台发展模式分为以下三种：

第一种模式是开放基础金融服务。该模式是指商业银行经过技术改造后，以标准化形式，将客户账户信息、交易数据等基础信息，以及查询、支付、转账、贷款等简单金融业务开放给第三方合作机构，便于客户从第三方合作机构实际场景直接开展金融业务、享受金融服务。此模式能够实现商业银行、第三方机构和客户之间的三方共赢。商业银行与第三方机构能够共享数据、共享客户，降低客户获取成本；客户能够更为快捷、自由地获得金融服务，降低交易成本。该模式打破了传统金融服务与生活场景的边界，将金融与生活消费成功融合为一体。

第二种模式是嵌入定制化金融服务。在此种模式下，商业银行基于第三方机构服务场景，依托金融科技公司技术支持，根据客户体验痛点环节，打造定制化场景金融解决方案，为消费者提供专属金融服务。该模式能够延伸商业银行服务触角，提升客户服务体验，同时为第三方机构拓展银行细分市场、提升企业竞争力创造了条件。

第三种模式是提供全方位服务模式。这种模式是指商业银行与第三方机构全面合作，探索打造金融与非金融全方位服务的开放平台。商业银行作为用户与数据的中转站，提供开放平台接口，将客户衣、食、住、行、游、乐、购等消费场景与金融服务连接在一起。该模式对第三方机构的选择标准较高，要求其业务范围具有一定广度，能够覆盖消费者所需的多个方面。该模式是开放银行平台的终极模式和理想模式，是目前商业银行线上渠道改革的目标和方向之一。

（4）开放银行平台的现实意义。

一是服务长尾客户。由于金融资源的有限性，传统商业银行往往遵循二八理论，主要服务 20%的中高端客户，无暇顾及占比达 80%的长尾客户，致使其不能平等地享受金融服务。互联网金融兴起后，普惠金融得到快速发展，中小企业、长尾客户金融需求被极大满足，这让商业银行开始为这块丢失的

"蛋糕"着急。开放银行平台能够解决商业银行服务成本大、服务效率低等问题,为商业银行转型升级指明了方向。在开放银行平台模式下,商业银行可以借助金融科技公司的技术优势和第三方合作机构的流量优势,将金融服务融入高频生活场景,拓宽业务边界,满足长尾客户金融需求。

二是降低交易成本。根据科斯的交易成本理论①,交易成本是指促成交易而产生的各种成本。商业银行在促成金融交易过程中同样存在诸多成本,包括客户获取成本、客户服务成本、风险管控成本等。商业银行打造开放银行平台,能够有效缓解交易信息不对称问题,大幅降低交易成本。在客户获取方面,在开放银行平台模式下,商业银行获客方式发生改变,由传统线下获客转变为线上线下互相引流,以及与第三方合作机构互相引流,单位客户获取成本降低。客户服务方面,由原来的人与人之间的面对面交流服务,转变为线上线下多种形式的人工智能自助服务和人工服务相结合的方式,降低了服务的人工成本。在风险管控方面,由于在开放银行平台模式下,客户多场景交易数据更易获取和积累,为管控风险提供了大数据基础,使得风险预警和管理更科学、更准确。

三是促进资源共享。开放银行平台的核心在于商业银行与其他企业跨界融合、开放共享、信息互通。商业银行向第三方机构开放专业的金融产品和服务,促使第三方机构能够为客户提供更便捷和优质的服务,提升品牌影响力;第三方机构将商业银行接入自身平台,共享客户资源与交易数据,为商业银行扩展业务范围、扩大客户规模提供了良好条件;消费者则能够通过开放银行平台享受更多类型服务供应商提供的资源。可见,开放银行平台能够实现多方资源共享、合作共赢。

4.3.4 金融公民职能

商业银行是企业,以营利为经营目的。同时,商业银行是企业公民,要履行公民的社会责任。根据马克思的货币银行理论,商业银行的利润来自实体产业的利润再次分配,实体经济兴则商业银行兴,实体经济衰则商业银行衰。商业银行理应承担反哺社会的职能。党的十九大明确将环保和脱贫作为我国重要攻坚战役,也对商业银行尤其是国有大型商业银行提出了绿色金融、普惠金融相关任务要求。国有商业银行应充分利用自身资源优势、专业优势、人才优势、科技优势,投入国家生态环境建设和扶贫攻坚战,推动经济良性发展,社会文明进步。

---

① 英国经济学家科斯于 1937 年在其著作《论企业性质》中提出交易成本理论。

1. 金融公民职能的内涵

目前，还没有学者对商业银行的金融公民职能做出界定。笔者认为，金融公民职能是指商业银行作为企业公民，通过降低费率标准，甚至免费为特定客户群体提供金融产品，或者在特定场景下提供的不单纯以营利为目的的金融服务，改善社会福利，促进社会整体发展的行为。比如，商业银行投入人力和财力发展绿色金融致力于环境污染治理和环境保护的行为，通过科技创新发展普惠金融保障金融公平的行为，以及在天灾人祸中支持灾区建设与免费捐赠的行为等，都是商业银行金融公民职能的体现。同时，金融公民职能并非金融公益职能，商业银行作为企业，有其生存法则，与政府部门和公益组织有较大区别，因此，商业银行发展金融公民职能的最终目标是实现自身长期可持续发展与社会经济稳定发展双向目标，二者是相互促进、互为因果的关系。绿色金融、普惠金融和救灾金融是商业银行拓展金融公民职能最主要的三大业务。

2. 发展绿色金融

中国共产党十八届五中全会上，以习近平同志为核心的党中央提出了"创新、协调、绿色、开放、共享"发展理念，大力倡导发展绿色金融。商业银行作为经济金融的血脉，肩负着试点、创新和发展绿色金融的重要任务。同时，发展绿色金融也是当前新时代背景下商业银行开展业务转型的内在需要，比如近来年广泛兴起的绿色债券和绿色供应链金融，已经为商业银行带来新的业务增长点。

发展绿色金融是国家的重大战略决策，开展绿色金融业务是商业银行供给侧结构性改革的重要内容。因此，商业银行应该严格落实国家政策，着力把绿色金融作为未来战略重点，把履行社会责任同打造行业竞争优势相结合，在开展绿色金融服务的过程中，不断发掘其巨大的经济价值，实现社会价值和经济效益的双赢。

（1）绿色金融的含义。

2016 年，财政部联合中国人民银行等七部委印发了《关于构建绿色金融体系的指导意见》，将绿色金融定义为"对绿色建筑、绿色交通、清洁能源、技能等领域的项目风险管理、运营等所提供的金融服务"。该指导意见的发布标志着我国正式进入发展绿色金融、推动国民经济绿色转型的历史时期，因此，2016 年被称为"绿色金融发展元年"。根据上述定义，我们可以总结出，绿色金融是指为改善自然环境、提高资源利用效率而开展的金融活动，为涉及清洁能源、环保建筑、绿色出行、环保能源等的项目提供投融资金融服务。绿色金融发展到现在，产品类别逐渐丰富，主要包括绿色信贷、绿色基金和绿色债券等。绿色金融注重经济与环境的协调发展、可持续发展，通过资金流向，引导社会资源流向节约能源、低污染、高技术行业，通过金融行为推动环境净化、环境治理与环境保护工作。

（2）商业银行发展绿色金融的路径。

商业银行发展绿色金融需要从绿色金融的产品、服务、制度、架构等多方面开展工作，落地到实际，才能确保运行顺畅。

一是制定引导战略。战略是行动的纲领，发展绿色金融是长期攻坚战，并非临时性工作。商业银行要想在绿色金融领域有所作为，需要结合国际国内经济形势，分析自身资源禀赋，制定未来几年绿色金融发展规划，明确发展目标，制订产品计划、组织保障和运行机制，分阶段实施，稳步推进，在行业内确立绿色金融品牌，占领有利市场地位。

二是提供专项支持。绿色金融业务属于新兴业务，存在前期经验不足、项目周期较长、风险较大等特点。商业银行发展绿色金融，需要建立专项支持体制，加强专项支持，对信贷规模、内部资金转移定价、不良容忍度等适当放宽政策。这就要求商业银行针对绿色金融各环节建立专项推动机制，确保绿色金融项目顺利进行。

三是完善产品体系。金融产品是金融服务的灵魂，商业银行发展绿色金融需要科学设计产品体系，以绿色贷款为基石，根据环保行业具体特征，创新抵质押形式，向客户提供多样化的融资产品。在绿色贷款基础上，商业银行应发展绿色债券、绿色基金、绿色信托等多种直接融资业务，拓宽环保企业融资渠道，为环保产业提供综合型定制型金融服务。商业银行应充分利用金融科技，利用"互联网+"模式进行绿色金融产品创新，将互联网与绿色金融深度融合，利用互联网实现信息整合、风险管控与征信查询等功能。

四是加快自身绿色发展。新时代，随着互联网的发展，网络金融已经成为商业银行新的业务发展方向，同时也为发展绿色金融提供了更加广阔和便捷高效的平台。互联网使金融交易更加节省人力、物力，减少了资源消耗，降低了银行的运营成本，符合低碳经济的发展趋势。商业银行要借助信息技术优势，规划好自身的绿色发展道路，更要通过自助银行、网上银行等提供更加便捷、安全、高效的绿色金融服务，不断探索绿色金融实现模式。

（3）商业银行发展绿色金融的重要意义。

面对生态文明建设和环境保护项目的投资需求，绿色金融有着广阔的发展空间。商业银行开展绿色金融服务不仅可以满足生态文明建设和环境保护项目的资金需求，还能够在政策调控中降低自身的经营性风险。从全局看，绿色金融为国家实施节能减排、环境治理提供了有效的资金保障。从行业自身看，绿色金融为商业银行参与生态文明建设提供了切入点。国有商业银行通过执行严格的绿色金融限制条款，可以减少对高污染和高能耗企业的信贷投放，加速推动产能过剩行业去产能；同时，通过增加对绿色环保产业的信贷投放，可以支持环保企业发展，助推社会健康良性发展。走绿色金融发展道路是商业银行履行社会责任，服务生态文明建设的重要举措，更是规避产业结构调整和经济转型所带来的风险、抢先布局绿色金融市场、拓展和实现新的利润增长的重要金融创新。

首先，发展绿色金融是商业银行责无旁贷的义务。党的十九大将习近平总书记"绿水青山就是金山银山"的两山发展理念作为重要内容，写入《中国共产党党章》，可见，党中央已经把环保事业提到了前所未有的政治高度。商业银行，尤其是国有商业银行掌握着丰富的金融资源，理应坚决贯彻落实党中央精神，着力发展绿色金融业务，满足环保行业金融需求，以专业的金融力量助推我国生态文明建设，推动社会经济绿色发展。

其次，发展绿色金融是商业银行转型需要。新时代下，商业银行传统业务受到挑战，难以为继，急需转型，而绿色金融业务则为商业银行转型发展提供广阔的业务空间。习近平强调，要"坚决打赢蓝天保卫战、深入实施水污染防治行动计划、全面落实土壤污染防治行动计划和持续开展农村人居环境整治行动"，大气污染、水污染、土壤污染，以及居住环境治理，每一个领域都暗藏着数万亿级的业务空间，都将成为商业银行新的业务机遇和增长点。

最后，发展绿色金融是商业银行调整信贷结构的要求。根据银保监会相关规定，绿色金融中大部分项目为固定资产贷款，相比其他类型公司贷款，资产质量更优。从经营实践来看，商业银行绿色信贷不良率低于平均公司贷款不良率，因此，发展绿色金融对于商业银行控制信贷风险、优化信贷结构、提高资产质量具有重要意义。

3. 发展普惠金融

中小企业融资贵融资难、长尾人群在金融服务方面遭遇金融歧视等问题，严重影响了社会和谐和我国金融业健康发展。随着我国经济转型的深入，发展普惠金融变得更为迫切，商业银行，尤其是国有商业银行有义务推动我国普惠金融发展。

（1）普惠金融的含义。

2005年，联合国提出了普惠金融概念，指的是各国通过政策引导，强化金融基础设施建设，为全社会成员提供均等的金融服务。联合国提倡普惠金融的意图在于建立能够为社会各层级提供金融服务的普惠金融服务体系，从而消除金融歧视，均衡配置资源，实现金融公平，让小微企业、低收入人群获得公平的信贷权，能够公平地享受经济发展成果，缩小贫富差距。世界银行扶贫协商小组（CGAP）对普惠金融的定义是指所有处于工作年龄的成年人都可以从正规金融服务供应商那里有效地获得信贷、储蓄、支付和保险等金融服务的一种状态，并将"有效地获得"定义为"金融服务供应商可以持续地以消费者可负担的价格方便和负责任地提供服务"①。世界银行（2008）认为，普惠金融是指存贷款、支付、保险等金融服务的无障碍可得性。2016 年，国务院印发了《推进普惠金融发展规划（2016—2020 年）》，自此，我国构建起了自己的普惠金融发展指导原则，为商业银行落实国家普惠金融政策、发展普惠金融业务提供了政策依据。

（2）商业银行普惠金融发展策略。

一是构建完善的经营管理体系。鉴于小微企业和中低收入群体的金融行为具有其特殊性，商业银行需要组建专业的普惠金融管理部门策划和开展相关业务，逐步完善从总行到分支行各层级的普惠金融管理体系，从组织架构上保障普惠金融业务的有序推广；学习互联网金融、普惠金融解决方案，重新设计规划普惠金融产品体系，强化金融科技运用，提高产品获取的便捷性，增强产品的标准化和批量化程度，降低单一产品的投入成本，提高收益性，引导普惠金融走可持续发展之路。

二是创新先进的风险管理手段。强化金融科技应用，推动普惠金融产品创新，将大数据融合到普惠金融服务业务当中，如接入第三方平台数据，借助大数据完整体系交易全过程，准确描绘客户特征，通过数据的实时变化，提前预警风险情况，实现风控关口前移，弥补小微企业、中低收入等群体担保抵押物不足等问题。运用现代金融科技手段，加强产品前、中、后段端的研发，通过金融产品创新控制风险。

三是加大成本控制力度。在传统金融解决方案下，普惠金融单笔金额小，调研难度大，造成单笔普惠金融成本居高不下，高额成本和较低收益之间矛盾突出。互联网金融在解决普惠金融业务成本方面做出了榜样，国有商业银行应借鉴互联网手段，线上化、批量化开展普惠金融业务，寻找出成本解决之道，才能发展好普惠金融业务。

---

① CGAP. Global standard-setting bodies and financial inclusion for the poor: toward proportionate standards and guidance [R]. Washington: CGAP, 2011.

（3）国有商业银行发展普惠金融的意义。

一是政治站位的需要。国有商业银行作为国家的银行，相比民营银行等具有更分明的政治立场，在市场化运作的基础上，需要在一定程度上体现国家意志。普惠金融关系到金融公平，关系到国家扶贫战略，普惠金融的发展可以让社会各阶层获得金融服务的机会，进而逐步缩小贫富差距，意义深远。国有商业银行作为企业公民，理应担当社会责任，推动社会经济全面进步，彰显大行责任担当。

二是业务转型的需要。伴随互联网金融企业、外资银行、民营银行如雨后春笋般发展，国有商业银行面临的同业和跨界竞争逐渐加剧，优质客户市场份额被逐渐蚕食，倒逼国有商业银行开始重视长尾客户，重新寻找利润增长点。此外，我国经济长期发展，居民财富逐渐积累，中等收入群体逐渐扩大，原来被国有商业银行放弃的这部分长尾客户金融实力越来越强，迫使国有商业银行战略转型。国有商业银行发展普惠金融业务既是政治需要，也是业务需要，可以将政治任务与商业盈利结合起来，实现社会口碑与盈利增长双赢。

三是树立品牌的需要。长期以来，商业银行以"嫌贫爱富"、利润居高、员工收入居高的形象示人，成为众矢之的，严重影响其品牌形象。近年来，各大银行越来越注重品牌化发展，关注社会舆论。开展普惠金融，让更广泛的社会群体享受到便捷的金融服务，可以扭转和重新塑造商业银行的企业形象，争取舆论的支持。

4. 发展救灾金融

人类社会在发展历程中总是会遇到各种各样的天灾人祸，随生产力和科学技术的发展，人类抗击灾害的自救能力越来越强。金融作为现代经济的血液，在抗险救灾中的作用越来越大，不论是2008年汶川大地震，2015年尼泊尔地震，还是2020年的新冠肺炎疫情，银行都起到了举足轻重的作用。

（1）救灾金融的含义。

灾害，是指对人类生命财产或人类生存环境形成破坏性影响的自然事件或人为事件。按照灾害发生的原因，灾害主要分为自然灾害和人为灾害两大类，也可进一步细分为地质灾害、台风灾害、蝗虫灾害、流行病灾害等。每一次灾害的发生都会严重影响人类的生产和生活，甚至生存。在灾害的救治过程中，金融能够提供救灾所需的资金等，发挥巨大的作用，因此，研究救灾金融具有重要的社会意义。然而，目前学术界对救灾金融没有专门的研究，笔者认为，救灾金融是指当自然灾害或者传染性疾病发生并产生较大影响时，金融机构特别是商业银行采取的对抗灾害的应急金融措施和支持灾后重建的金融措施。这些措施在产品、业务流程等方面区别于日常金融手段，根据灾害的程度和种类，有特事特办的明显特征。

（2）商业银行救灾金融发展路径。

鉴于救灾金融的特殊属性，救灾金融有其特殊的发展策略。

一是制定应急预案。商业银行应对各类灾害进行详细分类，按照类别梳理其可能需要的金融服务，比如地震灾害对基础设施损毁严重，对基建类长周期贷款需求较大；传染性疾病对人民群众日常生产生活影响严重，对企业经营性流动资金贷款需求较大，医疗卫生板块上下游产能扩张，生产性资金需求较大。同时，商业银行应对抢险救灾人员安排、营业时间安排等做出预案，有备无患。当灾害来临时，要总结经验教训，不断修订完善。

二是实施差别费率。政府对救灾资金利率通常有财政贴息，国有商业银行要准确把握政府政策，适当降低贷款利率和其他金融类产品费率，履行社会责任，赢得公众口碑，培养一批忠实客户。

三是开辟绿色通道。应急是救灾金融显著特征，常规金融支付和产品办理流程无法保障救灾资金的及时送达，商业银行在特殊时期应在柜面开设救灾金融绿色窗口；在网银、手机银行、自助机具开设救灾金融专用模块；开辟救灾贷款专项审批发放流程、创新特殊抵质押品担保模式等，确保救灾工作第一时间获得资金支持。

（3）商业银行发展救灾金融的意义。

当灾害来临时，只有不同种族、肤色、国界的人们紧紧团结在一起，才能抵御灾害的侵袭，各行各业法人单位亦应恪尽职守，贡献自己的一份力量。国有商业银行作为国有大行，在资金、人员等方面拥有天然优势，更不能置身事外，唯有参与其中，才能获得长远发展。

发展救灾金融有利于社会经济快速恢复，金融依附于经济，也有利于商业银行各项业务快速恢复。此外，患难见真情，在客户资源竞争如此激烈的市场行情下，享受过救灾金融服务的个人和企业，都将成为银行忠实的客户群体。

在灾害发生期间，商业银行的正常营业也会受到影响，开展救灾金融，虽不能获得正常的利润回报，但能维持机构的运转，也能获得一定的收益，对于国有商业银行的长期经营来说也是有益的。

4.3.5 金融外交职能

随着我国综合国力增强，人民币国际化进程加快，以及经济全球化趋势加速，国有大型商业银行的综合实力、海外业务能力对我国国际竞争力和国际上的经济话语权具有重要支持作用。

古丝绸之路沿线地带，东连亚太经济圈，西接欧洲发展经济体，资源丰富，极具发展潜力。2013 年，习近平总书记提出了共建"丝绸之路经济带"和"21 世纪海上丝绸之路"的倡议，积极与丝绸之路经济带沿线国家合作，共谋发展，打造政治、经济、文化等互融互通、互相扶持的利益共同体。"一带一路"倡议的执行需要强大的金融力量为后盾，中小型商业银行不具备相应的能力，国有商业银行资本实力雄厚、境外机构广布、各项技术先进，应充当履行国家对外金融交往的先锋，为沿线国家基础设施建设和贸易融资贡献力量。

1. 金融外交职能的含义

笔者认为，商业银行支持国内企业走出去经营策略、支持政府对外投资战略所提供的配套金融服务，或者基于自身发展需要，在境外设立机构、拓展海外业务等金融行为，可以作为商业银行在国际舞台上基于金融业务履行的外交职能。

国际金融市场风云突变，是一个没有硝烟的战场。历次金融危机表明，国与国之间金融实力的较量，影响往往大于真正的战争，战败者倾覆速度之快，令人唏嘘。国有商业银行金融外交职能既是自身业务发展需要，也是国家发展强大需要。

2. "一带一路"背景下国有银行金融外交职能着力点

（1）强化"一带一路"沿线区域布局。

积极响应政府"一带一路"倡议，在国际布局方面，将"一带一路"沿线国家作为未来海外机构布局的重点区域，结合当地实际情况，采用新设机构、并购等多种方式进行扩张和布局；对于已有机构的国家或者地区，要切实发挥境外机构作用，不断拓宽其网络渠道、业务领域，积极争取更多清算行资格。

（2）大力推进跨境人民币结算。

"一带一路"沿线国家经济发展水平还不高，经济实力决定了其国家货币在全球范围内的接受度较低，我国企业在贸易过程中若以沿线国家货币作为结算货币，汇率风险较大。因此，商业银行应抓住这一契机，提升人民币跨境服务能力，大力推进人民币作为跨境结算货币，提高人民币在沿线国家的接受度，为我国外贸企业助力。

（3）加强与境外金融机构合作。

商业银行在"一带一路"沿线国家海外布局存在分布不平衡现象，不能完全覆盖相应的金融需求，因此，商业银行应积极寻求与诸如亚投行等境外机构开展合作，扩大支付结算、贸易融资、国际汇兑等业务覆盖范围，并不断探索和尝试与不同沿线国家金融机构的合作模式，逐步延伸业务触角。

（4）提供一站式综合金融服务。

为应对"一带一路"沿线企业一站式综合金融服务需求，我国商业银行应积极采取策略适应外部环境变化。一方面同业务相关者建立互动渠道，以线上平台建设等方式创新"一带一路"倡议下国际贸易融资业务，发展一站式综合金融服务；另一方面加强国内外机构合作，联合打造优势产品，为沿线国家提供一体化金融服务。

（5）强化国际业务风险管控。

"一带一路"沿线国家经济政治、人文法律等都尚处于发展阶段，情况较为复杂，其金融市场、贸易规则、监管制度尚不健全，与国内差异较大，商业银行在开展沿线国家金融业务过程中将面临更大的风险。因此，商业银行要针对该地区业务建立更完备的风险管理机制，从多个维度予以统筹监控，针对区域差异、产品特点差异进行专项管理，对具体风险做出相应辨别、评判后采取妥善的风控措施加以应对。

3. 国有商业银行发展金融外交职能的必然性

（1）服务国家战略需要。

当今社会，金融作为国民经济的核心，对经济社会、国家实力的影响越来越大，金融不仅是配置社会资源的重要手段，而且在对内方面，关系着产业变革、社会演化和文化传播，在对外方面，对国际安全、对外贸易、国家交往有着深刻影响。国有商业银行作为国之大行，要积极服务"一带一路"，发挥引领作用，成为中国梦"逐梦"的急先锋和"圆梦"的主心骨。"一带一路"建设是一项系统工程，内涵丰富，经贸合作是基础和先导，进而带动资源能源合作开发，以及更多产业链和行业合作。

（2）经济全球化发展使然。

随着交通及通信技术的发展，人口在世界范围内的流动日益频繁，进一步助推了经济全球化发展趋势。金融是经济的血脉，经济的全球化必将带来金融的国际化，商业银行，尤其是国有商业银行走向国际是不可阻挡的必然趋势，这点可以从近几年国有商业银行海外业务的扩张速度得到验证。国际化发展是商业银行未来发展方向，谁能提前占领市场就能把握住国际化发展的先机。

（3）庞大的业务机会吸引。

"一带一路"建设将以通路、通航、通商为突破口，铁路是"一带一路"

建设的关键和互联互通的主体。根据官方估计，未来"一带"沿线区域铁路线路总长在一万千米左右，涉及总投资额 3 000 亿~5 000 亿元①，为国有商业银行发展提供巨大的潜在市场。

4.4　本章小结

本章就商业银行适应能力进行了探讨，首先将商业银行适应能力内涵界定为对外部环境的敏锐力、判断力，内部战略的决策力和执行力，明确了沟通机制、协调机制、传导机制是其决定因素。其次，描述了商业银行需要适应市场、政府监管、客户、新经济、国际化环境的具体内容和适应方式，以及能够反映适应能力的量化指标等，为下一章量化分析商业银行竞争力提供理论基础。最后，阐述了商业银行的职能拓展是其能够适应环境的基础条件。随着环境的变迁，商业银行在原来金融中介职能基础上，衍生出金融平台职能，银行真正成为线上线下交易各方的润滑剂；强化了银行的金融公民职能，在环保、扶贫、救灾等领域贡献金融力量；重塑了金融外交职能，不仅简单支持走出去企业的金融需要，更重要的是配合国家战略，引领国际化金融发展。目前，这些职能并非所有银行都具备，这将是未来商业银行追求的发展目标，只有具备了一定实力和基础条件的银行才能更好地适应新时代外部环境变化。

---

① 财经传媒编辑部. 一带一路引领中国 [M]. 北京：中国文史出版社，2015.

5　商业银行竞争力评价分析

根据前文关于新时代商业银行竞争力重塑的理论分析，本章试图通过建立多元评价指标体系，运用熵值法计算 2012—2018 年五大国有商业银行及部分股份制商业银行的竞争力指数，考察时间窗口内不同商业银行的竞争力变化趋势与同一时点上不同商业银行之间的竞争力差异，以为后续寻找商业银行竞争力提升的路径及相关政策建议提供实证支撑。

5.1　商业银行竞争力评价的指标体系

设计科学合理、能准确反映商业银行竞争力内涵与本质特征的指标体系是判别商业银行竞争力的基础性工作。此节围绕构建评价商业银行竞争力的指标体系展开，主要内容包括指标体系的设计逻辑、指标选取的基本原则和指标体系的具体说明。

5.1.1　指标体系的设计逻辑

直观上，商业银行竞争力是一个复杂的系统，其综合评价指标体系必然涉及诸多方面，有必要厘清建立指标体系的逻辑，避免"眉毛胡子一把抓"的现象。这对提高商业银行竞争力综合评价指标体系的科学性以及在其基础上评价结果的准确性具有影响。如前文所述，商业银行竞争力涵盖市场适应能力、政府适应能力、客户适应能力、新经济适应能力和国际化适应能力共计五个方面的内容。依据投入产出的基本经济学原理，将商业银行竞争力视为最终产出，五个方面视为投入要素。那么，商业银行竞争力的投入产出关系可以表示为一个复合的隐函数。具体见式（5-1）：

$$\text{Compe}_{\text{bank}} = F[X_1(\cdot), X_2(\cdot), X_3(\cdot), X_4(\cdot), X_5(\cdot)] \qquad (5-1)$$

其中，$\text{Compe}_{\text{bank}}$ 表示商业银行竞争力水平；$X_i(\cdot)$，$i = 1, 2, 3, 4, 5$ 分别表示市场适应能力、政府适应能力、客户适应能力、新经济适应能力和国际化适应能力变量，这几个变量又是由不同数量的细项指标决定的。

式（5-1）两边取全微分，并同时乘以 $1/\text{Compe}_{\text{bank}}$ ，有式（5-2）：

$$\frac{d\text{Compe}_{\text{bank}}}{\text{Compe}_{\text{bank}}} = \sum_1^5 \frac{\partial F}{\partial X_i} \cdot \frac{X_i}{\text{Compe}_{\text{bank}}} \cdot \frac{dX_i}{X_i} \qquad (5-2)$$

基于式（5-1）和式（5-2）可知，商业银行竞争力水平是市场适应能力、政府适应能力、客户适应能力、新经济适应能力和国际化适应能力变量水平的综合结果。商业银行竞争力水平的波动更是这五个自变量各自的弹性系数与自身变化率乘积的复合。同理，市场适应能力、政府适应能力、客户适应能力、新经济适应能力和国际化适应能力的变化又是由其涵盖的指标所决定的。

所以，本研究设计的评价商业银行竞争力的指标体系应体现出上述简单的经济学逻辑，至少表现为三个维度。具体来说，商业银行竞争力水平是一个复合所得的指数，也即商业银行竞争力指数，这是商业银行竞争力综合评价指标体系的第一维度。第一维度的商业银行竞争力指数由五个二级维度指数计算而来，二级维度指数分别是市场适应能力指数、政府适应能力指数、客户适应能力指数、新经济适应能力指数和国际化适应能力指数。进一步，二级维度指数则是由若干细项指标加权计算得到，这些指标是商业银行竞争力综合评价指标体系的基础，构成了该指标体系的第三维度。

5.1.2 指标选取的基本原则

国有商业银行竞争力是一个多元和复杂的系统，在商业银行竞争力的分析中，如何从大量的可衡量国有商业银行竞争力的指标中选择最有效的指标关系到选取评价指标的原则问题。建立大型国有商业银行竞争力分析模型必须要遵循以下原则：

1. 科学性原则

国有商业银行综合评价体系的设计要服务于研究目的，要充分考虑国有商业银行自身特征，综合考虑评价指标的具体内涵、相互关系和数据可得性，力争评价结果最大程度展现设计初衷。

2. 可行性原则

建立的国有商业银行竞争力分析模型既要系统全面，又要简单可行，各评价指标要所代表的内涵要清晰明白，计算方法要易于操作，评价结果要简单易懂。同时，各评价指标的计量口径要可比，便于开展同业横向比较和历史业绩纵向比较。

3. 前瞻性原则

由于影响国有商业银行竞争力的内外部因素不断发展变化，国有商业银行竞争力的评价指标要根据时代的发展和研究的需要不断做出调整，因此评价国有商业银行竞争力不能仅看目前的财务指标反映出来的经营现状，还要结合内外部环境变化趋势，以及国有商业银行经营管理战略，综合研判国有商业银行未来可持续发展能力。

4. 目的性原则

国有商业银行竞争力体现在方方面面，没有哪一套评价体系能够完整地衡量其竞争力水平。建立评价指标体系需要充分考虑当时经营的外部环境中最重要最核心的因素，明确评价的目的，选取指标时要有清晰的指向性，从不同维度精准评价，避免出现指标虽然全面但是泛泛而谈、不够深入和精细的问题。

5. 导向性原则

评价指标是为体现评价内容服务的，在构建评价体系时，应严格按照与评价内容的相关性筛选指标，以评价目的引导评价内容，以评价内容引导评价指标，才能保证评价结果的有效性和科学性。

6. 层次性原则

国有商业银行竞争力评价体系是一项系统性工程，要准确反映评价结果，需要构建不同的评价层级，逐层分解，从不同的深度和维度综合考量，立体化展现商业银行竞争力情况，更易于分析和认知竞争力的构成要素。

5.1.3 指标体系的具体说明

依据商业银行竞争力的内涵特征，以及设计评价商业银行竞争力指标体系的三级维度逻辑，并结合指标选择的若干原则，本书设计了一个三层的综合评价指标体系，详见表5-1。所需数据来源于历年《中国统计年鉴》《中国金融统计年鉴》以及各商业银行的历年年报和 Wind 数据库。

在表5-1中，第一列是商业银行竞争力指数，用来反映商业银行竞争力的水平，它是由第二列的二级维度指数复合而来的。表5-1中的第二列是五个二级维度指数，即市场适应能力指数、政府适应能力指数、客户适应能力指数、新经济适应能力指数和国际化适应能力指数，分别对应商业银行适应市场的能力、适应政府监管的能力、适应客户需求的能力、适应新经济发展的能力和适应国际化竞争的能力。这五个二级维度指数是由三级维度的细项指标加权计算得到，每一个二级维度指数对应的细项指标如表5-1的第三列所示。

本书从盈利能力、持续发展潜力、成本控制水平三个方面选择具体指标以充分反映市场适应能力。盈利能力是衡量商业银行竞争力最直接的指标，所有的经营管理、客户维护、转型创新等最终都要用产生的实际效益来衡量，没有产生效益的经营管理模式是不适合的，没有产生效益的客户维护是无效的，产生不了效益的创新是没有意义的。基于此，本书选择资产回报率、净资产收益率和人均净利润三个指标予以反映。在持续发展潜力方面，本书选择存款增长率、贷款增长率、净利润增长率和总资产增长率进行刻画。在成本控制方面，本书用能体现单位成本创造收入水平的成本收入比指标加以度量。

表 5-1　商业银行竞争力的三层综合评价指标体系

一级维度 （1个）	二级维度 （5个）	三级维度 （24个细项指标）	单位	属性
商业银行 竞争力 指数	市场 适应能力	资产回报率＝净利润/总资产	%	正向
		净资产收益率＝净利润/净资产	%	正向
		人均净利润＝净利润/员工总量	万元	正向
		存款增长率	%	适度
		贷款增长率	%	适度
		净利润增长率	%	正向
		总资产增长率	%	正向
		成本收入比＝营业费用/营业收入	—	负向
	政府 适应能力	资本充足率＝资本总额/风险资产	%	正向
		不良贷款率＝不良贷款余额/客户贷款及垫款总额	%	负向
		流动性比例＝流动性资产/流动性负债	—	适度
		存贷比＝贷款余额/存款余额	—	适度
	客户 适应能力	信用卡新增量	万张	正向
		电子银行交易额	亿元	正向
		自助设备（ATM、CDS/CDM、XDM）机具数量	台	适度
	新经济 适应能力	非利息收入比重＝非利息收入/营业收入	%	正向
		小微信贷比重＝小微企业贷款/贷款余额	%	正向
		绿色信贷比重＝绿色发展领域贷款/贷款余额	%	正向
		交通运输业信贷比重＝交通运输贷款/贷款余额	%	正向
		批发零售业信贷比重＝批发零售贷款/贷款余额	%	正向
	国际化 适应能力	境外总资产	亿元	正向
		境外总负债	亿元	正向
		境外总收入	亿元	正向
		境外净利润	亿元	正向

注："—"表示无单位。

政府适应能力主要是为了说明商业银行满足政府对金融风险监管要求的情况。风险是金融体系的基本特征，金融体系的重要功能则是风险配置。金融体系的风险配置功能表现为伴随着资金的转移，投资活动中的风险从资金所有者转移到愿意承担风险的资金使用者身上。商业银行作为间接融资中介，在发挥资金配置功能的同时发挥着风险配置功能，因此对于风险的管理是商业银行生存竞争的核心所在。风险管理能力是商业银行的基础能力和必备能力，是商业银行提高业务市场竞争力、客户综合服务能力、技术自主创新力和盈利能力的前提条件。金融市场上，商业银行面对各种各样的风险，包括市场风险、信用风险、流动性风险、操作风险，以及互联网金融发展带来的风险等。根据商业银行现行的业务结构，信用风险对商业银行整体风险的影响较大，本书主要通过商业银行管理风险的相关指标予以说明。具体有：说明商业银行抵御风险整体能力的资本充足率（商业银行的资本总额对其风险加权资产的比率）、反映银行资产质量与不良资产处置能力的不良贷款率（贷款拨备率）、反映银行的流动性状况及波动性的流动性比例（流动性资产/流动性负债）与存贷比（贷款余额/存款余额），这几个指标同为银保监会对商业银行的监管指标。

客户适应能力是商业银行满足客户多样化金融需求能力的体现。综合考虑数据可得性，本书主要从满足客户的信用卡需求、电子银行需求（网银、手机银行以及互联网支付）、自助化存取现金支持三个方面选择指标。具体有，商业银行的信用卡新增量（万张）、电子银行交易额（亿元）和自助设备机具数量（台）。需要特别指出，自助设备机具数量指标在金融科技不发达时期是典型的正向指标，而当前电子银行交易方式的普及大大降低了人们对现金的需求，再加上高昂的运营成本使得该指标在新时代、新环境下由正向转为适度。

过去依靠借贷利差、"重大轻小"、依赖传统工业与房地产业的商业银行经营模式已不再适合市场竞争日益激烈的金融市场。新经济形势下，满足金融市场需求的能力越强，盈利空间越大，竞争力也越大。对于商业银行的新经济适应能力，这里主要从商业银行的收入结构、信贷性质两方面选择指标。首先，本书使用非利息收入比重（非利息收入/营业收入）说明商业银行的经营模式与收入结构的变化。其次，本书使用小微信贷比重（小微企业贷款/贷款余额）反映信贷主体的规模性质，使用绿色信贷比重（绿色发展领域贷款/贷款余额）反映商业银行支持绿色发展的行为，使用交通运输、仓储和邮政业（以下简称"交通运输业"）信贷比重（交通运输业贷款/贷款余额）和批发零售业信贷比重（批发零售业贷款/贷款余额）粗略反映商业银行对服务行业的支持。

随着我国经济进一步融入全球，"一带一路"倡议、亚太自贸区建设、人民币国际化的不断推进，将带动企业产能向国外转移，各类跨境贸易、投资活动将更加活跃。商业银行面临的客户、需求、市场等金融业务的国际化特征愈发突出，国际化竞争压力也日益严峻，适应国际化的能力也成为商业银行竞争力的重要内容。囿于数据的可获得性，本书使用境外总资产（亿元）、境外总负债（亿元）、境外总收入（亿元）和境外净利润（亿元）指标反映商业银行适应国际化的能力。需要说明的是，除五大国有商业银行和招商银行以外，其他股份制商业银行均因未开展国际业务等原因未公布这四项指标，因而，本书将分包含国际化适应能力和不包含国际化适应能力两种情况进行实证。

5.2　商业银行竞争力评价的实证方法

本节在前文设计的商业银行竞争力评价指标体系基础上，介绍一种适用于多元指标赋权合成指数的综合评价方法——熵值法，主要包括熵值法的基本原理和公式表达。

5.2.1　熵值法的原理简介

本书采用熵值法对商业银行竞争力水平进行评价。"熵"原本是物理学中表示各种可能性多少的名词，德国物理学家鲁道夫·克劳修斯首次提出熵的概念，后 N. Wiener 和 C. E. Shannon 提出更为普遍的"信息熵"[①]，而后熵逐步被统计学家和经济学家借鉴运用至经济学领域，解决多元指标体系下的指标信息繁多问题。

熵值法是利用评价指标的固有信息来判别指标的效用价值，在一定程度上能避免主观因素带来的偏差。其基本原理是：根据某个指标各观测值之间变异程度的大小来确定该指标信息熵的大小，并由此来判断该指标所提供的信息量的大小，并赋予一定权重，若某观测指标各观测值之间变异程度较小，则该指标的信息熵较大，其所提供的信息量较小，被赋予的权重也就越小；反之亦然。

---

① 郑秀兰. 基于路径依赖理论的区域主导产业评价研究 [D]. 安徽：合肥工业大学，2012.

5.2.2 熵值法的公式表达

杨丽和孙之淳（2015）使用熵值法计算了西部地区新型城镇化水平[1]，魏敏和李书昊（2018）使用熵值法对中国省际的经济发展质量进行了测度[2]。本书参考借鉴他们的方法，评价2012—2018年13家商业银行的竞争力。运用熵值法计算综合指数或得分可分为8个步骤。具体如下：

1. 构建决策矩阵

把2012—2018年共7年的数据作为评价的年份集合 $M = (M_1, M_2, \cdots, M_r)$，把13家商业银行作为评价的对象集合 $C = (C_1, C_2, \cdots, C_n)$，把24个指标作为评价的指标集合 $D = (D_1, D_2, \cdots, D_m)$。把第 M_r 年的对象 C_i 关于指标 D_j 的评价值记为 $x_{\theta ij}$（$\theta = 1, 2, \cdots, r; i = 1, 2, \cdots, n; j = 1, 2, \cdots, m$），构建决策矩阵 X。

2. 决策矩阵标准化处理

由于指标的量纲和单位不同，需要对指标值进行标准化处理以消除量纲和单位不同带来的影响，设标准化之后的矩阵为 Y。本书指标体系中的指标有三种属性：第一类是正向型的指标，这类指标的数值越大，则越优；第二类是负向型的指标，这类指标的数值越小，则越优；第三类是适度型指标，这类指标存在一个最优值，越靠近该最优值，则越好。对于上述三种不同属性的指标，实证前需进行标准化处理，而且处理方式有所不同，其中正向型指标和适度型指标的标准化处理方式一致。

正向型指标和适度型指标的标准化处理方式如式（5-3）：

$$Y_{\theta ij} = \frac{X_{\theta ij}}{\text{Max}(X_j)} \tag{5-3}$$

负向型指标的标准化处理方式如式（5-4）：

$$Y_{\theta ij} = \frac{\text{Min}(X_j)}{X_{\theta ij}} \tag{5-4}$$

其中，Max（X_j）和 Min（X_j）分别表示 θ 年中第 j 个指标的最大值和最小值。

指标进行标准化之后得到矩阵 Y：

---

① 杨丽，孙之淳. 基于熵值法的西部新型城镇化发展水平测评 [J]. 经济问题，2015（3）：115-119.

② 魏敏，李书昊. 新时代中国经济高质量发展水平的测度研究 [J]. 数量经济技术经济研究，2018（11）：3-20.

$$Y = [y_{\theta ij}]_{n \times m} = \begin{bmatrix} & D_1 & D_2 & \cdots & D_m \\ C_1 & y_{\theta 11} & y_{\theta 12} & \cdots & y_{\theta 1m} \\ C_2 & y_{\theta 21} & y_{\theta 22} & \cdots & y_{\theta 2m} \\ \vdots & \vdots & \vdots & \ddots & \vdots \\ C_n & y_{\theta n1} & y_{\theta n2} & \cdots & y_{\theta nm} \end{bmatrix} \tag{5-5}$$

其中，$y_{\theta ij}$ 为第 θ 年、第 i 个评价对象第 j 个指标标准化后的值。

3. 计算各个指标的特征比重

定义 $p_{\theta ij}$ 为 θ 年第 i 个对象第 j 个指标的特征比重，则：

$$p_{\theta ij} = \frac{y_{\theta ij}}{\sum\limits_{\theta=1}^{r} \sum\limits_{i=1}^{n} y_{\theta ij}} \tag{5-6}$$

4. 计算第 j 个指标的信息熵

$$e_j = -\frac{1}{\ln(rn)} \sum\limits_{\theta=1}^{r} \sum\limits_{i=1}^{n} p_{\theta ij} \ln(p_{\theta ij}) \tag{5-7}$$

5. 计算第 j 个指标的差异系数

定义第 j 个指标的差异系数为 $d_j = 1 - e_j$，则第 j 个指标的信息熵越小，d_j 值越大，评价指标 j 所提供的信息量也就越大，其所被赋予的权重值也就越高。

6. 计算第 j 个指标的权重

$$w_j = \frac{d_j}{\sum\limits_{j=1}^{m} d_j} \tag{5-8}$$

7. 构建加权决策矩阵

计算出各个指标的权重之后，构建加权决策矩阵 V，加权决策矩阵由各指标权重和标准化决策矩阵计算得出

$$V = [v_{\theta ij}]_{n \times m} = \begin{bmatrix} & D_1 & D_2 & \cdots & D_m \\ C_1 & v_{\theta 11} & v_{\theta 12} & \cdots & v_{\theta 1m} \\ C_2 & v_{\theta 21} & v_{\theta 22} & \cdots & v_{\theta 2m} \\ \vdots & \vdots & \vdots & \ddots & \vdots \\ C_n & v_{\theta n1} & v_{\theta n2} & \cdots & v_{\theta nm} \end{bmatrix} \tag{5-9}$$

其中 $v_{\theta ij} = w_j \cdot y_{\theta ij}$，$w_j$ 为计算出的各指标权重值，$y_{\theta ij}$ 为第 θ 年 i 个评价对象第 j 个指标标准化处理之后的值。

8. 计算每一年各商业银行竞争力水平的综合得分

$$s_{\theta i} = \sum_{j=1}^{m} v_{\theta ij} \qquad (5-10)$$

根据以上步骤以及所搜集的各指标数据，计算 2012—2018 年各商业银行竞争力的综合得分，并进行分析。

5.3　商业银行竞争力评价的结果分析

根据前述的商业银行竞争力评价的多元指标体系，本节基于 2012—2018 年反映商业银行竞争力的多元指标，使用熵值法计算时间窗口内各商业银行的竞争力指数，并对商业银行竞争力水平进行评价。同时，本节也将比较不同商业银行在二级维度不同方面的表现。

5.3.1　一级维度的结果评价

1. 不包含国际化适应能力的商业银行竞争力结果评价

由于只能查找到工商银行、农业银行、中国银行、建设银行四家国有商业银行与招商银行关于国际化适应能力的 4 个指标，表 5-2 报告了只使用 20 个细项指标（不包含国际化适应能力的 4 个指标），运用熵值法计算的 2012—2018 年 13 家商业银行的竞争力指数及排位情况。

整体来看，国有商业银行银行的竞争力要高于其他股份制商业银行。2012 年，五大国有商业银行竞争力指数的平均值约为 0.29，至 2018 年缓慢上升为 0.33。同期，其他 8 家股份制商业银行竞争力指数的平均值由 2012 年的 0.28 下滑至 2018 年的 0.26。这说明，近些年国有商业银行面临日益激烈市场竞争的压力，推进的管理、战略、业务、经营模式等变革有所成效。

国有商业银行竞争力内部分化特征突出。由表 5-2 可知，13 家商业银行竞争力指数及排位中，农业银行的竞争力指数上升较为明显，由 2012 年的 0.28 升至 2018 年的约 0.40，位次也由期初的第九位攀升至期末的第三位。这说明农业银行的转型较为成功。与农业银行表现类似的还有中国银行，2012—2018 年，中国银行的竞争力指数有所上升，在 13 家商业银行中的排位由第十位上升至了第六位。五大商业银行中，交通银行竞争力相对较差，这表现为交通银行的竞争力指数由 2012 年的 0.30 缓慢跌至 2018 年的 0.23，位次也由第六位缓慢下滑至第九位。工商银行和建设银行的竞争力指数在波动中上升，排位相对稳定，工商银行在所有商业银行竞争力的排位中始终居于前三位，建设银行的竞争力指数则始终处于第四或第五位。

表 5-2 2012—2018 年 13 家商业银行的竞争力指数（不含国际化适应能力）

银行名称	2012 年		2013 年		2014 年		2015 年		2016 年		2017 年		2018 年	
	指数	位序	指数	位序	指数	位序	指数	位序	指数	位序	指数	位序	指数	位序
工商银行	0.327	1	0.320	1	0.311	3	0.306	1	0.300	3	0.356	3	0.400	2
兴业银行	0.318	2	0.274	6	0.318	1	0.303	2	0.310	1	0.356	2	0.327	5
招商银行	0.306	3	0.309	2	0.317	2	0.260	8	0.276	6	0.289	6	0.241	7
浦发银行	0.305	4	0.297	4	0.291	6	0.269	7	0.249	9	0.260	8	0.220	10
建设银行	0.299	5	0.295	5	0.295	5	0.286	4	0.300	5	0.334	5	0.339	4
交通银行	0.297	6	0.269	8	0.244	10	0.242	9	0.260	8	0.256	9	0.231	9
民生银行	0.286	7	0.225	12	0.246	9	0.216	12	0.238	10	0.197	13	0.220	11
平安银行	0.286	8	0.257	10	0.290	7	0.281	5	0.310	2	0.425	1	0.446	1
农业银行	0.281	9	0.300	3	0.306	4	0.299	3	0.300	4	0.338	4	0.399	3
中国银行	0.258	10	0.272	7	0.277	8	0.272	6	0.274	7	0.267	7	0.288	6
光大银行	0.251	11	0.210	13	0.219	13	0.231	10	0.199	13	0.218	10	0.240	8
中信银行	0.230	12	0.260	9	0.233	11	0.229	11	0.208	11	0.199	12	0.189	13
广发银行	0.219	13	0.226	11	0.221	12	0.195	13	0.199	12	0.216	11	0.204	12

对于非国有商业银行来说，一方面，股份制商业银行的竞争力在普遍下降的趋势下，也有明显的分化现象。个别股份制商业银行能够在激烈的市场竞争环境下维持竞争力的相对稳定，甚至有所上升。例如，平安银行在2012年的竞争力指数约为0.29，在13家商业银行的排序中仅仅居第八位，而2018年的平安银行竞争力指数约为0.45，位居榜首；光大银行的竞争力指数位序在2012—2018年上升了三位；相同时间区间，兴业银行的竞争力指数相对稳定且有所上升，排序在第一至第六位波动。另一方面，股份制商业银行的竞争力出现了反超国有商业银行竞争力的现象。这表现为，2012—2018年，除中信银行与广发银行的竞争力始终徘徊在第12、13位，其他股份制银行的竞争力指数均大于一家或多家国有商业银行的竞争力指数。

2. 包含国际化适应能力的商业银行竞争力结果评价

表5-3报告了涵盖五大二级维度、共计24个细项指标、使用熵值法计算的2012—2018年商业银行竞争力指数。鉴于大部分商业银行未从事国际业务或未公布境外总资产、境外总收入、境外净利润和境外总收入数据，观测的银行个体只包括工商银行、农业银行、中国银行、建设银行与招商银行。

由表5-3可知，在5家被考察的商业银行中，样本期内的中国银行的竞争力指数始终居于首位。最可能的原因在于，我国以专业分工为主要标准设立了不同类型的银行，中国银行设立之初的目的主要是经营外汇等境外业务，并一直延续至今，进而形成"优势锁定"效应，持续保持领先。所以，当商业银行适应国际化的能力因素被纳入考虑之时，中国银行的表现较好，其竞争力指数与不包含国际化因素的指数相比也出现了明显改善。

与中国银行表现类似，时间窗口内工商银行的竞争力指数不断上升，竞争力水平较为稳定，始终位居第二位。2012年工商银行的竞争力指数约为0.39，2018年升至0.50，与中国银行的竞争力指数极为接近。这说明，随着经济全球化与金融全球化的深入发展，工商银行在维持传统业务的同时深度参与国际金融业务的变革，对其提升竞争力有良好的推动作用。

对于建设银行和农业银行，2012—2018年二者的竞争力均有所改善。这主要表现为建设银行和农业银行竞争力指数的排序有所上升。其中，建设银行的竞争力指数由最初的第四位，在2015年上升至第三位以后保持稳定；2017年和2018年的农业银行竞争力指数位列第四位，较之前的位序上升一位。这暗示了，建设银行与农业银行不断调整自身业务结构，主动适应金融国际化的策略有效果。相对地，招商银行的竞争力指数由2012年的0.35下降至2018年的0.25，其位次也由最初的第三位变为第五位。

表 5-3 2012—2018 年 5 家商业银行的竞争力指数（包含国际化适应能力）

银行名称	2012 年		2013 年		2014 年		2015 年		2016 年		2017 年		2018 年	
	指数	位序	指数	位序	指数	位序	指数	位序	指数	位序	指数	位序	指数	排序
中国银行	0.391	1	0.444	1	0.480	1	0.470	1	0.529	1	0.495	1	0.512	1
工商银行	0.385	2	0.395	2	0.379	2	0.384	2	0.406	2	0.483	2	0.498	2
招商银行	0.354	3	0.327	3	0.331	3	0.247	4	0.277	4	0.283	5	0.252	5
建设银行	0.334	4	0.303	4	0.284	4	0.266	3	0.317	3	0.341	3	0.319	3
农业银行	0.277	5	0.266	5	0.260	5	0.244	5	0.233	5	0.288	4	0.302	4

5.3.2 二级维度的结果评价

对一级维度（商业银行竞争力指数）的分析，更侧重把握时间窗口内各商业银行竞争力的整体情况，归纳总结一些特征。背后的原因多是依靠推测，难以直观显现，这可以通过二级维度进行进一步解释。理论上，竞争力较强的银行在某些方面或某几个方面的表现均较优。因而，本小节主要是基于商业银行竞争力的分析框架，评价商业银行竞争力的不同维度表现。如前做法，这里依然分为不含国际化适应能力与包含国际化适应能力加以论述。

1. 不含国际化适应能力因素的结果评价

表5-4展示了13家商业银行在市场适应能力、政府适应能力、客户适应能力以及新经济适应能力四个维度的指数情况。

从市场适应能力维度看，五大国有商业银行考察期内的市场适应能力下滑趋势明显。2012年，五大国有商业银行的市场适应能力得分包揽了前五席次。但是，2018年各国有商业银行在市场适应能力方面的绩效较2012年明显下降，为此出现了不同程度的降低。其中，农业银行市场适应能力指数降幅最大，下降了10个位次；中国银行的降幅其次，共下跌七个位次；建设银行与交通银行分别由2012年第二位和第五位，跌至2018年第五位和第八位，均下降了三位；工商银行的降幅最小，时间窗口内共下跌了二位。相对地，大部分股份制商业银行同期的市场适应能力指数较为稳定，降幅较小，由此使其排序有所上升。国有商业银行市场适应能力下滑较股份制商业银行显著的可能原因是，国有商业银行的规模较大，短期内难以及时调整业务结构，内部体制机制改革难度大、推进较为缓慢、滞后于外部环境的变化等。

从政府适应能力维度考察，既有的指标体系下，国有商业银行适应政府监管能力的表现与股份制商业银行相比，不够理想。2012—2018年，五大国有商业银行中，只有交通银行政府适应能力指数的位次上升，其他国有商业银行的位次均出现不同程度的下滑。此外，2018年，只有中国银行和交通银行的政府适应能力指数进入前五，位居前两位的则是广发银行和浦发银行。而且，2018年，13家商业银行的政府适应能力指数排序结果显示，工商银行和农业银行的政府适应能力指数分列第12位和第13位。

表 5-4　各商业银行 2012 年与 2018 年不同维度的指数（不含国际化适应能力）

银行名称	市场适应能力				政府适应能力			
	2012 年		2018 年		2012 年		2018 年	
	指数	位序	指数	位序	指数	位序	指数	位序
工商银行	0.187	1	0.083	3	0.039	9	0.040	12
建设银行	0.171	2	0.079	5	0.049	2	0.049	6
农业银行	0.145	3	0.068	13	0.034	12	0.034	13
中国银行	0.142	4	0.070	11	0.047	3	0.051	5
交通银行	0.141	5	0.074	8	0.045	5	0.051	3
中信银行	0.134	6	0.071	10	0.050	1	0.045	9
兴业银行	0.119	7	0.100	2	0.038	10	0.048	7
浦发银行	0.114	8	0.082	4	0.043	6	0.051	2
光大银行	0.110	9	0.079	6	0.042	7	0.051	4
广发银行	0.108	10	0.069	12	0.033	13	0.057	1
招商银行	0.100	11	0.103	1	0.047	4	0.046	8
平安银行	0.099	12	0.074	7	0.040	8	0.044	11
民生银行	0.080	13	0.073	9	0.036	11	0.044	10

银行名称	客户适应能力				新经济适应能力			
	2012 年		2018 年		2012 年		2018 年	
	指数	位序	指数	位序	指数	位序	指数	位序
农业银行	0.079	1	0.231	2	0.068	9	0.066	4
工商银行	0.075	2	0.164	3	0.103	3	0.113	2
建设银行	0.052	3	0.156	4	0.079	6	0.056	7
中国银行	0.049	4	0.111	5	0.082	5	0.056	6
平安银行	0.033	5	0.282	1	0.070	8	0.047	10
交通银行	0.024	6	0.045	9	0.120	1	0.060	5
招商银行	0.020	7	0.049	7	0.098	4	0.043	12
民生银行	0.016	8	0.049	8	0.063	11	0.055	8
兴业银行	0.015	9	0.022	12	0.078	7	0.158	1
中信银行	0.014	10	0.041	10	0.067	10	0.031	13
光大银行	0.013	11	0.065	6	0.051	13	0.045	11
广发银行	0.011	12	0.026	11	0.061	12	0.052	9
浦发银行	0.009	13	0.010	13	0.118	2	0.077	3

　　注：限于篇幅，此处只报告各维度首尾两年的指数结果。此外，浦发银行、交通银行、光大银行、中国银行的政府适应能力指数（保留 4 位小数）分别为：0.051 1、0.050 8、0.050 7、0.050 6。

立足客户适应能力视角分析，国有商业银行满足客户金融需求的能力整体上要优于股份制商业银行。2018 年五大国有商业银行的客户适应能力指数较 2012 年均有显著提高，在 13 家商业银行中的位置，除交通银行以外，工、农、中、建四家国有商业银行均始终占据前五。个别股份制商业银行在客户适应能力方面也有较好的表现。例如，2012 年，平安银行的客户适应能力指数排在第五位，但是 2018 年已升至首位；同期，光大银行则由第 11 位上升至第六位，招商银行与民生银行分别维持第七位和第八位不变。

分析新经济适应能力指数可知，国有商业银行对新经济发展的整体支持力度较股份制银行大，但股份制商业银行的追赶效果较为明显。一方面，2018 年商业银行新经济适应能力指数显示，五大国有商业银行的排序相对靠前，其中农业银行、工商银行和交通银行的排位靠前；另一方面，股份制商业银行也不断释放灵活适应市场需求的优势，支持新经济的作用与能力有明显改善。例如，2018 年兴业银行和浦发银行的新经济适应能力指数分列第一位和第三位；民生银行的新经济适应能力指数与建设银行和中国银行较为接近。

2. 包含国际化适应能力因素的结果评价

依据国际业务数据的获得情况，本书在表 5-5 中仅展示了 2012 年和 2018 年招商银行、建设银行、工商银行、农业银行和中国银行五大维度指数的具体结果及其排序情况。

市场适应能力维度的结果表明，招商银行在五家商业银行中表现最好，工商银行次之，建设银行要优于农业银行与中国银行。由表 5-5 可知，招商银行的市场适应能力指数虽然有所下降，但始终维持第一位；工商银行的市场适应能力指数也有所下降，但降幅比建设银行小，从而由第三位升至了第二位；农业银行与中国的市场适应能力指数均有显著降幅，其排序并未出现变化。

由政府适应能力方面入手分析，各商业银行应对政府监管的效果有明显差异。从排序结果看，建设银行和中国银行的位次高于第三位的招商银行，工商银行与中国银行分列后两位。从指数变化的结果看，除农业银行的增幅几乎为零以外，其余四家商业银行的政府适应能力指数均有变大的迹象。这似乎暗示，加强政府对银行业的监管有利于提升商业银行的竞争力。

透视客户适应能力维度的结果可知，五家商业银行在应对客户金融需求方面的能力均有显著改善，这表现为时间窗口内各商业银行的客户适应能力指数均有明显的增幅。此外，该指数的排序结果并未出现明显的变化，第一至第五位始终是工商银行、农业银行、建设银行、中国银行和招商银行。

表 5-5 各商业银行 2012 年与 2018 年不同维度指数（含国际化适应能力）

银行名称	市场适应能力				政府适应能力				客户适应能力			
	2012 年		2018 年		2012 年		2018 年		2012 年		2018 年	
	指数	位序	指数	位序	指数	位序	指数	位序	指数	位序	指数	位序
招商银行	0.230	1	0.129	1	0.039	3	0.045	3	0.007	5	0.024	5
建设银行	0.189	2	0.071	3	0.044	1	0.047	1	0.022	3	0.072	3
工商银行	0.160	3	0.081	2	0.034	4	0.036	4	0.042	1	0.113	1
农业银行	0.159	4	0.062	4	0.027	5	0.027	5	0.034	2	0.102	2
中国银行	0.093	5	0.059	5	0.042	2	0.047	2	0.020	4	0.052	4

银行名称	新经济适应能力				国际化适应能力			
	2012 年		2018 年		2012 年		2018 年	
	指数	位序	指数	位序	指数	位序	指数	位序
工商银行	0.075	1	0.080	1	0.074	2	0.188	2
招商银行	0.074	2	0.040	5	0.003	5	0.013	5
中国银行	0.064	3	0.045	3	0.172	1	0.310	1
建设银行	0.054	4	0.044	4	0.025	3	0.084	3
农业银行	0.042	5	0.047	2	0.016	4	0.065	4

注：仅表中五家商业银行公布了国际业务的相关数据。

考察新经济适应能力维度的结果发现，五家商业银行在适应新经济发展环境、支持新经济发展方面表现出了明显的异质性特征。一方面，比较 2018 年与 2012 年各商业银行的新经济适应能力指数可知，并不是所有的商业银行的指数都有所改善。五家商业银行中，只有工商银行与农业银行的指数上升，其余三家商业银行的指数均有所下降。另一方面，招商银行的新经济适应能力指数在样本考察期内约降低了 0.03，位次由第二位跌至第五位；与之相反，农业银行的排名则上升了三个位次。

在国际化适应能力方面，中国银行因国际业务是其主营业务的特色在应对国际化发展方面表现突出。一方面，时间窗口内中国银行的国际化适应能力指数显著异于其他商业银行，始终占据榜首位置；另一方面，2018 年中国银行的指数约为 0.31，较 2012 年增加了约 0.14，在五家商业银行中增幅最大。工商银行适应国际化的能力也明显优于建设银行、农业银行和招商银行，其国际化适应能力指数在 2012—2018 年约提升了 0.12，稳定占据第二席位。此外，值得一提的是，招商银行是纳入国际化适应能力变量样本中唯一的股份制银行，其指数虽有所增加，但依然明显低于增幅较小的建设银行和农业银行，更显著低于工商银行和中国银行。这似乎表明，在适应金融全球化、拓展国外市场等方面，国有商业银行更有优势。这也暗示了，股份制商业银行有必要在国际化方面做出努力，提升自身竞争力的同时，更好地适应全球化竞争环境。

总之，商业银行竞争力是一种综合绩效，不是单一指标可以衡量的，需要涵盖诸多方面的指标体系反映。依靠涵盖市场适应能力、政府适应能力、客户适应能力、新经济适应能力以及国际化适应能力的多元指标体系，本章使用熵值法的竞争力评价结果可清晰反映国有商业银行的短板，能为国有商业银行加快转型步伐，提升自身竞争力，突破"大而不强"的瓶颈提供有益的实证参考。当然，这对其他股份制银行竞争力的提升也有较大借鉴价值。

5.4　本章小结

为尽可能地准确评估商业银行的竞争力，寻找商业银行不足之处的经验证据，基于商业银行竞争力需要依托多元指标体系、构建综合指数予以代理的认知，本书依循商业银行竞争力评价逻辑，建立了一个包括市场适应能力、政府适应能力、客户适应能力、新经济适应能力与国际化适应能力五大方面的商业银行竞争力综合评价多元指标体系。

以商业银行竞争力评价多元指标体系为基础，本书使用计算综合指数的熵值法测算了2012—2018年13家商业银行的竞争力指数，并从一级维度与二级维度两个层面开展了结果评价分析。而且，考虑到不是所有的银行均能满足国际化适应能力代理指标的可得性原则，本书评价商业银行竞争力时，在每个层面下对是否包含国际化适应能力维度的结果进行了区分评估。

由一级维度视角楔入，不包含国际化因素的商业银行竞争力的结果表明，国有商业银行整体的竞争力要大于其他股份制商业银行，但国有商业银行竞争力内部分异特征突出。就非国有商业银行的竞争力而言，一方面股份制商业银行的竞争力在普遍下降的趋势下，也出现了明显的分化现象；另一方面，股份制商业银行的竞争力出现了反超国有商业银行竞争力的事实。考察包含国际化因素的商业银行竞争力发现，国有商业银行的竞争力有明显改善。其中，中国银行的竞争力指数始终居于首位；工商银行也始终维持在第二位，但综合竞争力指数已接近中国银行；建设银行和农业银行的排名也有所上升。相对地，招商银行的竞争力指数排名则由期初的第三位逐步下滑至第五位。

二级维度视角下，不包含国际化因素的商业银行竞争力的结果显示：时间窗口内，五大国有商业银行的市场适应能力下滑趋势明显；国有商业银行适应政府监管能力的表现与股份制商业银行相比，不够理想；国有商业银行满足客户金融需求的能力整体上要优于股份制商业银行；国有商业银行对新经济发展的整体支持力度较股份制银行大，但股份制商业银行的追赶效果突出。

包含国际化因素的商业银行竞争力二级维度的分析结果显示：招商银行在五家商业银行的市场适应能力得分中表现最好，工商银行次之，建设银行要优于农业银行与中国银行；各商业银行应对政府监管的效果有明显差异，加强政府监管有利于提升商业银行的竞争力；五家商业银行在应对客户金融需求方面的能力均有显著改善，这表现为时间窗口内各商业银行的客户适应能力指数均有明显的增幅；在适应新经济发展方面，五家商业银行的新经济适应能力得分有升有降，有分化的现象。中国银行因国际业务是其主营业务的特色在应对国际化发展方面表现突出，国际化适应能力指数高居榜首，工商银行适应国际化的能力也明显优于第三位的建设银行、第四位的农业银行和末位的招商银行。

6 国有商业银行竞争力现状及问题

6.1 国有商业银行竞争力现状分析

6.1.1 市场适应能力

总体上看，国有商业银行不论在资产规模还是利润创造方面都占据了巨大的市场份额。截至 2018 年年末，五家大型银行①资产总额为 105 万亿元，占银行业金融机构的 37%；各项存款余额为 76 万亿元，占银行业金融机构的 44%；各项贷款余额为 58 万亿元，占银行业金融机构的 38%；员工人数为 165 万人，占银行业金融机构的 40%②。

从五大国有商业银行与股份制银行的对比来看，通过上一章对商业银行竞争力的综合评价分析可以得出，五大国有商业银行考察期内的市场适应能力下滑趋势明显。2012 年，五大国有商业银行的市场适应能力得分包揽了前五席次。但是，2018 年各国有商业银行在市场适应能力方面的绩效较 2012 年明显下降，出现了不同程度的降低。其中，工商银行、建设银行两家银行排位略有下滑，较为稳定，工商银行从第 1 位下滑到第 3 位，建设银行从第 2 位下滑到第 5 位；农业银行和中国银行市场适应能力大幅下滑，农业银行从第 3 位下滑到第 13 位，中国银行从第 4 位下滑到第 11 位。股份制商业银行在这七年间呈现反超趋势，招商银行、兴业银行、浦发银行排名上升幅度最大，招商银行从第 13 位上升到第 1 位，兴业银行从第 7 位上升到第 2 位，浦发银行从第 8 位上升到第 1 位。

五大国有商业银行之间，2018 年，工商银行在资产规模、净利润、存款

---

① 因写作时间早于邮储银行纳入六大国有商业银行范畴时间，本书对国有商业银行的分析范围为工、农、中、建、交五家。

② 数据来源于中国银行保险监督管理委员会网站公布数据。

规模、贷款规模、成本收入比五个方面位居第一，足以说明工商银行是国内规模最大的银行；建设银行的 ROA、ROE 两项指标位居第一，可见，建设银行的盈利能力最强；中国银行和农业银行轮流排名第三和第四位，交通银行在以上七项指标的排位中，均排名最后。

一是在资产总额方面，工商银行资产规模约为 27.7 万亿，占比为 26.52%，比上年增长 6.07%；建设银行资产规模为 23.22 万亿元，占比为 22.27%，较上年增长 4.96%；中国银行资产规模为 21.27 万亿元，占比为 20.39%，较上年增长 9.25%；农业银行资产规模为 22.61 万亿元，占比为 21.68%，较上年增长 7.4%；交通银行资产规模为 9.53 万亿元，占比为 9.13%，较上年增长 5.45%。

二是在净利润方面，工商银行实现净利润 2 987 亿元，占比为 29.2%，比上年增长 3.9%；建设银行实现净利润 2 556 亿元，占比为 24.99%，较上年增长 4.93%；中国银行实现净利润 1 924 亿元，占比为 18.81%，比上年增长 4.03%；农业银行实现净利润 2 026 亿元，占比为 19.81%，比上年增长 4.9%；交通银行实现净利润 736 亿元，占比为 7.2%，较上年增长 4.85%。

三是在存款规模方面，工商银行存款规模达 21.19 万亿元，占比为 27.79%，较上年增长 8.3%；建设银行存款规模达 17.11 万亿元，占比为 22.44%，较上年增长 4.55%；中国银行存款规模达 14.88 万亿元，占比为 19.52%，较上年增长 8.97%；农业银行存款规模达 17.35 万亿元，占比为 22.75%，较上年增长 7.11%；交通银行存款规模达 5.72 万亿元，占比为 7.5%，较上年增长 3.23%。

四是在贷款规模方面，工商银行贷款总额达 15.42 万亿元，占比为 26.86%，较上年增长 8.3%；建设银行贷款总额达 13.37 万亿元，占比为 23.28%，较上年增长 6.29%；中国银行贷款总额达 11.82 万亿元，占比为 20.59%，较上年增长 8.47%；农业银行贷款总额达 11.94 万亿元，占比为 20.8%，较上年增长 11.38%；交通银行贷款总额达 4.85 万亿元，占比为 8.46%，较上年增长 6%[①]。

其他指标情况详见表 6-1。

---

① 以上数据均来自五大国有银行 2018 年年报，部分数据经作者加工得出。

表 6-1 五大国有商业银行 2018 年度规模和效益指标情况

行名	资产总额 /百万元	排名	净利润 /百万元	排名	存款规模 /百万元	排名	贷款规模 /百万元	排名	ROA /%	排名	ROE /%	排名	成本收入比	排名
工商银行	27 669 540	1	298 723	1	21 186 473	1	15 419 905	1	1.11	2	13.79	2	21.03	1
建设银行	23 222 693	2	255 626	2	17 108 678	2	13 365 430	3	1.13	1	14.04	1	23.20	2
中国银行	21 267 275	4	192 435	4	14 883 596	4	11 819 272	4	0.94	3	12.06	4	26.72	3
农业银行	22 609 471	3	202 631	3	17 346 290	3	11 940 685	2	0.93	4	13.66	3	27.61	4
交通银行	9 531 171	5	73 630	5	5 724 489	5	4 854 228	5	0.8	5	11.17	5	30.16	5

数据来源：各银行 2018 年年报，以及笔者根据基础数据整理。

6.1.2 政府监管适应能力

从第 5 章对商业银行竞争力的综合评价分析中我们看到，在选定样本中，国有商业银行的政府适应能力相比股份制银行偏弱，仅交通银行和中国银行分别以第三和第五的位次排进了前五名，工商银行和农业银行更是排在了末尾。

从五大国有商业银行内部比较来看，2018 年度，各行政府适应能力分化较大，未形成优势竞争力。总体来看，建设银行和工商银行抗风险意识和能力较强，交通银行风险意识较为薄弱，在安全性与盈利性之间，更倾向于追求盈利性。

在资产充足率方面，建设银行资本充足率最高，抵御风险能力最强，排名第一，中国银行排名第二，农业银行资本充足率最低，排名最后。

在不良贷款率方面，中国银行不良贷款率最低，风险控制最好，排名第一，建设银行排名第二，农业银行不良贷款率最高，排名最后。

流动性比例为负向适度性指标，既要保障流动能力，又要保障盈利能力。取五家银行的平均水平来看，工商银行和建设银行流动性比例低于平均水平，相比之下，流动能力较强，一定程度上反映出两家银行更为稳健的经营风格；农业银行、中国银行、交通银行流动性比例高于平均水平，其中，交通银行远超平均水平，暴露出潜在的流动性风险较大。

同样，存贷比指标也为负向适度性指标，工商银行、建设银行、农业银行存贷比低于五行平均水平，反映出三家银行较强的风险意识；中国银行、交通银行存贷高于五行平均水平，以交通银行为最高，反映出逐利性较强的经营风格。

具体情况详见表 6-2。

表 6-2　五大国有商业银行 2018 年度部分监管指标情况

行名	资本充足率/%	排名	不良贷款率/%	排名	流动性比例	较平均水平	存贷比	较平均水平
工商银行	14.08	3	1.53	4	43.85	低	71.12	低
建设银行	15.66	1	1.48	2	47.29	低	77.58	低
农业银行	12.35	5	1.62	5	55.29	高	60.28	低
中国银行	14.71	2	1.43	1	56.15	高	79.12	高
交通银行	13.08	4	1.49	3	67.21	高	83.93	高

数据来源：各银行 2018 年年报。

6.1.3 客户适应能力

从综合评价结果看，国有商业银行整体上客户适应能力较强，部分股份制商业银行，如平安银行、光大银行两家银行客户适应能力提升较快。

从五家国有商业银行内部比较来看，各行在各指标上分化比较大，2018年，农业银行信用卡新增发卡量最多，工商银行电子交易额最大，农业银行自助设备数量最多；交通银行信用卡新增发卡量最少，农业银行电子银行交易额最低，交通银行自助设备数量最少，综合来看，交通银行满足客户需求的能力相对较弱，这跟交通银行的规模较小有一定关系。

具体指标详见表6-3。

表6-3　五大国有商业银行2018年度客户适应能力指标情况

行名	信用卡新增发卡量/万张	排名	电子银行交易额/亿元	排名	自助设备数量/台	排名
工商银行	2 100	3	10 178 200	1	89 646	4
建设银行	2 296	2	2 403 900	2	187 142	2
农业银行	3 311	1	2 103 600	5	305 900	1
中国银行	1 362	4	2 235 300	4	134 071	3
交通银行	912	5	2 261 400	3	19 630	5

数据来源：部分数据来源于各银行2018年年报，部分数据来源于Wind。

6.1.4 新经济适应能力

由综合评价分析可知，整体上国有商业银行对新经济发展的支持力度较股份制银行大，股份制商业银行也在不断调整适应市场需求，支持新经济的作用与能力有明显改善。2018年兴业银行和浦发银行的新经济适应能力指数分列第一位和第三位。

从五大行内部比较情况来看，2018年，各行经营策略和经营重点差异性较大，这与五大银行市场化改革前的业务和客户基础也有一定关系，说明经过了几十年的发展，各大行经营战略没有完全根据市场而变，依然没有摆脱之前的影子。具体来看，农业银行较为重视普惠金融业务，小微信贷比重位居榜首，工商银行排名最后，对小微企业支持力度偏弱；工商银行对环保行业支持力度较大，绿色信贷比重排名第一，交通银行绿色信贷比重排名最后；交通银行产品和服务创新能力较强，非利息收入比重排名第一，农业银行经营风格较为保持，排名最后；工商银行交通运输业信贷比重排名第一，批发零售业信贷比重排名第二，一定程度上反映出工商银行对新物流和新零售的支持力度较强。

各银行指标详见表6-4。

表6-4　五大国有商业银行2018年度新经济适应能力指标情况

单位:%

行名	小微信贷比重	排名	绿色信贷比重	排名	非利息收入比重	排名	交通运输业信贷比重	排名	批发零售业信贷比重	排名
工商银行	2.20	5	8.48	1	26.01	4	23.80	1	6.10	2
建设银行	3.27	2	7.97	3	28.91	3	5.33	4	1.66	5
农业银行	11.94	1	8.37	2	22.69	5	5.95	3	1.72	4
中国银行	2.57	3	5.35	4	29.95	2	4.95	5	6.78	1
交通银行	2.28	4	1.89	5	39.13	1	11.41	2	4.85	3

数据来源：部分数据来源于各银行2018年年报，部分数据来源于Wind。

6.1.5　国际化适应能力

综合评价分析告诉我们，中国银行国际化适应能力指数得分最高，说明中国银行海外扩张能力最强。同时，工商银行近年来国际化适应能力逐渐增强，这与工商银行大力布局海外市场的战略有关。具体来看，境外总资产、境外总负债、境外净利润和境外收入四项指标，中国银行稳居第一；工商银行的境外总资产、境外净利润和境外收入三项指标均居第二位；建设银行境外总资产、总净利润位居第三位。可见，国际化适应能力方面，各行实力差异较为明显，中国银行整体竞争力最强，其后依次是工商银行、建设银行，农业银行国际化适应能力最弱。

各银行指标详见表6-5。

表6-5　五大国有商业银行2018年度国际化适应能力指标情况

单位：亿元

行名	境外总资产	排名	境外总负债	排名	境外净利润	排名	境外收入	排名
工商银行	3 695 699	2	879 687	4	32 628	2	98 514	2

表6-5（续）

行名	境外总资产	排名	境外总负债	排名	境外净利润	排名	境外收入	排名
建设银行	1 694 519	3	1 574 344	2	10 266	3	21 035	4
农业银行	1 005 244	4	971 384	3	6 140	4	31 995	3
中国银行	4 334 969	1	3 916 067	1	67 419	1	112 085	1

数据来源：数据来源于各银行 2018 年年报；交通银行因对外披露海外数据不完整未纳入评价。

6.2 国有商业银行发展中存在的问题

当移动互联网技术兴起之时，金融支付领域优秀的应用案例不是来自商业银行，而是来自腾讯和阿里，微信支付和支付宝付款二分天下，占领了移动支付市场，待商业银行反应过来，大力推广手机银行支付也无力回天。在国家大力发展普惠金融，解决小微企业融资难，以及金融资源不平等问题时，互联网金融网络贷款、"宝宝类"理财产品交出了满意的答卷，为小微企业和长尾客户提供了金融支持，商业银行只能尾随其后，着手研发网络贷款等产品。长期以来，困扰民众与医院的银医服务得不到良好的解决方案，微信预约挂号、微信缴纳医疗费用让医院秩序改天换面。诸如此类，学生学杂费收缴、保险理赔等关系社会民生的金融服务问题，在互联网金融兴起之后，均得到了良好的解决。

从上述问题中，我们可以看出，国有商业银行作为金融服务最大的、名正言顺的供给方，一边在传统存贷款业务逻辑中遭遇惨烈竞争，奋力挣扎；一边却没有能感受到市场和技术进步带来的变化，没有在第一时间做出决策进行业务转型，眼看着互联网金融占领了先机。从种种表现来看，国有商业银行在所谓的第四次技术革命浪潮中处于被动地位的根本原因，笔者认为是对外部环境的敏锐性不够、判断力不够，同时在内部决策和执行上能力不强。

6.2.1 组织架构体系决定外部环境敏锐力不强

科学合理的组织架构是商业银行高效运行的基础，也成为商业银行改革转型的核心内容之一。目前，国有商业银行横向庞大、纵向冗长的组织架构显得不够灵活，难以对外界信息做出迅速反应。

1. 商业银行组织架构类型

商业银行是按照现代企业制度构建形成的，但又具有金融企业的特性，总体来说，我国商业银行组织架构的典型模式主要包括职能型、事业部制、大部制（矩阵型）三种，部分银行也采取了混合模式或组织架构的局部优化。三种组织架构的主要特点如下：

职能型组织架构是从工作职能的角度划分部门，把职能大体相同的人员归属到一个部门，通过劳动分工细化、专业程度深化提高工作效率，提升市场竞争力。职能型组织架构下各职能部门的管理模式为垂直式管理，职能部门间的沟通协调和信息交互由上一级管理者负责。职能型组织架构作为商业银行采用最广泛的一种形式，具有其不可比拟的优点，主要包括清晰明确的责任分工、统一高效的决策流程、准备迅速的信息传导等。但是，职能型组织架构也存在其固有的缺陷，主要表现为权利过分集中影响一线人员的主观能动性和内生动力，且直线职能型组织架构往往会使部门设置过分臃肿。

事业部制组织架构是总行按照业务、客户或地域来组建事业部，将事业部作为独立的利润中心来管理，各事业部之间独立经营和核算，在经营管理方面拥有较大的自主权和独立性。在这种组织架构下，分支机构主要作为提供公共服务的平台，发挥支持性作用，条线化管理的强度高于区域化管理。其突出特点是"集中决策、分散经营"，即总行集中决策，事业部独立经营，这是组织领导方式上由集权制向分权制转化的一种改革。事业部制组织架构的优点在于，各事业部具有高度的自主经营权，能够很好地激发部门的主观能动性与创造性；业务专注度高，真正体现业务的专营性和专业性；相关资源由总行统一协调，有利于整体战略目标的达成。同时该组织架构模式缺点也显而易见，事业部权限过大，总行掌控难度加大；分行与事业部之间也经常出现职责边界不清、业务交叉竞争、内部利益冲突等问题，再加上机构设置重复，必然增加管理成本；各事业部门过度聚焦本部业务的发展，横向间缺乏沟通协调，容易对银行整体利益产生负面影响。

大部制属于矩阵式组织架构，也是近年来一些商业银行对总行组织架构改革调整出现的新的组织模式。大部制是在原有部门之上搭建更高一层的超级大部门——条线业务总部，例如成立公司金融总部、零售金融总部、金融市场总部等，实行"大部制"管理。相比事业部强调总分行之间的垂直整合，大部制则更强调部门之间的横向整合。大部制改革通过整合机构，有利于减少部门间的职能交叉或管理缺失现象，能够打破部门间体制性隔离，从而改善"部门银行"现状，便于实现整体管理；有利于提高金融服务的专业化、个性化、差异化能力。但大部制改革必须经历部门整合重组的"阵痛",存在一定改革风险;简单在几个业务部门之上增加业务总部的做法,反而使得信息传导链条加长,降低了工作效率,甚至"大而不和",削弱了市场竞争优势。

在我国商业银行当前组织架构实践中,随着互联网银行的发展,还有一种新型的组织架构模式——网络型组织架构。网络型组织架构是利用现代信息技术手段,为了适应新形势、满足发展需要出现的一种新型组织架构。在网络型组织架构下,商业银行依靠外部机构以合同的形式开展设计、制造、销售等经营活动,通过外包购买方式实现组织部分职能,这为组织提供了高度的灵活性,并可以集中精力做最擅长的事。其优点是:降低管理成本、提高管理效益、实现更大范围的整合、简化了机构和管理层级,具有更大的灵活性。缺点是:可控性差,员工忠诚度低。由于商业银行安全与诚信的内在要求,网络型组织架构比较适合新兴的互联网银行(如新网银行、微众银行等),很难成为传统银行的主要组织架构模式,当然部分商业银行也在部分地区、部分业务进行了组建网络型组织架构的尝试。

2. 国有商业银行组织架构情况

五大行组织架构均为职能型,按照分支行搭建管理框架,分为总行、一级分行(直属分行)、二级分行、一级支行、营业网点多个组织层级。总行作为企业法人,对辖属各级机构拥有统一核算、管理和调度权限,各级行在授权范围内拥有一定程度的财务权、决策权和管理权。

总行层面,国有商业银行根据业务管理职能确定部门设置,部门之间普遍存在横向沟通不畅、协作较差等问题,具有典型的"部门银行"特征。国有商业银行总行部门设置总体上差距不大,以工商银行总行为例,详见图6-1。

二级分行层面,现行组织结构包括三个层次:二级分行、支行、基层网点。三级架构管理链条长,机构层级多,导致内设部门多,机构臃肿,管理人员占比高,运行成本高,以及业务处理流程长,工作效率不高等。

支行层面,2010年前后五年左右,国有商业银行大范围扩张分支机构,一级支行下设网点逐渐增多,有些支行下辖网点达30个,已经超过一些地级城商行总体网点数量。支行下设网点数量增多,给支行的管理、运营、后勤保障造成较大压力,也容易出现支行网点内耗问题。

具体来看,2018年,工商银行共有16 820家分支机构,其中,境内、外分支机构16 394家、426家。境内机构除了总行,还拥有一级分行及直属分行36家、省会城市行及二级分行446家,以及基层分支机构15 752家,以及随着业务综合化发展设立的一些利润中心、直属机构和控股子公司。

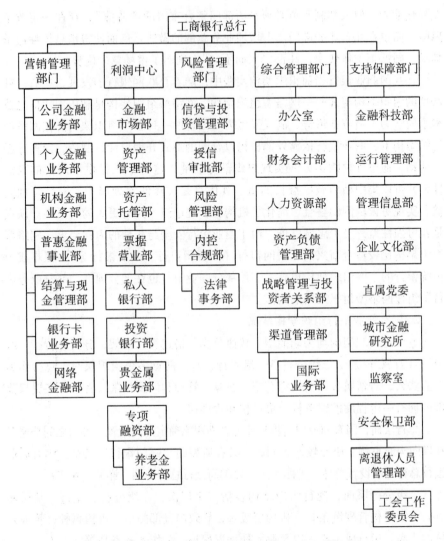

图 6-1　工商银行总行内设机构、利润中心组织结构

建设银行共有 14 977 家营业机构，其中境内、外机构数分别为 14 946 家、31 家。境内机构除总行外，还设有一级分行 37 家、二级分行 351 家、14 110 家支行、446 个支行以下网点，以及总行直属信用卡中心和其他境内外附属公司及机构。

农业银行共有 23 381 家分支机构，其中一级分行 37 家、直属分行 5 家、二级分行 386 家、一级支行 3 455 家、基层营业网点 19 442 家，以及一些其他类型机构。

中国银行共有 11 741 家境内机构。包括 38 家一级分行（含直属分行）、353 家二级分行、10 334 家基层分支机构，以及一些其他机构。

3. 庞大机构造成市场反应迟钝

从职能型组织架构的特征和国有商业银行组织架构具体情况可以看出，国有商业银行对外触角太多，对内传导路径太长，体量过大灵活性不够，造成国有商业银行对外部市场信息输入流程长，反应慢。

从横向来看，职能部门都有自己的职责边界，各司其职。技术部门看到的是外部市场技术变化，业务部门站在业务视角看待业务细分市场，零售部门关注个人客户，公司条线关注对公部门，部门横向之间难以从银行整体架构上看待和解决问题，技术与业务部门互通和互动不够是商业银行经营中普遍存在的痛点。

从纵向来看，垂直化的管理架构下，从总行决策机构到营业网点前台人员，设置了无数层级，导致客户的需求和客户的声音停留在了网点层面，无法上传至决策机构；而作为网点层级经营人员，他们的目标和使命是完成上级行下达的营销任务，没有关注客户需求变化的意识，也没有能力解决客户问题，更无法捕捉潜在的商机和开展创新。同时，管理机构对基层和外界的调研不够，一定程度存在闭门造车的情况，往往是在看到别人已经创新以后，才开始反思，实施跟随策略，而不是获取一手市场资料，创先开展市场变革，做市场的引领者。网络上曾经报道过刘强东、马云等互联网巨头从事快递员、送货员等事例，充分说明互联网公司非常重视收集市场需求，具有从顶层往下了解一线市场的意识和基因。

此外，从机构设置来看，商业银行的组织架构设置中，没有听取市场发声的渠道。客户的诉求一定程度上代表了市场的需求，商业银行均设有电话银行中心，作为解决客户问题的集中化远程渠道。然而，电话银行中心受理客户意见和投诉的机制，决定了它不能将市场反馈传达到决策层。电话银行中心的操作模式大致为客服人员将客户诉求登记为工单，后台人员根据工单所述问题分派到相应责任机构和责任人，相关人员为不给自己增添麻烦，简单处理后在工单中进行答复，完成该工单的流转。管理人员的管理职责为监督责任人员处理并答复，监测客户有无异议，并不会关心工单具体内容和背后的含义，浪费市场需求一手材料，错失掌握市场变化的机会。

综上，国有商业银行组织架构的各方面都不具备对外部市场环境快速感知的条件，导致国有商业银行外部环境敏锐性不强。

6.2.2 人员结构问题导致外部影响判断力不强

人才、资本、技术是商业银行最重要的三大支柱，因此研究国有商业银行竞争力问题必须要研究其人员问题。从国有商业银行发展历程中，我们可以知道，国有商业银行是随着我国经济市场化改革，由专业银行改组为国有独资商业银行，再进行股份制改革而来的。2008 年，农业银行上市，标志着国有商业银行股份制改革工作全面完成。受制于原专业银行和国有独资商业银行时期的体制，目前的国有商业银行在改组过程中，在人员方面背负了巨大的历史包袱，与股份制商业银行通过市场化招聘员工有着根本区别。

当外部信息触达银行后，银行的内部机制要做出反应和判断。判断的主体则是银行人员，能否做出正确的判读，取决于人的素质高低，包括专业素质、学识背景、职业操守、工作经历等。

1. 国有商业银行人员基本情况

2018 年年末，工商银行共有员工 449 296 人，比上年年末减少 3 752 人。其中境内控股子公司员工 6 660 人，境外机构员工 15 687 人。博士研究生占比仅为 0.2%，硕士研究生仅 7.1%，本科占比超过一半，专科及以下占比高达38.1%，这其中，博士、硕士和本科学历还不乏在职教育与成人教育，并非脱产全日制教育。工商银行员工专业构成及受教育程度见表 6-6。

表 6-6 工商银行员工构成情况（2018 年）

类别	细分类别	占总数百分比/%
专业构成	个人银行业务	41.5
	财会资金与运营管理	14.8
	公司银行业务	11.5
	管理层	6.1
	风险及合规管理	5.7
	信息科技	3.4
	其他金融业务	3.4
	非银行业务	1.1
	其他	12.5

表6-6(续)

类别	细分类别	占总数百分比/%
受教育程度	博士研究生	0.2
	硕士研究生	7.1
	大学本科	54.6
	大学专科	27.9
	专科以下	10.2

数据来源：工商银行2018年年报。

建设银行共有员工345 971人，较上年减少1.89%，另有劳务派遣用工3 937人，较上年减少17.8%。从学历结构来看，博士研究生占比仅0.14%，硕士研究生占比仅8.05%，大学本科占比59.53%，大学专科、中专、高中及以下占比高达32.28%；从年龄结构来看，40岁以上员工占比52.24%；境外机构当地雇员763人。建设银行员工构成情况见表6-7。

表6-7　建设银行员工构成情况（2018年）

类别	细分类别	员工数/人	占总数百分比/%
年龄	30岁及以下	77 033	22.27
	31至40岁	88 190	25.49
	41至50岁	129 481	37.43
	51至60岁	51 076	14.76
	61岁及以上	191	0.05
受教育程度	博士研究生	469	0.14
	硕士研究生	27 849	8.05
	大学本科	205 939	59.53
	大学专科	89 551	25.88
	中专	11 328	3.27
	高中及以下	10 835	3.13

表6-7(续)

类别	细分类别	员工数/人	占总数百分比/%
专业构成	营业网点与综合柜员	179 889	51.99
	公司银行业务	34 242	9.9
	个人银行业务	40 844	11.81
	金融市场业务	629	0.18
	财务会计	7 267	2.1
	管理层	12 060	3.49
	风险管理、内审、法律和合规	20 386	5.89
	信息技术开发与运营	26 898	7.77
	其他	23 756	6.87

数据来源：建设银行2018年年报。

农业银行在职员工总数473 691人，较上年年末减少13 616人，另有劳务派遣用工7 670人。其中境外分子行及代表处668人，综合化经营子公司及村镇银行8 299人。从学历结构来看，博士研究生占比仅0.11%，硕士研究生仅5.61%，本科学历占比不到一半，大学专科、职业技术学校及以下学历员工占比高达45.77%；从年龄构成看，40岁以上员工占比高达62.74%，远超50%。详见表6-8。

表6-8　农业银行员工构成情况

类别	细分类别	员工数/人	占总数百分比/%
年龄	30岁及以下	94 801	20.01
	31至40岁	81 696	17.25
	41至50岁	177 802	37.54
	51岁及以上	119 392	25.2
受教育程度	博士研究生	506	0.11
	硕士研究生	26 587	5.61
	大学本科	229 785	48.51
	大学专科及职业技术学校	173 652	36.66
	专科及以下	43 161	9.11

表6-8(续)

类别	细分类别	员工数/人	占总数百分比/%
专业构成	管理人员	120 600	25.46
	风险管理人员	17 584	3.71
	财务人员	21 678	4.58
	行政人员	17 540	3.7
	营销人员	111 250	23.49
	交易人员	328	0.07
	科技人员	6 190	1.31
	柜面人员	120 819	25.51
	技能人员	32 019	6.76
	其他	25 683	5.42

数据来源：农业银行 2018 年年报。

中国银行共有员工 310 119 人。中国内地机构员工 285 797 人，香港、澳门、台湾地区及其他国家机构员工 24 322 人。从学历结构来看，研究生以上占比为 9.45%，大学本科占比为 65.67%，专科及以下占比为 24.88%，员工学历较工、农、建三家行高；从年龄构成看，40 岁以上占比为 40.78%，员工年龄较建行、农行更年轻化。详见表 6-9。

表6-9　中国银行员工构成情况

类别	细分类别	占总数百分比/%
年龄	30 岁及以下	29.06
	31 至 40 岁	30.16
	41 至 50 岁	29.42
	51 岁及以上	11.36
受教育程度	研究生及以上	9.45
	大学本科	65.67
	大学专科	19.69
	其他	5.19

表6-9(续)

类别	细分类别	占总数百分比/%
专业构成	公司金融业务	13.87
	个人金融业务	15.4
	金融市场业务	0.37
	综合营销服务与柜员	38.64
	运营服务与财务管理	9.9
	风险与内部控制管理	9.24
	信息科技	2.54
	其他	10.04

数据来源:中国银行 2018 年年报。

交通银行境内外机构从业人员共计 89 542 人,其中,境内 87 090 人,境外 2 452 人。境内从业人员中,有 30 776 人具备专业技术职称,其中高级技术职称、中级技术职称、初级技术职称分别有 572 人、16 038 人、14 166 人,占比分别为 0.66%、18.42%、16.27%。此外,该行另有主要子公司员工 3 204 人。详见表 6-10。

表 6-10 交通银行员工构成情况

类别	细分类别	占总数百分比/%
受教育程度	研究生及以上学历	12.1
	本科学历	69.9
	大专学历	15.2
	中专及以下学历	2.8
专业构成	销售拓展	34.3
	会计业务	27.0
	经营管理	9.0
	综合管理	7.1
	风险管理	6.3
	市场策略	5.6
	信息技术	2.8
	财务管理	1.7
	其他	6.2

数据来源:交通银行 2018 年年报。

综上，员工人数最多的是农业银行；研究生以上学历占比最高的是交通银行，占比最低的是农业银行；本科以上学历占比最高的也是交通银行，占比最低的是农业银行。可见，交通银行人员学历结构最优，农业银行最差。因工商银行、交通银行未披露员工年龄构成，中国银行、建设银行、农业银行相比较，中国银行员工年龄结构最为年轻，其次为建设银行，农业银行员工老龄化比较严重。

2. 学历与年龄问题导致国有商业银行判断力不强

从以上各家银行人员结构基本情况看出，五大国有商业银行中，有三家本科以上学历占比刚刚超过50%，在现代企业对人力资源如此重视的情况下，仍然有一半员工为本科以下学历，具备博士、硕士研究生学历的员工更是屈指可数。总体而言，学历较低的员工只能从事简单的事务性工作，而对于经济社会、科学技术日新月异的变化，只能作为旁观者，无法将其与具体工作相结合。而作为机构如此庞大的国有商业银行，单靠少数人的判断和行动，显得势单力孤，无法左右大局。

建设银行、农业银行40岁以上员工占比超过50%，对于商业银行这类具备较强服务属性的企业而言，中、建、农三家银行50岁以上员工占比均超过10%，农业银行甚至高达25%。一方面，员工随着年龄的增长，囿于精力和身体原因，对新鲜事物的反应力和活力往往都会下降，固化思维更严重，不利于整个创新环境的营造；另一方面，这部分年龄偏大员工受制于当时的社会环境，学历普遍偏低，接受新事物并做出正确判断更为艰难。

综上所述，在国有商业银行巨大的员工体系中判断外部环境变化的影响这一重任集中在少数人身上，大部分员工都是围观者，能力不够、参与度不强，无法形成合力，全面、快速、准确判断外部局势。

6.2.3 公司治理问题导致内部决策力不强

公司治理结构是现代商业银行制度的核心。银行能否高效创造价值，能否形成强大竞争力，取决于公司治理机制是否科学。

1. 国有商业银行公司治理基本情况

国有大型商业银行在完成股份制改革后，均建立了规范的现代公司治理结构，即以公司章程为基准构建的"三会一层"企业管理体系，主要包括作为最高权力机构的股东会、作为决策机构的董事会、作为监督机构的监事会以及作为执行机构的经理层。中央汇金公司代表国家出资，这便决定了其资本管理的三个重要属性，即国家性、人民性和社会性。因而，国有商业银行除了股东会、董事会、监事会这一"新三会"构成外，还有其特殊性，同时并存"老三会"，即党委会、职工代表大会、工会。

股东大会虽然是代表股东利益的的公司最高权力机构，但其对业务经营并没有决策权，仅仅通过股东行使问询权来参与公司的决策。职工代表大会（以下简称"职代会"）是代表职工利益的机构，职工依托该机构行使民主管理权力，是企业实现民主管理的一种特定形式。董事会作为代表公司行使决策权的机构，负责实施股东会的重大决策，并对日常行政工作进行管理。党委会是企业的政治核心，统领一切党的工作，负责宣传和执行党的方针政策，发展扩大党的组织，战略管理把方向、管大局等。监事会一般由股东会选举产生，作为"三会一层"的常设机构之一，主要负责对董事和经理的经营行为、管理行为及公司的财务活动、财务情况进行监督。此外，根据新《中华人民共和国工会法》，工会也被赋予监督职能，但与监事会不同的是，工会的监督职能主要体现在组织职工参与企业民主管理、实施民主监督方面。

2. 公司治理机制问题对决策力带来的影响

一是经营目标多元影响决策力。公司治理实践在全球范围内没有统一模式，也无所谓绝对的好坏之分。"新三会"是现代公司制企业治理结构的主体框架，"老三会"是中国特色企业治理结构，新老三会出现的背景、设置的目的不同，"新三会"出于解决委托代理问题，目的在于制衡各方利益主体，实现现代化公司治理；"老三会"是为了确立党在企业的政治核心地位，以及企业员工的主人公地位，在我国特殊背景下出现的传统企业组织形式。

作为党领导下的国有大型商业银行，从某种意义上说，"老三会"代表的是党对国有商业银行的领导和人民大众的普遍利益，"新三会"更多代表的是股东和企业利益，二者虽并不完全冲突，但也存在经营目标的不一致性。如国有商业银行的国有属性、人民属性，导致了国有商业银行与一般公司制企业有所不同，国家属性要求其更关注外部性，充当贯彻落实国家金融战略的责任主体和为社会大众提供普惠金融的服务主体，经济效益不是考核国有商业银行的唯一指标，经营业绩不是国有商业银行发展的唯一追求。而国有商业银行的公司属性决定了"新三会"追求利润最大化、股东利益最大化的根本目标。同时，党委研究讨论是董事会、高管层决策重大问题的前置程序，党委会将负责管大局、定方向的重任。因此，在外部环境变化时，国有商业银行由于特殊的公司治理结构，内部决策目标更为多元，程序更为复杂，平衡不同目标做出决策更为艰难。

二是决策层人员影响决策力。国有商业银行董事会成员包括执行董事、股权董事和独立董事。设立独立董事的初衷是丰富管理层人员结构和知识结构，确保董事会决策的相对独立性，提升经营决策的专业性。然而，独立董事往往社会工作繁忙，无暇顾及银行内部事务。此外，一些独立董事来自国外，并不了解中国国情和文化，甚至存在语言障碍，影响了独立董事职责的发挥，这就对国有商业银行决策的科学性产生一定负面影响。此外，经过多年的发展，国有商业银行中涌现出大量优秀的管理人才，但我国没有高度市场化的银行高级管理人才市场和人才流动机制，国有商业银行管理人员任命需要通过上级组织部门，造成管理人员工作方式行政化，脱离市场竞争，影响管理层对外部变化快速反应的积极性，也容易促使管理层不以市场机制作为决策依据。

6.2.4 绩效管理问题导致内部执行力不强

科学的决策还需要高效率、高质量的落地执行才能推动经营管理向前发展，而策略执行的主体是人才，绩效管理直接关系到人员行动的积极性。良好的绩效管理体系有助于发挥员工主观能动性，激发内生动力，引导员工行为与总体战略方向一致。相反，绩效管理中存在的一些问题也会影响总体策略的执行，降低执行力。

1. 绩效管理的战略相关性影响执行力

一是绩效管理与总体战略规划契合度不高。由于国有商业银行机构庞大，决策流程长，战略制定部门与绩效考核部门容易出现沟通不顺畅的情况，造成绩效考核体系未能充分体现战略意图，或者更新修改不及时，导致绩效管理体系未能起到引导战略实施的现象发生。二是整体考核、板块考核、条线考核关系未理顺，国有商业银行对整体战略的考核，与对公司、零售等专业条线的考核往往没有一脉相承，造成执行者可能会选择对自己利益最大的考核战略重点执行，而非对集体利益最大的战略。三是各类绩效管理体系的关联性不紧密。国有商业银行财会或人力等部门会对其辖属分行进行整体绩效考核，与此同时，各专业条线为推动专业发展，也会建立专业考评制度或者制定专项产品计价办法，各项考核办法定位不清，容易对同一个主体重复考核，整体考核、专业考核、产品考核三者之间未能起到互为补充的作用。四是总体考核的综合性有待加强。由于国有商业银行具有典型的部门银行特征，分支机构较多，考核体系纷繁复杂，造成考核重点不聚焦、考核导向作用不强、员工政策理解度不高等问题。

2. 绩效管理的传导性影响执行力

一是绩效管理政策传导不到位。国有商业银行管理链条长，层级设置复杂，部分分支机构绩效管理政策未严格落实总行政策，导致总行考核导向未能传导到基层一线员工，使得政策执行效果大打折扣。二是绩效管理政策宣讲不到位。绩效考核是一项从制定考核目标到实施考核评价，进而兑现奖惩的流程化系统性工程，需要对被考核对象实施培训宣讲，让其充分认识考核目标，了解绩效构成，明白行动导向。然而，国有商业银行往往注重考核结果，忽视宣传培训，未能在事前将政策传达到位，"秋后算账"实际意义不大，不仅让政策失去引导作用，还会让员工对考核结果认同度低，造成政策执行效果大打折扣。

3. 绩效考核的结果应用影响执行力

一是未制定明确的挂钩政策。由于多种因素影响，国有商业银行普遍存在考核结果应用不透明，未完全按照考核政策执行等情况，造成被考核分支机构和人员难以估算自己通过努力能获得的回报，绩效管理效果受到影响。二是挂钩力度不够。国有商业银行的现实情况较为复杂，分支机构之间绩效考核差距较大，部分分支机构并未将收入分配与绩效考核结果完全挂钩，导致分支机构及其员工对总行绩效考核和总体战略的重视程度不够，绩效管理形同虚设。

4. 绩效管理基础建设薄弱影响执行力

一是分支机构绩效考核工作人员素质不高。国有商业银行分支机构在人员使用安排方面往往是将年轻、能力强的放在营销条线，将"老弱病残孕"安排在中后台部门，重视对营销人员的培养，忽视对从事绩效考核的员工的培养，影响了绩效管理工作质量。二是科技支撑不到位。国有商业银行目前较多的是沿用过往经验积累下来的绩效考核方法，并不重视对规范高效的绩效管理信息系统的建设，部分绩效管理数据仍使用手工统计的原始方式，数据收集工作量大、效率低下，影响了绩效考核工作的时效性和实施效果，间接影响了战略执行力。

除了绩效管理这一主要因素以外，国有商业银行垂直型、庞大的组织架构体系，也会影响公司战略传导效率和效果，从客观上影响战略执行效果。

6.3 国有商业银行竞争力再造的必然性

国有商业银行在中国金融市场上一度占据绝对主导地位，伴随着中国金融市场的快速发展，国有商业银行面临的同业及跨业竞争日趋激烈，其利润规模及资产质量受到较大冲击，影响力与控制力正逐渐被其他银行和非银行金融机构分化。从 2018 年的数据来看，招商银行和兴业银行人均资产、人均各项存款、人均净利润、净利润增长率、净资产回报率（ROE）均高于工、农、中、建四大行（见表 6-11）；摩根大通（JPMorgan Chase）总资产回报率（ROA）为 1.24%[1]，高于工、农、中、建、交五大行[2]，并在 2019 年年末攀升至 1.36%；俄罗斯联邦储备银行净资产回报率（ROE）高达 23.1%，净利润增长率为 11.1%[3]，两者均远远高于工、农、中、建、交五大行。通过与国内、国际代表性银行相比较，可以看出国有商业银行大而不强，因此，国有商业银行要保持在国内金融市场的主导地位，进一步向国际金融市场发展，需要转型创新，重塑竞争力。

表 6-11　国有商业银行及部分股份制银行相关财务指标

行名	人均资产总额/百万元	人均各项存款/百万元	ROE/%	人均净利润/万元	净利润增长率/%
工商银行	61.58	47.15	13.79	66.49	3.92
建设银行	67.12	49.45	14.04	73.89	4.93
中国银行	68.58	47.99	12.06	62.05	4.03
农业银行	47.73	36.62	13.66	42.78	4.90
交通银行	109.44	65.73	11.17	83.00	4.91
招商银行	90.44	58.99	16.57	108.35	14.41
兴业银行	106.46	52.40	14.27	102.66	6.08

数据来源：各银行 2018 年年报数据及笔者整理。

6.3.1　异质货币资本供给主体的显性化对国有商业银行的冲击

1. 异质货币资本供给主体显性化是与中国多元金融市场格局相伴而生的

改革开放之初，国内银行业形成了以工、农、中、建四大专业银行为主，交行、招行、中信、华夏、浦发、深发展、广发等股份制商业银行为辅的金融支撑体系。20 世纪 80 年代开始，为了服务中小企业、给地方经济建设搭桥铺路，中国开始设立城市信用社，90 年代末，全国各地城市信用社发展到 5 000

---

① 数据来源：The banker database。
② 根据各行公布年报，2018 年，工、农、中、建、交 ROA 分别为 1.11%、0.93%、0.94%、1.13%、0.8%。
③ 数据来源：俄罗斯联邦储备银行 2018 年年报。

多家。2002年我国加入WTO后银行业的对外开放力度逐渐加强。截至2019年10月末，外资银行在我国共设立41家外资法人银行、114家母行直属分行和151家代表处，外资银行营业机构总数达976家，资产总额为3.37万亿元①。同时，诸如证券公司、保险公司、金融租赁公司、信托公司、小额信贷公司等非银行金融机构数量也持续增多。

2. 货币资本供给主体多元化最先影响国有商业银行的贷款供给规模

虽然银行在成立之初都有各自的市场定位，但随着市场化改革，银行的市场化主体逐渐塑造起来，定位逐渐模糊，服务领域开始交叉，产品趋于同质化，纷纷争抢国有商业银行原有客户和业务，国有商业银行的存款与贷款业务受到明显冲击。而且，在中国经济发展进程中的"大金融"趋势下，非银行金融机构通过直接或间接融资、变相揽储等金融服务不断蚕食国有商业银行的存贷款市场份额。

3. 货币资本供给主体多元化加剧金融业竞争，增大净利润下滑概率

理论上，在信息充分的金融市场上，当货币资本需求既定时，货币资本供给主体的增多必然引发激烈的市场竞争，作为衡量货币价格的利息率必将下降，国有商业银行将面临贷款规模与利率"双降"的风险。同时，国有商业银行的机构网点分布广泛，数量众多，会计成本长期显著高于其他商业银行及非银行金融机构，加大了盈利能力下降的压力。

6.3.2 "互联网+金融"对国有商业银行的冲击

21世纪，科技创新的作用逐步由实体经济传导至虚拟经济。互联网平台或公司正加速向金融业拓展，以混业经营方式挑战商业银行的传统业务，国有商业银行所受到的冲击尤其明显。这表现为"互联网+金融"在贷款、存款以及支付清算中介方面的迅速崛起。

1. 互联网平台贷款和股权众筹影响国有商业银行贷款的市场份额

网络P2P公司贷款平台和股权众筹成为借贷资本供给主体，打破了商业银行在间接融资领域的垄断地位。在中小企业贷款方面，P2P平台更具普惠性质，在贷款申请便利性和可获得性方面都大大超过传统商业银行，极大地瓜分了小微贷款市场。2012年中国网贷平台进入了爆发期，网贷平台如雨后春笋般成立。《P2P网贷行业2018年年报》显示，截至2018年12月31日，P2P

---

① 数据来源：中华新闻网。

网络借贷平台共 6 063 家①，P2P 网贷行业累计借贷总额达到 7.69 万亿元。股权众筹是指以支持某个项目为目标，通过互联网平台，向社会大众筹集资金的网络众筹融资方式。相比于银行贷款严苛的申请审批条件，网络众筹对于创新项目等吸引力更强。

2. 互联网金融产品大量吸收公众闲散资金，降低了国有商业银行派生贷款的能力

以余额宝为代表的"宝宝类"互联网理财类产品对广大长尾客户吸引力巨大，在 2017 年 6 月末，余额宝规模创下了 1.43 万亿元的新高，超过了同期众多股份制商业银行的活期存款规模。余额宝吸引的这些资金往往是在商业银行达不到理财产品购买起点的短期闲散资金或不定期使用资金，以及没有闲暇时间去银行理财的这部分客户群体的资金。这些资金刚好是商业银行低成本活期储蓄存款或定期存款的大部分来源，对国有商业银行负债业务形成冲击。理论上，这一方面拉高了国有商业银行负债成本，缩小存贷利差；另一方面降低了国有商业银行负债规模，影响商业银行利润水平。

3. 互联网支付弱化了国有商业银行支付中介职能，减少了国有商业银行的利润来源

微信支付、支付宝支付等第三方互联网支付方式省去了存取现金和携带现金的麻烦，降低了交易成本，已经成为老百姓常用的支付方式，弱化了商业银行传统支付中介功能。国有商业银行的银行卡业务、POS 收单业务、网点柜面以及 ATM 等传统商业银行业务受到影响，相应的结算手续费减少，中间业务收入受到不良影响。

6.3.3 需求主体及意愿的多元对国有商业银行的冲击

在马克思的基本借贷理论模型中，抽象的产业或职能资本家是借贷资本的唯一需求主体。现代经济中，除了以企业为代表的借贷资本需求主体外，还有普通消费者、地方融资平台和同业金融机构。它们从不同角度、不同方面挤压国有商业银行。

1. 国有商业银行贷款主体的"固定化"加大资产质量提升压力，不利于其潜在获利能力提升

长期以来，国有商业银行以大型工业企业、建筑业以及地方融资平台等为主要贷款主体。中国经济进入新常态后，受工业企业库存存量较大、地方政府

---

① 该统计剔除了 334 家上线时间、问题时间、转型时间等不明确的 P2P 网络借贷平台。

债务高居不下、房地产行业不正常发展等因素影响，国有商业银行的不良贷款规模高企，资产质量持续下降，核销呆坏账压力有增无减，持续盈利空间被快速压缩。

2. 国有商业银行贷款结构调整缓慢，难以适应多元化的金融需求

中国已进入后工业化阶段，市场需求凸显个性化、多样化特征，服务业发展迅速，创新型中小企业百花齐放，中小微企业、小项目和服务业金融需求增加，与国有商业银行过度支持和重视传统大型企业的信贷政策形成矛盾，出现大企业过度融资，小微企业融资难、融资贵的局面，造成"资源错配"。国有商业银行忽视市场需求主体多元化的现实，一味竞争传统大型企业，将影响其议价能力和资产质量。同时，改革开放以来居民财富快速增加，原来被国有商业银行排除在外的"长尾客户"对金融服务的需求总和变大。这些由于历史原因被国有商业银行放弃和忽视的中小微企业和长尾客户，成为互联网金融、大型财务公司等进入金融行业、展开跨界竞争的突破口，不断蚕食国有商业银行的市场份额。

3. 国有商业银行金融服务创新滞后，难以匹配市场参与主体的多元金融需求

企业经营模式变化导致金融需求变化，国有商业银行间接融资服务已经不能满足企业融资需要。由未来的发展趋势看，更多的金融需求将集中于创新型企业的股权融资服务需求和国际型企业在信贷、避险、资产管理等方面的全方位、全过程金融服务需求以及多元化经营企业跨市场的综合性金融服务需求。国有商业银行要守住和拓展货币资本供给市场，有必要加大金融创新力度，丰富供给端的金融产品与服务，以更好地匹配多元金融需求。

总之，面临货币资本供给主体异质性、需求主体多元性以及科技金融创新多元性的现实状况，要实现新时代金融服务实体，引导资源跨行业、跨地区配置，增强金融市场体系的稳定性的要求，国有商业银行重塑自身竞争力，不断提升影响力和支持水平极为必要。

6.4 本章小结

要想研究一个问题，首先要剖析问题。本章从市场适应能力、政府监管适应能力、客户适应能力、新经济适应能力、国际化适应能力五个方面分析了国有商业银行目前的现状，查找出国有商业银行在适应能力方面存在的问题，主

要是由组织架构、人员结构、公司治理、绩效管理等方面的问题，导致的国有商业银行对外部信息的敏锐力、外部影响的判断力、内部决策力和执行力不够强的问题。在对国有商业银行存在现状及问题进行分析后，本章进一步论述了国有商业银行竞争力再造的必然性，为后续深入研究国有商业银行竞争力提升策略提供理论支撑。

7 国外商业银行经营实践及对中国的启示

自 1970 年开始，英国《银行家》杂志每年推出全球大银行榜单，从最开始按照资产排序，到后来更新为按一级资本排序，榜单数量也从 300 家扩展到了如今的 1 000 家。大银行榜单历史是全球银行业版图变迁的真实写照，过去的半个世纪，发达市场的银行始终占据全球银行业的主导地位，北美、日本、西欧和中国在超大型银行榜上轮流坐庄，呈现出不同的发展特征。国外先进银行的发展历程、经验教训对国有商业银行具有极其重要的借鉴意义。

7.1 美国商业银行经营实践及启示

美国银行、花旗集团、摩根大通、富国银行作为美国四家大型银行，在 2008 年国际金融危机中遭受重创后，均基于自身传统优劣势重新确定了自己的战略定位，开展了大刀阔斧的改革，不断探索稳与进、变与不变的经营之道，各家银行显示出不同的经营业绩，在整体战略和经营实践方面积累了丰富的经验。

受国际金融危机影响，四家银行股价在 2008—2009 年均遭遇暴跌，但在短暂喘息之后迅速恢复了元气，多项指标已经恢复甚至超过危机前水平。股票价格反映，摩根大通目前的股价已经较危机前高出 145.64%，富国银行高出 99.05%，美国银行股价已经接近危机前水平，仅花旗银行还有较大差距（见表 7-1）。

表 7-1 美国四大银行股票价格变化

行名	2007 年 12 月股票价格/美元	2009 年 3 月股票价格/美元	2017 年 12 月股票价格/美元	较危机前变化/%
摩根大通	43.65	14.96	107.22	145.64
富国银行	30.62	9.66	60.95	99.05

表7-1(续)

行名	2007年12月 股票价格/美元	2009年3月 股票价格/美元	2017年12月 股票价格/美元	较危机 前变化/%
美国银行	41.46	3.17	29.73	-28.29
花旗银行	294.4	12.2	74.89	-74.56

注：摩根大通股价分别为2007年12月31日、2009年3月23日、2017年12月27日收盘价；富国银行股价分别为2007年12月19日、2009年3月4日、2017年12月27日收盘价；美国银行股价分别为2007年12月27日、2009年3月5日、2017年12月27日收盘价；花旗银行股价分别为2007年12月3日、2009年3月3日、2017年12月27日收盘价。

从2019年的《银行家》榜单排名可以看出，全球银行业呈现资本实力持续增强的态势，前十名榜单较为稳定，中国和美国各有四家银行排进前十（见表7-2）。美国四大银行与我国四大国有商业银行具有很高的可比性，分析其核心竞争力的特征和差异，探究其危机后快速复苏的原因和主要经验，对我国国有商业银行竞争力提升具有较强的借鉴和参考意义。英国汇丰银行、日本三菱日联金融集团能从金融危机中迅速恢复过来，保持在榜单前十名实属不易，有必要深入研究其经营实践，以供我国商业银行借鉴。

表7-2 2019年度全球十大银行

2019年 排名	2018年 排名	银行名称	所属国家	一级资本 /十亿美元
1	1	工商银行	中国	338
2	2	建设银行	中国	287
3	4	农业银行	中国	243
4	3	中国银行	中国	230
5	5	摩根大通	美国	209
6	6	美国银行	美国	189
7	7	富国银行	美国	168
8	8	花旗银行	美国	158
9	9	汇丰银行	英国	147
10	10	三菱日联金融集团	日本	146

数据来源：The banker database。

7.1.1 花旗银行经营实践及启示

花旗银行一是在战略决策上追求稳定与灵活相结合，二是在业务战略上巩固核心业务和实现业务多元化并驾齐驱，三是在客户关系管理上强化一体化管理手段。

1. 花旗银行经营实践

在战略决策方面，花旗银行对银行经营的外部环境做了判断和分析，并将其作为战略转型、资源配置的基础。花旗银行认为外部环境已经越来越趋于不确定和动态化，而全球化、城市化和数字化是未来的主要发展趋势。因此，花旗银行重视长期战略与中短期战略的平衡，以及对业务决策稳定性和灵活性的把控。花旗银行的发展思路是基于对全球长期、结构性发展趋势等外部环境的判断进行长期战略规划，并基于对经济金融周期性波动的判断对各时期和各细分市场的战略规划做出相应调整。

在业务和产品方面，一直以来，花旗银行凭借自身先进的技术和管理，不断推出科技含量高的产品和服务，通过产品和服务领先优势，在同业中抢先获得客户和市场。花旗银行的核心竞争力在消费金融业务方面，在危机后的战略转型中，花旗银行在向传统业务、实体经济回归的同时，注重将公司业务与投行业务、市场交易结合，保持混业经营模式。

在客户管理方面，花旗银行认识到集中统一的客户信息的重要性，建立了一体化的客户关系管理系统（CRM），把单一客户变成花旗银行的共同客户，全面掌握了客户信息，为实现交叉销售奠定了基础，进一步提升了客户价值，并且提高了服务效率，赢得了客户口碑。

2. 对我国国有商业银行的启示

（1）制定科学合理的战略规划。

花旗银行的成功实践与其发展战略密切相关。花旗银行围绕全球化、城市化和数字化发展的国内外环境，立足自身传统业务优势，制定长期可持续发展战略，引导其经营转型。国际化大银行的战略具有共同点，我国国有商业银行要学习花旗银行的战略制定方法，紧密结合国际国内宏观经济发展趋势、先进技术发展趋势，抓住环境变化中出现的新的业务需求，不断优化发展战略，增强战略的科学性和适应性，促进各项业务长期保持快速发展。

（2）有所为有所不为。

花旗银行在 2008 年国际金融危机中遭受重创，与其曾经盲目追求大而全的业务发展模式，忽视自己的特定优势有一定的关系。经过最近几年的业务收缩，花旗银行将战略方向集中于打造核心业务优势，取得了不错的效果。我国国有商业银行同样存在贪大求全的弊病，要吸取经验教训，扬长避短，有所为有所不为，积极发掘细分市场，集中力量发展最擅长、最具有竞争力的业务领域。

（3）注重战略的宣讲。

花旗银行在战略的执行过程中，注重对股东和员工的宣讲，让全行上下在思想上对战略具有认同感，从而在行动上共同朝着战略目标努力。事实证明，花旗银行的经验是成功的，我国国有商业银行应学习花旗银行注重战略的宣讲，提高战略的透明度的做法，以更好地凝聚全行员工和投资者的力量。

7.1.2 摩根大通经营实践及启示

摩根大通将稳中求进和以客户为中心作为整体战略目标，在完善战略目标的基础上实现核心竞争力的巩固和企业相对优势的提升。

1. 摩根大通经营实践

（1）强调稳健经营。

摩根大通的总体战略围绕一个"稳"字，这种稳既表现在面对风险时的强大防御系统上，也表现在主动出击的经营模式上。"以守为攻"用来形容摩根大通的战略最为合适。资产负债表是摩根大通一直以来注入心血的防御系统，它在资产流动性、信用评级、资本健全性、拨备覆盖率和资产质量等方面都有着强大的防御能力。摩根大通认为，从历史角度来看，金融业保持长远发展的核心竞争力并不取决于是否比别人跑得更快，而在于是否比别人走得更稳、更远（陈四清，2019）。因此，摩根大通在业务准入、客户质量、会计方法等方面一直坚持稳健、严格、保守的风格，进行严格的风险管理。

（2）注重客户服务能力提升。

摩根大通认为，客户是业务的源泉，坚持以专业、真心实意的服务争取客户的长期信任，才是基业长青之策。相应地，摩根大通坚持以提高服务客户的专业能力为第一要务，重视长期、跨周期回报，而不会过度关注短期利润和暂时的股价波动。例如，在过去几年息差收窄的环境下，不少银行开始缩减账户规模，摩根大通着眼长远，预期未来利率会回升，趁机大规模增加新账户。

（3）适时开展业务扩张。

一是进军投行业务。国际金融危机后摩根大通借助其他银行缩减投行业务的机会，顺势将市场份额进一步扩大，对客户、产品以及地域进行多元组合，进一步提升服务能力，提高市场定价优势，跻身全球最强最大投行之列。

二是进军零售业务。在国际金融危机后的五年时间内，摩根大通在国内原有基础上增加了 800 个分支机构，进一步完善了国内零售体系，扩大了私人客户业务服务点，增加了对接小企业专项业务的业务员，个人零售业务市场份额不断增长，一举跻身美国社区银行最强行列。摩根大通的消费金融和社区银行板块截至 2016 年受众范围达半个美国，并且这其中超过百分之七十的家庭将摩根大通作为首选银行①。

三是对海外分支机构进行拓展，以新兴市场为主要区域。通过增设海外机构和海外业务，摩根大通逐渐缩小了与其他银行在海外业务上的差距，目前摩根大通的信用卡发行、投行收费收入、北美私人银行等均位居第一，成为最成功的全球全能银行。

（4）围绕客户需求进行交叉销售。

一是个人零售业务的交叉销售。秉着以客户为中心的原则，摩根大通于 2012 年将零售产品业务线重组成消费金融和社区银行板块，为客户提供涵盖全生命周期的服务体验，如从人生的第一张信用卡到退休账户的使用。摩根大通的交叉销售策略在零售业务成功实施后，信用卡品牌超越其他银行，位居美国第一位。

二是公司业务与投行业务跨业交叉销售。摩根大通在同一平台将商业银行和投行业务进行整合，实现业务一体化的跨业交叉销售，比如通过为各公司客户提供全面财务解决方案，包括贷款、财务管理、投行和资产管理等，实现公司或投行板块的客户与财富客户和管理客户的相互挖掘和培养。

三是交叉销售下的客户关系管理。为配合交叉销售战略，摩根大通通过在集团内部建设起完善统一的客户信息系统，避免不同部门为同一客户提供交叉销售服务带来的信息与业务混杂，影响服务质量。各部门在这一系统的整体调控下相互协调运作，各业务之间不存在利益冲突，使客户能够通过一项业务，直接联通到其他业务，达到牵一发而动全身的效果，进一步完善了客户服务体系，提升了客户体验的满意度。

交叉销售为摩根大通带来了较高的非利息收入和稳定的非利息收入占比。在摩根大通的非利息收入中，佣金、手续费等较稳定的收入目前占 72% 左右，远高于花旗银行；而投资、保险收入以及交易类 FICC 业务等波动性较大的收入占比则较低。

---

① 陈四清. 全球银行业转型镜鉴 [M]. 北京：中国金融出版社，2019.

2. 对我国国有商业银行的启示

（1）坚持稳健的经营策略。

2005 年摩根大通的公司市值在全球上市公司中排第 15 位，经历 10 年的世界动荡变化后摩根大通一直保持着蓬勃的生机，2015 年摩根大通在全球上市公司中排名第 14 位，是唯一一家经历 10 年仍然保持在榜单前 20 名的银行。这与摩根大通稳健和审慎经营的风险文化是分不开的。多年来，摩根大通的核心资本充足率一直保持在 8% 以上，并处于一个较高的流动性水平，体现出其稳健的风险管理策略。因此，在金融危机中，大量的银行因为高风险高杠杆运营而遭遇重创，甚至倒闭，但摩根大通却能在这次重新洗牌中一举兼并贝尔斯登和华盛顿互惠银行，成为危机的大赢家。

（2）促进业务多元化发展。

摩根大通业务多元发展，并以此实现了资产结构的均衡和收入结构的稳定，其消费与社区银行、公司与投资银行、资产管理三个板块的净收入、净利润占比分别保持在 40% 以上、30% 以上和 10% 左右。与之相比，我国商业银行的收入来源普遍为利差收入，亟待提升业务多元化经营水平，并以此促进非利息收入占比的提高。

（3）统一客户服务。

摩根大通在企业内部建立了一套完善的贯穿各个部门的客户服务体系，各部门能够通过这一体系共享客户信息，同时为客户协作开发新型产品，为客户提供最符合的业务解决方案，共同服务客户。我国国有商业银行也应借鉴这一优秀模式，打破部门条块分割的格局，促进多部门之间的合作，提供全面的客户服务。

（4）加大 IT 投入。

摩根大通历来不认为自己仅仅是一家投行，而更是一家科技公司。纵观其 2015 年和 2016 年的发展重点，足以证明这一观点。2015 年，摩根大通聘用了包括近 18 000 名开发者在内的约 4 万名技术专家来"创造知识产权"，并罕见地将科技预算增加为 90 亿美元，占当年投资总规模的 1/3；2016 年，摩根大通又在区块链、机器人和大数据应用等新技术领域积极开展探索。有鉴于此，我国国有商业银行也应加大 IT 投入，以抢占新经济发展制高点为目标，高屋建瓴，一方面通过科技赋能银行业务、流程的改造，另一方面通过科技引领业务发展和服务创新。

（5）提高科技水平。

摩根大通对自身的定位是兼顾投行与科技业务的企业。在经营过程中，摩根大通斥巨资聘用高科技专家进行知识产权创造，积极探索高新技术，对大数据、机器人、区块链技术进行深入研究，不断提高自身科技实力。我国国有商业银行也应该加大科技投入，提高科技水平，适应技术发展的潮流。

7.1.3 美国银行经营实践及启示

美国银行坚持在核心业务的基础上实现多元化发展，通过深挖客户需求，提供涵盖客户上下游价值链和生命周期的全面金融服务来拓展新业务、扩大市场份额。同时，美国银行注重成本控制，在发展业务的同时加强成本控制。

1. 美国银行经营实践

一是业务多元化发展。美国银行的核心竞争力是其个人客户业务，国际金融危机前美国银行的投行业务一直是其发展中的弱项，整个集团的发展受到严重的影响。金融危机中，美国银行个人客户业务承受了整个集团发展的重大压力。因此，在金融危机爆发后，美国银行调整了发展战略，将企业向全能银行的方向发展，将业务范围覆盖到客户完整生命周期和价值链条。为此，美国银行收购了美林证券，利用美林的经营经验打入投行领域，并取得了投行领域在全球范围内的领先地位，使得美国银行收入结构更加多元化，更加均衡。

二是重视客户核心需求。个人业务是美国银行的核心业务，个人客户在其客户组成中占比较大。美国银行一方面注重将个人业务与财富管理相结合，推动各业务之间交叉销售，实现客户金融需求的闭环管理；另一方面，美国银行对组织结构、业务结构进行了重构，在组织结构上将投行业务分解到全球市场与全球银行板块等四个业务板块上，以覆盖客户的全生命周期，在分支机构方面，推动基层分支机构从交易核算中心向客户营销服务中心转型，减少柜面服务人员数量，增加财富管理、退休金管理专家数量，提升复杂产品、特定业务的销售能力，提升增值服务能力，提高机构与客户的黏性。

三是注重成本控制。美国银行一直坚持业务发展与成本控制并行，在严格的控制下，成本收入比呈现逐渐下降的趋势。美国银行在获取存款的策略上，主要通过提供全方位的金融解决方案来增强客户黏性，获取低息或无息存款等低成本的资金，保持净息差的上升趋势。

2. 对我国国有商业银行的启示

我国商业银行目前的业务状况与国际金融危机前的美国银行非常相似，虽然业务范围已经涵盖商业银行、投资银行、证券及海外业务等方面，但是在业务分类细化上仍然还有不够细致之处，呈现出不完善的态势，集团资源不能得到有效的调动，交叉销售和客户服务难以进行；传统意义上金融服务较为发达，但是海外业务发展较为滞后。因此，美国银行对于我国国有商业银行最大的启示是继续坚持核心业务优势，同时探索业务发展多元化，拓展覆盖客户全生命周期的业务范围。

一方面，根据个人客户不同生命周期的金融需求、企业客户上下游价值链条的业务特点，深度挖掘庞大存量客户群体的潜在需求，综合运用直接融资产品、资本市场产品等，帮助客户实现财务管理目标，以专业优势增强客户的黏性，抵御其他竞争者对客户和市场的争夺。此外，在集团内部进行资源整合，在监管允许下对子公司进行板块业务分类，对现有的单一产品渠道进行交叉，达到拓展客户服务深度和广度的目的，促进集团内客户增长。另一方面，财富和退休金管理的目标客户范围要扩大，尤其是我国中产阶级群体规模扩大和中小企业在国民经济的地位提高以后，要特别重视这部分客户的服务，向其普及金融知识，帮助其建立财富管理和退休金管理的理念，提升其财务管理能力，满足企业客户金融需求转变，推动业务从传统的支付结算向财富管理转型。

7.1.4 富国银行经营实践及启示

富国银行采用强化优势业务和集团业务一体化平衡发展相结合的经营战略，在大力发展优势业务、推行交叉销售和获取低成本资金优势的前提下，强调品牌、服务、业务结构等方面的一体化和多元化发展，确保集团可持续稳定发展。

1. 富国银行经营实践

富国银行专注优势业务，追求可持续稳定发展。国际金融危机前，富国银行在美国排名第五，与花旗银行、美国银行和摩根大通前三甲实力相距甚远。2006 年，富国银行资产总额仅为美国银行的 33.02%、花旗银行的 25.58%；利润仅为美国银行的 39.84%、花旗银行的 39.09%[①]。富国银行以个人零售业务和小企业业务为主，核心优势业务在个人业务交叉销售、小企业融资、住房按揭、农业贷款、银行保险代销等方面，很少涉足其他领域，受金融危机影响较小。2007 年，国际金融危机爆发，花旗银行当年净利润下降 83%，美国银行下降 29%，富国银行仅下降 4%[②]。2008 年，美国各大银行大面积出现亏损，富国银行依然保持了盈利。危机之后，富国银行收购了美国资产排名第四位的美联银行，成功跻身第一梯队。因而，金融危机给富国银行带来的损失更小，

---

① XIN Z, NIU X Y. Wells Fargo's way to resist crisis and the analysis of investment value. Finance forum, 2012 (9).

② 数据来源：各银行当年年报。

机会更大。同时，在金融危机后，富国银行各项业务开始持续增长，但是依然保持了一贯专注擅长的业务和平稳平衡发展，并不盲目扩张。

富国银行追求业务多元发展，分散经营风险。富国银行坚持以核心优势业务为基础，但并不保守，不断追求创新，深入研究和挖掘客户需求，为客户提供多元化、全面的金融服务。富国银行主要有三大业务板块，分别是批发银行、社区银行、财富管理和养老金业务，通过向客户提供贷款、投资、保险、信托、养老金、财富管理、经纪等多种金融服务，促使收入结构多元化，提升风险抵御能力。

富国银行注重交叉销售，增强客户黏性。客户在同一家银行拥有的产品越多，更换银行的成本越高，稳定性越好。富国银行深谙其道，把交叉销售作为重要战略。2016 年富国银行因不正当的交叉销售和虚假账户丑闻①而遭受处罚，事后富国银行改变交叉销售战略，更关注交叉销售的质量，弱化交叉销售的数量指标。富国银行的丑闻案例提醒我国银行务必把握银行利益和客户利益的平衡，在营销过程中不可损害客户利益。

富国银行坚持高标准的客户筛选原则，从源头把控风险。在 2008 年金融危机前，美国次级按揭贷款成为众多银行的盈利渠道，各银行鼓励不具备偿还能力的客户贷款购房。富国银行坚持以客户为中心原则，充分评估客户的偿还能力，只发放给符合条件的客户，对客户负责，同时对自身经营负责。富国银行在住房按揭贷款这项业务上的原则是帮助客户拥有自己的房子，而不是单纯获利，正由于此，反而让富国银行在金融危机中受损最小。

2. 对我国国有商业银行的启示

富国银行凭借明确的战略定位、稳健的经营理念和持续增长的盈利能力等优势，经过 150 余年的努力奋斗，从一家地区性小银行逐渐发展成为在全球颇具影响力的大型金融机构。当前，我国的大型商业银行在资产规模上已跻身全球前列，但在业务产品、盈利模式等方面存在高度同质化问题。通过对富国银行的剖析，发现其在发展历程、业务路径、盈利结构、风险管理等方面的经验，值得我国商业银行参考借鉴。

（1）探索经营发展定位，持之以恒坚持贯彻。

富国银行长期坚持选择金融零售商的业务模式，不受外部影响，是其取得成功的原因之一。每家银行都必须建立自己独特、明确的经营定位，确定服务

---

① TAYAN B. The Wells Fargo cross-selling scandal [J]. Rock Center for Corporate Governance at Stanford University Closer Look Series: Topics, Issues and Controversies in Corporate Governance No. CGRP -62 Version, 2019, 2: 17-1.

对象和范围，并以此作为长期坚持的目标。中国金融市场巨大，但许多银行却存在着一个通病，就是对市场细分探索不够，战略定位和重点不明，喜欢盲目跟风，导致金融产品严重趋同、特色不明。伴随利率市场化的演进，银行业的竞争将愈加激烈，各银行间如果仍然不细分市场，而简单地打价格战的话，首当其冲的便是其盈利能力。所以，为了保持强大的定价能力和高利润率，我国国有商业银行需要根据目标客户群，确定切实可行的战略以及服务于该战略的商业模式。

（2）深度挖掘客户资源，综合服务实现有机增长。

挖掘现有客户资源，深度交叉销售和后续服务为富国银行带来了巨大的利润。从富国银行的经验我们可以知道，客户从出生到成年再到退休都需要金融服务。未成年时期，父母帮其管理各种储蓄、费用、保险等；上大学后，其开始独自联系银行，办理开户、申请诸如助学贷款和留学贷款等；毕业后，其慢慢有了自己的储蓄和工资，触发一系列的金融需求，如信用卡、保险、消费贷款、住房和汽车贷款、投资和财富管理等；退休后，养老金管理等金融需求又凸显出来。反观国内银行，目前还鲜有为客户"量身定制、量体裁衣"打造金融服务的意识。当然，这样客户管理工作将变得更为复杂，需要在对客户数据进行深入挖掘的基础上，分析其财务需求进而提供适合的产品和服务。由于挖掘新客户的成本较高，富国银行相当重视存量客户的潜在需求，并把满足客户全方位金融需求作为其服务的宗旨，这一点非常值得我国国有商业银行学习。

（3）以顾客为中心，实现银客双赢。

以客户为中心是众多银行的服务宗旨，但从具体实施情况来看，往往却演变成一句口号，效果也与预期大相径庭。而富国银行却不然，可以堪称以客户为中心的典范，其始终把助力客户成长和财务成功视为己任，负责任的放贷原则、围绕客户需求而不断迭代的产品和不断优化的流程是其集中体现。其中，负责任的放贷原则最值得我国国有商业银行借鉴，它不但对客户负责，更对银行自身的风险管理负责，能够实现客户与银行的双赢。同时，我国商业银行也要不断提升服务客户的能力，提升客户体验，毕竟围绕客户利益的服务才能真正打动客户，客户的忠诚度亦才能得以提高。

（4）回归金融本源，强化风险防范。

富国银行本着对客户负责的原则，强调回归本源，重点开展适合客户、客户简单易懂的业务。金融危机爆发前，富国银行并未追随其他银行，放弃了CDO（担保债务凭证）等极其复杂的金融衍生品，这让其受金融危机的影响降低，风险也得到有效防范。银行的风险管理水平很大程度上决定着其发展的可持续性，一味追求短期高额回报，容易置自身于危险境地。目前，我国金融风险也在不断积聚，我国国有商业银行要吸取富国银行的经验，回归本源，服务实体经济，加强风险防控。

7.2 日本商业银行经营实践及启示

20世纪90年代以来，日本经济进入"失去的20年"，长期低增长，人口严重老龄化。在经济形势低迷的外部环境下，日本长期实行零利率政策甚至负利率政策，导致日本银行业面临低利率、低息差的不利经营环境。同时，由于日本法律允许实体经济投资设立银行子公司、日本政府对外资银行的国民待遇等，日本金融机构密集，银行业面临高强度竞争。在如此严峻的市场外部环境下，日本商业银行积极探索转型，取得了突破性进展，在经济增长放缓、经济结构转型、利率市场化和参考价值市场化的背景下，对我国国有商业银行具有借鉴意义。本节将重点分析三菱日联金融集团（以下简称"三菱日联"）、瑞穗集团经营实践及其带给中国商业银行的启示。

7.2.1 三菱日联经营实践及启示

1. 三菱日联经营实践

三菱日联金融集团由三菱东京金融集团和日联控股于2005年合并而来，总部设在日本东京，是日本最大的金融机构。2008年国际金融危机以后，三菱日联大举进军海外市场，实施综合化经营策略，强化数字化发展，综合竞争力得以提升。

（1）进行大规模海外扩张。

三菱日联趁着欧美银行在国际金融危机爆发后普遍收缩国际业务之机，逆势而上，大举进军海外市场，在东南亚地区快速发展，重点投入零售类业务，着重发展非日资客户，拓展客户范围。同时，三菱日联强化对海外业务和机构的统一管理，抓实风险防控，海外收入占比稳步提升，在2017年达到45%左右[①]。三菱日联在危机后国际化发展的主要策略有：一是通过并购进行海外扩张。2008年，三菱日联收购摩根士坦利21%的股份[②]，以及美国联合银行剩余

---

① 邵科，龚潇靖. 逆势而上，实现国际化跨越 [J]. 银行业经营管理，2017 (1)：32-37.
② 何帆，李雅晗. 以三菱日联金融集团为例看日本混业金融改革 [J]. 现代商业，2016 (3)：166-167.

32%的股份，成为摩根士坦利最大股东，将美国联合银行收为全资子公司，国际化水平快速提升。二是加强巩固与整合。三菱日联在2008年以后暂停了大肆扩张的步伐，集中精力巩固市场、调整结构和整合并购对象的相关业务。如作为当时日本第二大证券公司的三菱摩根士丹利证券就是在此时由三菱证券与摩根士丹利的日本业务合并而成的。三是加大对重点地区的投入力度。三菱日联对国际金融危机爆发后的国际金融格局进行了分析，美国和欧洲经济金融遭到了重创，亚太地区经济增长一枝独秀。因此三菱日联将战略重点放在了亚太地区，下调了欧洲地区的投资比例。

（2）实施综合化经营。

一是开展机构整合。三菱日联将旗下公司按业务分类整合在商业银行、信托银行、证券公司和消费金融公司等多个控股公司下。二是开展业务整合。三菱日联将业务分成零售银行业务、公司银行业务、信托银行业务和全球业务单元，实现各业务单元之间的协同合作效应。三菱日联通过交叉销售投资产品、整合零售银行业务和公司银行业务、以定制产品满足同一客户直接与间接融资需求等方式，实现各业务单元之间的业务合作和客户资源共享。

（3）强化数字化发展。

三菱日联一是重视利用数字技术促进业务转型，在客户端推广无现金交易、简化移动金融服务接口、开展数字化抵押贷款等服务。二是在内部运营方面，将数字技术贯穿前中后台，对业务流程进行优化，减少员工工作量，节省人力成本。三是在服务渠道方面，在海内外全面推广"虚拟分行"模式，同时加强对员工的咨询服务。四是在系统设计和开发方法上，适应客户电子渠道对UI（交互界面）、UX（用户体验）的要求，在保持系统的稳定性与安全性的基础上，增强了灵活性。五是计划推出可与日元1∶1兑换的虚拟货币，探索国际结算技术、人工智能在外汇交易中的应用。

2. 对我国国有商业银行的启示

（1）适时适度展开国际化扩张战略。

在中国经济进入新常态、金融市场化改革等因素影响下，我国国有商业银行应该牢牢抓住"一带一路"建设、人民币国际化进程加快等历史机遇，练好内功、科学布局、紧跟政策，推进国际化发展战略。一是要练好内功，为海外扩张打下坚实基础。中国经济正处于"三期叠加"、风险释放的关键时期，我国商业银行要借鉴三菱日联的经验，尤其是在当前深化金融改革可能造成中国银行业重新洗牌的背景下，应先着力提高经营管理水平，夯实本土实力，而后才能踩准时机，谋定而后动，进行海外扩张。二是要科学布局，稳步推进。

我国商业银行要从地域、业务两个维度分别考量，理性布局。在地域方面，要顺应国家战略部署，强化对"一带一路"沿线国家的金融覆盖，重点满足我国"走出去"企业金融需求，加大对经济增长前景较好、与我国贸易往来频繁地区的海外扩张力度。在业务方面，要由服务我国"走出去"企业，逐步融入当地市场，开发当地市场，真正实现国际化发展。三是紧跟国家战略。银行业"走出去"战略是一项系统性工程，需要从国家层面进行顶层设计、统筹兼顾。与国外情况相比，中国"走出去"的银行多为国有控股的大型银行，只有国有大型商业银行才具备资本和技术实力。国家的总体设计和安排可以避免盲目扩张的不利影响，因此，紧跟国家战略是我国国有商业银行海外扩张要遵循的基本原则之一。

（2）因地制宜开展综合化运营。

为客户提供一站式的金融服务，不仅可以有效提升客户体验，也是应对金融脱媒、息差缩小、客户服务需求多样化等的需要。国有商业银行应借鉴日本银行经验，在总行建立多元化金融平台，并将各相关职能部门纳入其中，共同为客户策划综合金融解决方案，互相转介新客户，提高交叉销售占比，共建风险隔离防控机制以及相关的激励约束机制等，通过管理结构优化、资源支持等形式，增强多元化服务能力，推动综合服务质量稳步提升。

（3）积极主动推进数字化。

大数据、人工智能等金融技术的广泛应用，将会重塑银行的客户营销、客户服务、产品推广、风控模式以及管理方法。在银行未来的转型规划中，要将发展优质客户群和战略客户群作为重中之重，要运用大数据、科技化手段集中关键资源给予支持保障。各专业部门要进一步细分目标客户，从客户洞察、产品策略、定价策略等方面分析差异化的客户需求和获利模式，从管理平台建设、组织控制、考核激励、流程重塑等多方面变革经营模式。中后台部门要积极参与经营模式的创新设计，将配套资源、制度安排落实其中，从而有效控制成本，确保服务质量和效率，并与前台部门密切配合，为客户定制个性化的金融解决方案，有效提高金融服务质量。

7.2.2 瑞穗集团经营实践及启示

1. 瑞穗集团经营实践

（1）严格管控各类风险。

瑞穗集团在国际金融危机中受损较小的一大原因则是其严格的风险管理。金融危机后，为了从根本上降低风险，瑞穗集团进一步健全了风险评估机制，继续提高抗击金融风险的能力。首先，在信用风险防控方面，瑞穗集团采用全面跟踪记录客户与交易对手交易过程的方式，对信用风险从根本上加以控制。其次，在市场风险防控方面，除日常风险管理机制，瑞穗集团根据市场因素的变化，制定了应急响应制度，避免紧急情况的发生，同时将风险防范责任落实到风险责任人，明确了责任主体，并要求子公司定期向集团报告风险防控情况，统筹全集团风险管控。最后，在操作风险防控方面，为防控诸如系统软、硬件故障及黑客攻击等主要操作风险，瑞穗集团专门成立针对 IT 风险的管理部门，对 IT 风险进行综合评估和管理，全面监督和管理 IT 风险。

（2）高度重视金融科技。

瑞穗集团高度重视金融科技的应用和研发，比如机器人投资咨询业务与区块链技术。2015 年 10 月，瑞穗集团生产了智能对开产品，用于信托投资咨询方面的在线机器人服务，并于 2017 年 6 月将咨询服务内容向外汇投资方面拓展；2016 年 11 月，瑞穗集团与软银合资成立 J. Score 公司，开发了个人客户融资审核系统，该系统运用大数据和人工智能技术，客户只需在手机等智能终端输入相关信息，便可轻松获取融资的额度和利率。此外，瑞穗集团还与全球 70 多家银行合作，开发了基于区块链技术的 J 货币虚拟货币交易系统，将于 2020 年投产。

（3）统筹开展集约化管控。

瑞穗集团的总部结构采取"业务板块+职能集群"模式，突出银行、信贷、证券、资管、咨询等各条线金融业务资源的统筹管理，以及战略集团式管理和专业管理导向化管理。集团总部设有五大业务板块和八个职能集群，业务板块分别是零售及实业法人、大企业及机构法人、全球法人、全球及资产管理等，并在各板块内部设置业务协调部门，负责对集团内部子公司间的资源进行协调；职能集群则分别是财务、风险等一些常规的职能部门；不仅如此，还有全球产品的咨询模块，这样的设置能够为集团的业务以及职能集群提供一些保证以及工作上的支持。

2. 对我国商业银行的启示

（1）坚持稳健经营理念，走可持续发展之路。

稳健经营是瑞穗集团可持续发展的基石，因而在 2008 年国际金融危机中受冲击较小，目前的不良贷款率、资本充足率等指标都处于非常优秀的水平。我国国有商业银行应坚持稳健经营的价值理念，严守内控合规底线，严把资产质量关口，夯实转型发展的基础。中长期战略规划要处理好创新与稳健的关系、发展质量与发展速度的关系，以及盈利性与社会性的关系，围绕战略定位构建适合自身发展的指标体系，指导战略规划落地实施。国有商业银行要以服务实体经济、保障金融体系安全为己任，全面满足客户的金融需求，促进社会经济更高效、更均衡、更可持续地发展。

（2）坚持科技创新，走数字化发展之路。

科技变革是这个时代对银行业影响最大的因素，瑞穗集团在金融科技方面的举措值得我国商业银行学习，尤其是将金融科技、人工智能用于网点厅堂管理、服务营销管理、风险防控管理等关键领域，以自助化、自动化代替人工劳动，大大节约人力成本，提高工作效率和准确率，以生产力发展促进劳动生产率的提高，进而在真正意义上提高商业银行的竞争力。

（3）坚持集约化运营，走综合化发展道路。

数字技术为商业银行跨界经营、业务多元化提供了发展的土壤，我国国有商业银行的传统经营思维、集权式管理模式，以及部门银行架构难以满足业务多元化管理需求和客户数字化服务需求，难以适应新时代行业发展趋势。瑞穗集团全能银行的组织架构和运作模式为我国国有商业银行提供了一些参考，国有商业银行可结合我国实际，探索金融控股公司、事业部制等模式，提高综合化服务和集约化管理水平。同时，通过改进产品研发的部门协同机制、市场化的选人用人机制、科学合理的考核激励机制等，激发员工积极性，提升组织内生发展动力，从而增强集团一体化运营能力。

7.3 欧洲商业银行经营实践及启示

7.3.1 英国汇丰银行经营实践及启示

"脱欧"背景下，英国银行业受到负面影响，近年来增长乏力。汇丰银行坚持国际化发展，积极调整发展战略，加强风险防范，争取新的利润增长点，对我国国有商业银行国际业务发展具有借鉴意义。

1. 汇丰银行经营实践

（1）梳理条线分工，精细化管理国际业务。

面对全球经济格局的变化，汇丰银行调整了全球化战略方向，提出"领先的国际化银行"战略，由全面铺点转向效率提升，即在现有发展规模的基础上，将重点放在提升发展质量上。条线化管理是汇丰银行实现战略目标的重要组织保障。条线化管理一是对全球各个分行的同一业务部门进行梳理，将之前的三大业务条线整合扩展成四大业务条线；二是按照地理位置将区域和网点进行整合优化，分为中国香港、欧洲等六大全球区域；三是精简管理层级，缩短汇报路线，将集团层面 21 个职能部门精简到 11 个，节约管理成本①。

（2）以客户为中心，丰富产品组合策略。

传统商业银行在经营过程中提供的产品和服务相对有限，这说明它们不能按照实际客户的需求而提供差异化的产品服务。新时代，顾客需求不断变化，个性差异逐渐凸显。在这种背景下，商业银行只有结合用户的需求，提供更丰富的产品组合，才能赢得更多消费者的青睐。汇丰银行首先对自身资源进行了重新配置，然后根据客户的不同需求开发了多种丰富的产品组合模型，以逐步反映产品的差异性，更好地满足用户的需求。其中最重要的两个方面是贷款销售和基金保险销售。对于新兴市场和成熟市场，汇丰银行采取了不同的策略，根据各个市场的差异，将更加个性化的服务和市场因素有机地结合起来，更好地吸引顾客的注意力。

（3）提升自动化水平，强化成本控制。

汇丰银行注重成本收入比的管理，采取多项措施降低成本。一是依靠加大科技投入提升自动化水平，达到减少人力成本的目标。二是把数据中心等后台部门迁移到运营成本较低的地区，关闭零售业务分行和营业网点，降低运营成本。三是加大科技投入，开发线上预约、线上开户、线上贷款审批等业务，通过科技手段提升运营效率，减少人员占用。自动化水平提高后，汇丰银行员工数量呈现逐年递减的趋势。

（4）加强风险管理，注重稳健经营。

为有效防控风险，汇丰银行根据风险的性质和影响程度，对风险进行了分类管理，将风险划分为可接受的风险、需要管理的风险和不能容忍的风险。可接受的风险包括信贷风险、市场风险等，需要管理的风险主要是指运营风险，不能容忍的风险主要是指声誉风险。通过风险分类，汇丰银行能够按不同类别风险的特征开展有针对性的管理和改进风险管理策略。同时，汇丰银行向全球分支机构推行了统一的风险管理策略。一方面，加大对风险管理基础设施的投入，重建风控系统，设立金融风险犯罪管理部门，提升了检查能力；另一方面，加强了对全行员工风险管理意识和技能的培训，加大了对员工操作风险的监控力度，从客户信息、业务类型、交易地点等多种渠道追踪客户业务情况，防控非真实业务交易风险。

2. 对我国商业银行的启示

（1）把握中国经济国际化趋势，做大做强重点业务。

中国经济的强大和日益国际化，给了我国国有商业银行与西方主流银行竞

---

① 陈四清. 全球银行业转型镜鉴 [M]. 北京：中国金融出版社，2019.

争和比拼的历史机遇，人民币国际化、人民币相关产品的使用逐渐普及，有利于中资银行将人民币相关产品向外币产品拓展，获得更多海外业务和机会。国有商业银行应抓住时机发展海外业务，构建可持续发展的产品和客户服务基础，各取所长，做大做强重点业务；高度重视产品多样化发展，借助人民币国际化的趋势，让海外客户了解人民币相关产品以及产品背后的中国经济；与"走出去"的中资企业保持密切合作，更好地把握客户的需求及偏好，提供专业化的融资服务，积极推动人民币国际化进程；构建完善的清算网络服务，积极发挥多元化平台的协同效应，为企业和个人提供全面而优质的金融服务。

（2）根据实际制定国际化战略。

汇丰银行是一家全球性金融集团，海外业务占比非常高，其海外业务战略和经营模式值得借鉴。汇丰银行对外部环境审时度势不断调整自身国际化战略规划，尤其在全球经济版图发生变化后，汇丰银行调整了全球的重点经营区域，更多依靠新兴经济区域。我国银行业在拓展国际市场时，也应充分考量内外部条件，切不可激进扩张。既要把握业务发展商机，乘借中国"一带一路"建设的东风拓展海外市场，也应做到有所为有所不为，有选择地发展有特色的优势业务板块，坚持走差异化发展道路。

（3）发展有竞争力的国际化产品与客户服务体系。

一方面，根据客群细分配置产品，如分别针对东道国当地金融机构客户、中资金融机构客户、非银行金融机构客户等，有选择性地配置资金拆放、外汇、人民币交易、海外代付、福费廷、主权投资资金等业务，拓展与人民币国际化相关的外汇及人民币交易、我国资本账户开放等相关业务，通过定制化、差异化的产品配置策略提升客户服务；另一方面，要投入资源丰富产品种类，建立专业化的产品管理体系，以产品优势打开市场。国有商业银行要重点发展项目融资、特定资产融资、并购贷款、结构化贸易融资等收益率较高的专业贷款；加大对存款产品的创新度，积极发展通知存款、债券回购等多元化负债产品；大力发展依托高科技手段的支付结算类交易银行产品，特别是基于金融科技技术的互联网金融、现金管理等高端交易银行产品[①]。

（4）坚持稳健的风险管理理念与文化。

汇丰银行的百年基业离不开稳健的经营价值观和对客户资金安全负责任的专业品质。我国国有商业银行应借鉴汇丰银行风险控制经验，秉承审慎的风险管理原则，将风险管理文化渗透到公众宣传和员工培训中，建立清晰的风险管

---

① 陈四清. 全球银行业转型镜鉴 [M]. 北京：中国金融出版社，2019.

理框架，研发有效的风险管理工具。在落实监管要求的过程中，国有商业银行应提高风险控制标准，以自身行动履行维护金融系统安全稳定的义务。

7.3.2 德意志银行经营实践及启示

1. 德意志银行经营实践

德意志银行是欧元区重要商业银行，也是全球系统性重要银行之一，对欧元区金融体系的稳定有着直接影响。2008 年国际金融危机爆发后，德意志银行经营管理受到较大影响。金融危机爆发当年，德意志银行税前利润亏损 57 亿欧元，之后因各类丑闻及监管处罚，导致 2015—2017 年连续三年再度亏损。直至 2018 年，德意志银行才扭亏为盈。然而，2019 年一季度，德意志银行营业收入同比下降 9%①，经营状况再次恶化。在此背景下，2019 年 7 月，德意志银行"断臂"求生，推行了一系列重大战略。

一是缩减投资银行高风险业务，回归传统业务。德意志银行 2016—2018 年股票销售交易业务复合年均增速为 −17%，对全行稳健经营造成巨大影响。在此背景下，德意志银行做出了退出全球股票销售和交易业务的决定，重新设立了企业银行部，回归传统商业银行经营，专注于核心业务发展。

二是实施成本削减计划，提高经营效率。通过重组业务，德意志银行计划在 2022 年以前在全球大幅裁员 1.8 万人，减少 60 亿欧元成本支出，在当前基础上压降四分之一。同时，德意志银行计划 2022 年以前在科技领域投资 130 亿欧元组建数字化转型团队，充分运用金融科技升级业务系统，创新业务流程，进一步优化产品和提升服务能力，提高经营效率。

三是加强内控管理，缩减风险加权资产。德意志银行合并风险、合规、反金融犯罪条线，投入 40 亿欧元加强内控管理，提高效率；计划将风险加权资产缩减 40%，维持普通股一级资本比率不低于 12.5%，预计在 2020 年将杠杆率提高到 4.5%。

2. 对我国国有商业银行的启示

德意志银行在遭遇金融危机后，仍没有找到迅速崛起的道路，2019 年它大幅调整经营战略，或许能够从此迎来转机。德意志银行战略转型的案例，从另外的角度给予了中国商业银行一些启示：

（1）强化核心业务能力与竞争优势。

尽管德意志银行战略定位为全球性全能银行，但对非核心业务、高风险业

---

① 德意志银行相关经营数据来自该行年报。

务，予以坚决处置和抛弃，选择将最具有竞争优势的业务推向客户。目前，我国国有商业银行正处于规模和业务不断扩大的阶段，任何一家银行都不能在所有业务领域全面领先，应该有所为有所不为，避免因一味贪大求全造成损失。

（2）推动运营精简高效发展。

德意志银行经营业绩欠佳可归咎于人员冗余、效率低下、成本高企，其中成本收入比太高是最主要的原因。运营成本对银行经营效率至关重要，不仅如此，运营成本还会影响客户服务的质量。我国国有商业银行应借鉴德意志银行实践的经验教训，加强技术创新及运用，推动集约化、自助化运营，压降运营成本，提高运营效率，为客户提供质量更高、效率更高的银行服务。

（3）深植风险合规文化。

德意志银行经营实践告诉我们，要严守合规底线。违规经营将接受监管处罚，严重影响企业形象和经营发展。近年来，我国国有商业银行发展势头迅猛，全球布局不断扩张，应严密关注风险防控，深植风险合规文化，守住稳健持续发展的基本底线。一方面，要推进合规文化建设，充分发挥合规文化的引导、约束和激励作用，切实增强全行员工的风险合规意识；另一方面，要加强监管沟通，健全经常性监管沟通机制，与各级、各条线及国内外相关监管机构保持有效沟通，继续争取更多监管信任和支持。

7.3.3 俄罗斯联邦储蓄银行经营实践及启示

2008年国际金融危机以来，俄罗期联邦储蓄银行（以下简称"储蓄银行"）的经营业绩良好，优于俄罗斯境内其他银行。储蓄银行也为国有银行，且其所处经营环境与我国国有银行颇为相似，储蓄银行的优秀表现与其经营措施密不可分，其成功经验值得国有商业银行学习。

1. 储蓄银行经营实践

储蓄银行稳健的经营表现离不开经营策略的转型，主要体现在以下几个方面：

（1）顺应逆周期政策调控，实现业务快速发展。

受2008年国际金融危机影响，俄罗斯国内贷款质量下降，商业银行普遍惜贷，实体经济增长面临"停滞"风险。俄罗斯政府采取了救市政策，储蓄银行顺应逆周期调控政策，在低迷的市场环境下坚持发放贷款和购买公司债券，促使其住房抵押贷款和债券业务突飞猛进，市场占比大幅提升。同样，在2014年俄罗斯金融危机中，储蓄银行按照政府宽松的信贷政策要求，降低贷款利率，拉动经济发展，零售贷款市场占比提高，尤其是在汽车消费贷款市场上确立了领先地位。

（2）发展数字信息技术，提高经营管理效率。

储蓄银行高度重视数字信息技术建设，于2013年制订了数字技术发展规划，计划用五年时间搭建科技信息技术平台，将储蓄银行打造为一家科技型公司。储蓄银行采取多项措施拓展互联网和移动互联网渠道，例如通过引入云平台技术，提升中小企业互联网金融服务体验等。在此背景下，储蓄银行互联网银行和手机银行用户数大幅增加。此外，储蓄银行通过建立欧洲最大的数据中心、银行信息技术平台、信用风险管理系统、银行间电子支票管理流程等，促进办公系统升级，提高业务处理及办公效率[①]。

（3）加快国外拓展步伐，进行国内机构瘦身。

2008年以来，储蓄银行先后在中、美、英等国家设立经营机构，同时不断兼并和收购海外机构，形成了以俄罗斯本土为中心，辐射邻国和主要发达地区的国际化布局。在加快海外布局的同时，储蓄银行认为国内人员冗余、机构臃肿，在2017年，为降低运营成本，储蓄银行对网点进行了"瘦身"，将员工人数缩减8%，将物理网点数大幅缩减20%。

（4）调整公司治理结构，健全公司治理机制。

在完善公司治理方面，储蓄银行一是优化股权结构，实行增资扩股。二是成立少数股东委员会，负责收集和分析投资者意见，参与编制本行资本计划，对管理层和监事会有关少数股东权益的决议提出建议。三是提高独立董事比例，通过增加不同专业背景的独立董事，增强了董事会决策的科学性和客观性。四是实施高管持股计划，将管理层利益与公司利益进行捆绑约束，减少代理人问题，有利于实现激励相容，推动业绩增长。

2. 对我国国有商业银行的启示

储蓄银行在国际金融危机后逆势而上的经营表现，对于我国国有商业银行在新时代的转型发展具有一定的参考价值。

（1）遵从国家发展战略。

储蓄银行善于从国家的大政方针中寻找新的业务增长点，值得我国国有商业银行学习。国有商业银行一方面要把握国家大力发展普惠金融和绿色金融的战略机遇，加强数字化技术应用，探索业务模式和产品创新，推进营销渠道建设，丰富收入来源；另一方面，要牢牢抓住国家"一带一路"建设机遇，加快海外布

---

① 熊启跃，施光哲，尚倩羽. 俄罗斯联邦储蓄银行转型实践及启示 [J]. 中国银行业：2017（12）：49-52.

局进程，增强海外业务能力。此外，要顺应我国人口老龄化趋势，积极布局养老金融产业，加大养老金融领域资源投入，强化对老年客群的营销和维护。

（2）加强信息技术研发。

储蓄银行将信息科技建设放在首位，取得了长足发展。我国国有商业银行要高度重视数字化建设，认识到未来银行业的竞争实质为金融科技能力的竞争，不断加大区块链和人工智能等新技术的研发力度，强化大数据分析和处理能力，突出数据和软件中心在推进信息科技发展方面的作用。

（3）强化成本控制。

储蓄银行在新一轮战略中，充分认识到机构臃肿带来的高额成本，我国国有商业银行应根据线上金融发展情况，优化服务渠道，降低营业成本。一是通过网点"瘦身"，降低成本，同步加强线上渠道建设，弥补因网点减少造成的金融供给不足。二是加强对"营改增"税收政策的研究，加大抵扣力度，降低税务负担，增持避税资产，降低所得税税负；根据缴税压力，通过拨备计提等税收递延政策，平滑税负负担。

（4）优化公司治理。

储蓄银行在不断出台新的公司经营战略的同时，亦重视对公司治理机制的调整和建设，为业务发展提供机制保障。我国国有商业银行的现代公司治理结构同样有改进和提升的空间，一是要根据国有企业公司治理的特点，充分利用党委会机制发挥党的战斗堡垒作用。二是要优化股权结构，适当引入境外和民间资本，稳步推进所有制改革。三是增加独立董事比例，优化独立董事知识结构，提高独立董事履职能力。

7.4　本章小结

美国、日本、欧洲发达国家大型银行历史悠久，经验丰富，尤其在经历2008年国际金融危机洗牌后，其经营实践对我国商业银行无疑是宝贵的学习材料。因此，本章重点分析了美国花旗银行、富国银行、摩根大通及美国银行，日本三菱日联和瑞穗集团，英国汇丰银行，德意志银行，俄罗斯联邦储蓄银行的先进经营方式及对我国的启示。研究表明，国际化大型银行采取的转型策略有诸多相似之处，比如，强化国际化发展、加大信息科技研发、缩减物理网点规模等。可见，在相似的国际国内外部经营环境下，商业银行的经营管理有共通性，即都要适应外部环境变化，不论是国有银行，还是私营银行，抑或是哪个国家的银行，所有制和国界并不是影响商业银行经营战略的重大因素。因而，国外商业银行的经营实践对我国国有商业银行具有一定的指导意义，需要我国商业银行结合国情，结合实际，加以变通应用，而非照搬套用。

8 国有商业银行竞争力再造的政策建议

8.1 国有商业银行竞争力再造的五大对策

国有商业银行的发展需要适应新的社会环境的发展，适应政府要求，适应客户需要，适应科技发展，适应全球化趋势。因此，国有商业银行要想提升竞争力，需顺势而为，从组织架构、体制机制、科学技术、产品业务、银行服务等方面，全方位转型，不断创新，与社会经济共促发展，良性循环。

8.1.1 组织创新

组织架构是商业银行经营模式与管理理念的高度概括与最终体现，组织架构的创新为一切创新活动提供组织保障，是先行棋，没有组织架构的调整，其他创新将会是水中月、镜中花。

1. 创新原则

组织架构的调整事关国有商业银行的稳定经营，事关创新改革的成功，组织架构的调整要遵循以下原则：

第一，适应性原则。根据现代银行管理理论的普遍共识，架构和战略密不可分，战略的转变必然带来也必须依靠组织架构的相应更新。国有商业银行组织架构的调整要根据整体战略规划，契合新的市场定位、客户定位，以及新兴业务规划；同时，还需关注战略调整是长期策略还是短期策略，对于长期战略调整需要从总体架构上进行调整，而对于短期战略，往往需要通过某种局面调整的方式提供组织保障。

第二，以客户为中心原则。随着经济社会发展，人们的行为习惯也发生了翻天覆地的变化，"以市场为导向、以客户为中心"已经成为商业银行提升竞争力的必由之路。从服务效率上，强化科技部门配置，设立数据研发中心，或者成立产品创新部门，通过技术与产品的迭代创新、大数据分析等手段，全面提升客户服务的力度和效率；从服务体验上，缩减中后台部门设置，增加前台营销服务部门和人员，为优质客户制定差异化的服务方案，满足不同客户的个性化需求，从而适应瞬息万变的市场，不断提升客户服务体验。

第三，以人为本原则。组织架构功能是由不同职能部门的个人相互协作而实现的，组织的目标和任务也是通过每个人的活动完成的。组织中的每个人的能力、情感、状态以及对于组织价值的认可度都会影响组织目标的实现。国有商业银行要打造优质高效的组织架构模式，营造公平、公正、公信的工作环境，考虑员工需求，激发个体潜能是必由之路，组织自身发展壮大的同时，也给员工提供了施展才能的舞台和发展成长的空间。

第四，柔化弹性原则。随着市场竞争的加剧，商业银行均把提升自身市场适应能力作为主要的战略选择，相比较而言，国有商业银行组织架构显得僵化低效，决策过程过于冗长和拖沓，在当前金融需求趋于丰富和个性化、金融创新日新月异的现实情况下，现有组织架构明显不能适应国有商业银行的发展需要。因为国有商业银行稳定审慎的基因，组织架构的柔化弹性可以通过建立敏捷团队、临时团队、公关小组等方式提高金融产品的开发效率，提高组织面临内外部环境变化的适应和应变能力。

第五，扁平管理原则。国有商业银行多数采取了总行——一级分行—二级分行—支行—网点的五层级架构，后台机构臃肿、决策效率低下现象较为普遍，总行政策传导到达基层失真弱化现象严重，可以适度增加管理者的管理范围，减少不必要的中间环节，对各级分行职能部门进行精简整合，以责定岗、减少冗员，降低管理成本，分流人员充实到业务一线，壮大营销服务队伍，提高基层营销服务能力。

2. 创新方向

第一，适度扁平化发展。"决策机构过多，管理链条过长"是国有商业银行组织架构的主要缺陷之一，在当前及今后很长一段时间内，组织结构扁平化、敏捷化是国有商业银行改革的大势所趋。近年来，已有国有商业银行开始在探索通过压缩管理层级以提高管理效率的举措，如中国银行撤销公司、个人等五大业务总部，改为一级部室和直属机构等，工商银行划定重点城市行，由总行直接管理相关业务。但是，国有商业银行机构庞大，在向扁平化发展的过程中，要掌握适度性原则，要结合实际，分类别、分层次，不能一刀切；要分阶段、按步骤，不求一步到位。

第二，深化流程银行建设。自 2005 年时任银监会主席刘明康提出"流程银行"概念以来，建设流程银行的理念便迅速被我国各大商业银行接受。各大商业银行纷纷开展了以客户需求为导向的流程再造，初步搭建起前中后台分离的运营管理体系，并对组织架构做出相应调整。工商银行对营销流程的梳理和对营销渠道的整合，以及农业银行的"大后台"建设便深入延续了这一思路。然而，流程银行建设是一个长期的动态过程，需要各行在实际发展中不断探索、持续完善。未来，我国商业银行在流程银行建设方面仍然任重而道远。

第三，稳步推进事业部制改革。随着国有商业银行传统总分行制组织架构的弊端日益显现，各大银行开始了事业部制改革的探索。2014 年在银监会监管工作会议上，"完善现代银行治理体系、市场体系和监管体系，推进治理能力现代化"被列为 2014 年各项重点工作任务之首，而"推进子公司制、事业部制、专营部门制、分支机构制改革，完善业务治理体系"是实现上述目标的一个重要抓手。除了来自监管层的推动外，竞争环境的剧变也加快了国有商业银行事业部制改革的步伐。工商银行成立普惠金融事业部，农业银行优化"三农"事业部等举措，表明国有商业银行正在加速推进事业部制改革，以激发体制机制活力。由于国有商业银行面临错综复杂的利益关系和改革阻力，在推行事业部制改革方面要做好调研，平衡好各方利益关系。

第四，建立资产管理类部门。随着"大资管"时代的来临，理财与资产管理业务成为各家商业银行竞争的焦点，资产管理在商业银行的战略地位不断提高。在理财产品发行规模节节攀升的同时，各行也适时地对资产管理业务的组织架构进行了调整，通过设置专职部门促进资产管理业务规范化、专业化。工商银行率先成立了资产管理部，对接全行资产管理业务。随后，各行相继成立资产管理部，负责理财产品的研发、定价投资、交易及管理，并承担全行资产管理类业务的营销职责。资产管理业务部门的单独设立既适应了监管部门对理财业务规范化管理的要求，同时也为国有商业银行在"大资管"时代抢占先机、赢得竞争优势打下了基础。

第五，新设互联网金融发展部门。互联网金融的发展颠覆了传统银行经营模式，也撼动着商业银行几十年来形成的固化管理思维。面对来自互联网金融的激烈竞争，国有商业银行纷纷将互联网金融提升至战略发展的高度，通过组织架构改革为互联网金融业务的发展与创新保驾护航。各大国有商业银行相继成立网络金融部，组织开展互联网金融业务。后续，国有商业银行要紧跟互联网金融发展形势、发展方向，不断优化互联网金融部门职责和互联网金融业务条线管理架构，通过体制机制创新进一步激发相关业务的经营活力。

第六，整合全渠道战略管理类部门。电子渠道以其便利性、高效性和优越的客户体验，在商业银行营销中发挥的作用正不断增强。加强电子银行、网络银行建设受到了我国商业银行前所未有的高度重视，成为商业银行在互联网时代赢得竞争优势的关键。同时，物理网点渠道作为商业银行传统优势资源，在互联网金融冲击下亟待转型，需要重新定位以发挥渠道价值；伴随网点渠道总量及结构的转型，电话银行渠道在处理查询、投诉等传统服务类业务的基础上，需要承接部分物理网点线下渠道功能，加入客户分层维护营销的大军。将电话银行中心改造为智能化远程银行中心逐渐成为主流。然而，渠道建设与管理职责往往分散在不同部门，渠道作为客户接触各项业务和产品的通道，需要在管理上形成合力。工商银行设立了渠道管理部，建设银行设立了运营与渠道管理部，在大渠道管理方面迈出了实质性步伐，但是在渠道统筹方面，职能还不够全面，需要进一步探索和优化，放眼全局、统筹资源，促进传统渠道与新兴渠道统一、协调发展。

第七，强化金融科技类部门配置。金融科技在商业银行的应用已经改变了传统的营销模式，各大银行金融科技水平是决胜的关键因素。各大银行均设有科技部门，在原来科技管理部门的基础上，还需要进一步加强科技研发中心的建设，提高科技人员在员工中的占比，并针对大数据分析、区块链等影响重大的板块，单独设立部门或者团队，保持在金融科技方面的同业领先地位。此外，近两年，国有商业银行先后推出智慧化网点，但是噱头较多，跟实际经营关系不大，没能实现突破。国有商业银行要想在智慧化银行建设中占据行业领先地位，同样需要组织架构的保障，需要在科技条线设立专门架构，从硬件配置、软件技术、业务需求、系统连接、商圈打造等多方面开展研究工作，推动银行真正走向智能化。

8.1.2 管理创新

管理创新指国有商业银行内部管理机制创新，从当前的管理实践看，管理主要包括人力资源管理、财务管理、运营管理、内控管理等。如果说组织架构是一家银行的骨架，内部管理机制则是血肉，共同组成一家银行完备的运行机制。

1. 人力资源管理创新

金融是现代经济的核心，银行是金融行业的重要组成部分，而人力资源是银行发展的核心资源。国有商业银行人力资源的管理水平和优化水平，对银行的综合竞争力有重要的影响，同时关系到商业银行的持续健康发展。

第一，创新人员招聘方式。招聘是人力资源的活水之源，直接决定了人力资源管理水平，是商业银行发展战略实现的关键。国有商业银行创新人力资源管理要完善招聘制度，把好人力资源准入关。在实践中，校园招聘依然是我国国有商业银行补充人员的首选，仅在技术类员工和柜员合同制员工等非关键岗位辅以社会招聘，人才的成长主要靠老带新、传帮带，员工的专业知识基本来自本行，对同业做法的认识仅停留在浅层次，知其然而不知其所以然。国有商业银行应注重校园招聘与社会招聘之间的平衡，社会人才的引进可以起到激荡企业文化的作用，改变一成不变的固有文化体系和工作模式，提升组织活力。对人力资源的影响因素进行分析发现，相比外部招聘，内部选拔无疑是招聘制度的重要补充，对人力资源整体质效的影响也极为关键。但反观我国国有商业银行的现状，内部选拔缺少规划、连续性不强、公开不充分的现象普遍存在，容易对内部员工的工作积极性造成一定程度的破坏，鉴于此，国有商业银行应该将员工的内部选拔与日常培养结合起来，做到既要相马更要赛马，不断提高内部选拔的制度化、规范化、科学化、透明化水平。

第二，创新人员流动方式。国有商业银行人员岗位体系相比城市商业银行和股份制银行更为稳定，一个萝卜一个坑，没有岗位流动机制，不利于员工的成长，更容易磨灭员工工作的热情。构建科学的员工岗位流动机制，对于激发国有商业银行员工积极性具有重要意义。要以岗位绩效考核结果为主，全方位评价员工的工作情况，将其当成岗位流动的基本要求，采取竞争上岗以及绩效考评等方式来优化员工结构；保持员工队伍之间的差异性，这是因为员工队伍知识结构以及年龄结构的差异性能够发挥出员工队伍的整体价值；有针对性地构建重要岗位的后备干部团队，确保在人员离职之后下一个人员可以胜任，以免对人力资源结构的稳定性产生不利影响。

第三，创新考核评价方式。在人力资源管理体系中，科学、有效的绩效考核和评价激励机制是重要的组成部分，可以很好地改变员工的思想、引导员工的行为、调动员工工作积极性和主动性，更好地实现组织目标。相对而言，国有商业银行尤其需要在丰富绩效考核和评价激励手段上下功夫，做到精神与物质并重、长期与短期结合、评价与晋升挂钩。对技术及基层员工要分类细化考核，切实建立科学的考核评价机制，建立专业人才序列，打通横向交流和纵向晋升渠道，建立人才稳定和成长的长效机制。

第四，创新人员岗位设置。国有商业银行多采用行政级别岗位设置，相对于几十万员工的体量，管理岗位有限，导致部分员工离职另谋出路，部分员工"前途无望"，消极度日，不利于激发人力资源活力和凝聚团队战斗力。国有商业银行可在行政岗位设置体系上，加设专业岗位体系，对于没有选聘行政岗位的优秀员工，给予专业职称岗位，并支付对应的薪酬，稳定员工队伍，提高员工积极性。

第五，创新薪酬管理体系。现阶段，国有商业银行薪酬一般分为管理类岗位薪酬和营销类岗位薪酬。管理类岗位薪酬与岗位职级挂钩，营销类岗位薪酬与营销业绩挂钩。对于管理类岗位而言，一旦晋升无望，薪酬体系难以调整，几乎一成不变，严重打击员工工作积极性，不利于人员稳定，而金融人才较为专业，培养成本较高，人才流失不利于长期发展。因此，国有商业银行应建立更为灵活的薪酬体系，更为科学地衡量员工工作年限、年龄、学历、贡献、工作量等综合因素，按照固定周期给予综合考评，根据考评结果调整员工薪酬等级。

2. 财务管理创新

商业银行总体战略决定了银行未来发展的方向，作为总体战略一部分的财务战略在构建银行核心竞争力、提升盈利能力、优化资源配置、防范金融风险等多方面发挥着重要作用。当前，在经济发展新常态下，商业银行面临着监管政策趋严、利差息差收窄、经营风险加剧、互联网金融冲击、传统业务改革等内外部因素影响，如何在多边经济、金融、政治形势下完成战略调整及实施至关重要。而财务战略作为总体战略的重要组成部分，在实施中更应及时、高效地根据形势变化进行调整，保证财务战略实施效果。

第一，优化财务管理体制。财务管理作为商业银行经营管理的指挥棒，是商业银行战略转型的明确指令，需要以完善高效的公司治理为前提、以成本效益精细化管控为基础、以科技信息系统为平台、以落实预算管理为导向，真正实现对全行分支机构的直线管理，建立健全分支机构财务管理考核评价机制，压实各级机构财务管理主体责任。纵向看，总行及各级分行能对辖内财务管理的实施效果进行有效监督和管理，确保全行财务目标的偏离度在合理范围内；横向看，各级财务负责人要协助经营决策团队做好日常经营管理工作，发挥本机构财务管理导向作用，实现各项财务指标持续优化。

第二，优化财务管理模式。商业银行经营管理由粗放转向精细化、由事后转向前瞻性，就需要商业银行经营管理层转变财务管理理念，建立以决策、控制为主的管理型财务管理模式，要在事前财务预测的基础上，深度参与各项经营管理活动，由原来的事后型、考核型转向加强事前、事中控制，建立与业务部门全过程、全流程、全覆盖的沟通机制。同时也应该加强与业务部门的相互融合、相互支持，发挥自身对财政、税收、会计准则等法规政策的专业优势，指导全行产品设计、定价策略、政府合作等活动。各级行财务管理部门更要转变观念，围绕全行经营目标优化资源配置，提高综合竞争能力，推动银行不断发展壮大。

第三，优化财务管理方法。银行经营管理理论百花齐放，经营管理实践日新月异，作为在其中占有重要地位的财务管理，也自然不断转型升级，以适应银行经营管理的需要。当前财务管理的方法和目标就是由财务会计向管理会计转变，由于先进信息系统的使用，业务核算逐步实现自动化，财务管理的重点转向财务数据的分析与应用，通过财务预测、财务决策、财务规划、财务预算等方法，实现对经营活动的控制、分析和评价，为经营管理提供决策依据，最大限度提高银行盈利能力。商业银行应建立以目标为导向、以价值为核心的绩效考核评价体系，促使各机构、各部门围绕团队经营目标，努力增加价值贡献。

第四，增强财务管理意识。财务管理可以说涉及经营管理的各个环节，尤其对于商业银行来说更是如此，要改变现有财务管理现状，提高管理水平，首要的还是增强财务管理意识。除财务管理的基础职责外，国有商业银行财务管理的重点要从单一片面的成本控制转向全面成本管理。一是建立费用成本考核制度，将成本支出归口产品、部门进行核算，将成本控制纳入机构负责人考核，相反对于成本控制不力或存在不实支出的现象要严肃问责，切实改变过去分支机构为"占住指标"而突击花钱甚至设立小金库的做法；二是完善大额支出审批制度，提高大额支出审批层级及管理要求，通过制度将成本控制理念贯彻到全行经营活动之中，通过经营战略选择产品种类的扩大和收缩、业务的规模与进度，实现盈利能力的提升。

3. 运营管理创新

随着经济发展进入新常态，实施内涵式的集约经营、构建卓越的运营体系，成为银行增强核心竞争力的关键。国有商业银行要以"提升用户体验，赋能经营管理"为终极目标，以技术应用、流程数据、机制创新为抓手，着力构建智能、集约的运营模式，提升运营质量与效率。

第一，规划企业级运营管控职能。国有商业银行要紧跟商业银行数字化转型趋势，在支付结算、客户账户、前后台核算等传统运营职能基础上，着力以客户为中心整合产品、渠道和服务等各类资源，以流程效率和客户体验的提升作为吸引客户的重要抓手。设立全行统一的流程管理部室和客户体验中心，打通部门银行，统筹全行各条线运营流程规划、设计、实施工作，围绕客户体验实施流程管理。运营管理向流程前端延伸，通过介入产品研发、流程需求设计，解决跨渠道客户体验不一致，跨部门客户流程不连贯等问题，从源头上保障运营流程高效，客户体验好。向外部场景延伸，围绕银行进行流程统筹管理，通过联通客户流程、内部流程、第三方流程，为客户提供整合协同的体验。

第二，创新生产组织模式。一方面，要创新采用云生产管理机制，实现人员属地化部署，业务统一调度及管理，助力优化人力资源配置与使用。行内云方面，按照业务难易程度进行分层管理，依据"逻辑集中、物理分散"理念，适应人力地域分布和素质现状，对运营任务和资源实施智能匹配，最大化发挥行内人力，尤其是低效生产力的效用。行外云方面，针对规则简单、风险可控的任务，集合社会化闲散劳动资源，以移动注册办公形式，降低外包成本，进一步提升成本集约度。另一方面，要科学设计内部计价与绩效转移机制，在成本计价、分摊基础上，运用市场化原则，测算并设置不同人力成本区域的差异化单价，在市场主体间实施穿透式人力绩效工资转移。建设云管理系统功能，适应人员分布状态，打造信息透明、集成的管理系统，可视化展现运行状态，支撑资源调度管理。

第三，加快新型流程技术应用。在运营各领域中，广泛运用 RPA 流程机器人、ICR 智能字符识别、物联网（无线射频、传感器等）、AGV 运输机器人、工作流等新型技术，建设工厂化、流水线作业中心，并将其应用于各条线、各职能部门，助力提升流程效率，提高自动化、智能化应用水平。

第四，强化大数据风控能力。强化运营大数据队伍和应用能力建设。一是应用设备号、网络触点等站点信息，亲密度关系、关联关系、资金链式追踪等模型构建思路，为柜面员工、客户经理提供操作行为纠偏的数据风控服务。二是延伸运营后督职能，运用 SAS、ASTER、Neo4j 等主流数据分析工具，整合运用工商、税务、电力、法院、人行等内外部资信类、行为类、账务类数据，协同普惠金融部门开发贷后数据模型，支撑贷后管理和贷后评估，形成对小微企业大数据产品的有效反馈。

第五，健全内生驱动机制。建立内部计价机制，由运营中心与所服务单位签署运营作业内部服务水平协议（SLA），明确作业质量要求和内部转移价格，强化成本意识和成本控制。建立考核评价机制，由运营管理部门对运营中心的业务处理质量效率和成本控制进行考核，对暂时未纳入统一管理的分属各条线的专业中心提出业务质量与效率的可比建议，提升银行整体运营质量、效率和客户体验。

4. 内控管理创新

良好的内控管理机制能够很好地防控商业银行经营过程中的各类风险，在监管趋严、内外部经营环境日趋复杂的当下显得尤为重要。

第一，优化内控机制。内控机制是商业银行风险管理的重要组成部分，持续优化内控机制既是满足监管要求的需要，更是商业银行自身风险防范的需要。中国人民银行颁布的《加强金融机构内部控制的指导原则》为国有商业银行建立内部控制制度指明了方向。金融机构开办新的业务种类或金融产品发生变化时，都必须树立"制度先行"的理念，及时优化内部控制制度，实现有效的内部控制。

第二，优化内部审计监督机制。银行在管理工作实践中，经常出现具备完善的内部控制制度，但却无法杜绝恶性案件发生的现象，究其原因还是制度落实不到位。这就需要商业银行在优化制度的同时，建立健全内部审计监督机制，打造与之相适应的专业人才队伍，杜绝制度执行流于形式，确保制度全方位准确落地，切实规范权力责任运行，及时发现风险环节，第一时间采取有效措施堵塞漏洞，不断提升内控经营管理水平。审计部门应以风险控制为导向，吸收先进的审计理念，引进先进的审计工具，不断创新审计方法，以加强审计监督的力度和有效性。

第三，优化风险管理机制。商业银行的发展无时无刻不面临市场环境变化、内部转型变化以及外部监管变化，这也决定了商业银行内控工作的长期性、复杂性和艰巨性，需要及时检测评价、不断动态修正。这就需要商业银行根据内外部变化，持续健全风险控制体系、持续丰富风险管理工具、持续优化风险管理机制。商业银行要重视应急预案的研究和制定，实现风险的预警、计量、管理、评估全过程管控，实现经营、管理、决策三层分离制度，建立风险管理的长效机制。

8.1.3　科技创新

马克思说过，技术水平的提高能够提高劳动生产率，从而降低单位商品所需要耗费的劳动时间，获取超额利润，增强企业竞争力。马克思的竞争理论同样适用于商业银行，商业银行的发展轨迹体现的是金融科技的发展轨迹，无论过去、现在还是未来，技术都是驱动银行发展的最强大动力，这是银行业发展的基本规律。云计算、大数据、移动互联、搜索引擎等都为商业银行提供了多种新思想、新方法和新模式，影响和改变了银行业的未来。

1. 银行系统更新换代

IT 架构是经营架构的基础，不同时期、不同经营方式对应不同的架构模式，只有这样才能实现顶层愿景重塑和实施战略转型。

第一，未来的系统更新主要受发展驱动。以往的系统更新主要受经营管理驱动，重点在操作层，着眼点在于：一是提高柜员服务效率；二是加强操作风险管控；三是推进管理信息化。这些基础技术层面问题已经基本解决。未来的系统主要面对发展问题，新市场阶段需要新发展模式，随着金融产品和服务模式的持续变革，优化改善 IT 架构势在必行，流程再造与系统整合不会停步，或许还有颠覆性变化。

第二，现有 IT 架构已经承受了巨大的市场转型压力。主要来自：一是社会经济财富驱动银行经营模式转型，亟待开发新系统。一方面，商业银行资产规模持续扩张促使系统更新；另一方面，财富市场使资管、理财业务活跃，金融衍生品、金融新市场及不少业务空白点在呼唤银行转型。二是技术与业务的系统匹配向集中和分布有机融合的架构体系转型。单一集中式系统架构已不能应对业务发展，业务新、创新快、交易并发量大的多渠道网络型业务需引入分布式架构，满足多渠道服务协同、信息共享联动、提高服务个性化智能化等。三是新管理模式呼唤新管理系统。业务处理自动化、自助化比重持续提升对 IT 架构在安全稳定运行、业务承载能力等方面要求更高；而银行与各业务网络互联和数据化趋势演进，要求 IT 系统在数据存储、分析挖掘、管理服务等方面更加有效。

2. 技术软硬件不断升级

在软硬件方面，要两手抓，一手抓全面信息化，一手抓高度电子化。未来银行逐步从量的增长向质的提升转变，技术的应用将更好地服务于风控、效率和精准市场战略。

第一，大量增加智能装备是大势所趋。一方面，我国金融装备仍处在较低水平，仍是银行提升效率和服务体验的软肋，银行需要提升设备技术含量和智能化水平；另一方面，相比股份制银行和城商行，国有商业银行还没有真正走出去，在设备的支持上也存在许多盲点，需要根据业务转型需求增加相应设备，以更好地实现业务发展目标。

第二，推进电子化、信息化进程。国有商业银行应继续突破业务向自助分流的瓶颈，目标是分流出一部分复杂性业务交易，例如小额信贷业务、一般理财类产品业务，试行远程虚拟网点营业模式。

3. 应用开发与业务需要契合度更高

未来银行的应用开发应以更好地实现与客户对接、与业务融合为目标。

第一，银行与客户网络互联。开放式技术平台是银行强大的营销手段与服务特色，商业银行向企业客户输出技术建设平台已成为抢占市场的一大手段。更多银行客户当前依然面临技术薄弱、亟需金融 IT 服务的境况，从合作共赢的角度，商业银行通过合作共建、技术输出等途径，解决客户金融科技需求，已经成为稳定客户的重要手段之一。新技术也促使银行与客户形成新的合作模式，共建金融生态圈，你进步他跟进，你落后他离弃。

第二，以网络思维整合管理、优化流程。国有商业银行应加大创新，以网络思维去构造更具市场竞争力的组织与业务架构，积极推进日常管理与业务处理的智能化、网络化。因此，银行技术应用开发团队必须与业务部门合为一体，只有这样才能提高技术开发的有效性。如今国有商业银行的科技力量已经很强大，改革科技管理体制势在必行。

第三，围绕银行功能和优势开发银行核心产品。随着经济社会的发展，人们消费、支付、投资等行为习惯都发生了巨大变化，促使国有商业银行根据市场、客户习惯和需求的变化去重新定义新产品，尤其要打通物流、资金流、信息流的屏障，把银行核心产品与支付、融资、投资场景有效结合。银行内部也要打破部门界限，坚持以市场为中心，通过部门合作或成立产品团队等方式，开发证券保险、衍生品、外汇、资产证券化等金融新产品。

8.1.4 产品创新

产品是银行的命脉，是银行满足客户金融需求的载体。客户需求不断变化要求银行产品不断创新。

1. 围绕全能银行组织产品创新

我国国有商业银行按照监管要求依然采用分业经营，但通过参股、控股甚至成立全资子公司，越来越多的银行已经间接取得资管、保险、信托、基金等相关金融牌照，混业经营趋势越发明朗。首先，中国按照加入世贸组织的相关约定，将逐步放开金融管制，而西方国家金融兼业经营制度必将对我国包括国有商业银行在内的金融业带来强烈冲击。其次，企业直接融资比重增加造成金融脱媒现象愈演愈烈，银行存贷款等传统产品面临严峻挑战，表外业务和中间业务成为银行新的利润增长点。最后，国有商业银行已经不可选择地成为国际性商业银行，在境外也需要直面国际化大银行的竞争，混业经营无疑将成为包括国有商业银行在内的国内大型银行发展的方向。因此，银行在产品规划设计时，要根据未来混业经营发展形势，做好顶层设计，全方位综合考虑产品创新问题。

2. 围绕个人零售业务组织产品创新

我国经济正经历由投资驱动向消费驱动的转型，零售银行未来发展空间较大，零售业务也成为商业银行解决当前困境的突破口。首先，零售业务的利润贡献稳步上升。早在 20 世纪 90 年代，西方国家商业银行已经逐步将业务重点转向以个人和家庭为中心的零售金融服务，对我国商业银行发展具有较强的借鉴意义。其次，我国商业银行零售化转型也取得了显著成效，以招商银行为代表的股份制商业银行零售转型取得巨大成功，资产、营收、利润、市值等核心指标明显优于同业，国有商业银行也纷纷加入了零售战略转型的队伍。最后，我国个人财富形态发生巨变，个人金融资产形式由单一储蓄存款转向股票、基金、保险、信托等多种形式，商业银行仅凭现有金融产品已经出现服务瓶颈。这都要求国有商业银行必须围绕个人金融需求丰富零售金融产品体系，寻求新的突破。

3. 围绕社区金融服务组织产品创新

随着圈层经济、共享经济、宅经济的发展以及社会分工的不断细化，社区金融活动日益活跃，呈现出数量大、种类多、需求旺的特点。社区金融需求对象除社区居民外，还有提供配套服务的教育、医疗、生活等服务组织，它们之间互相关联，从而形成了各具特色的金融业务市场，也产生了相应的金融业务需求。因此，许多银行通过设立社区网点、自助银行等方式渗透社区金融市场。同时，从前文富国银行发展社区银行业务的成功经验我们可以总结得出，国有商业银行有必要围绕社区的不同金融需求进行产品创新，以开辟更大的市场空间，获得更大的份额和效益。

8.1.5　服务创新

服务是银行的灵魂。没有银行服务，银行产品将无法触达客户；没有好的服务，也无法推动客户选择银行的产品。在新时代，银行之间的竞争，除了科技的竞争，便是服务的竞争。

1. 创立服务文化体系

近年来，国内商业银行纷纷效仿外资银行以客户为中心的服务理念，但受制于人员素质、固有体制、社会环境等因素，仅仅停留在表面上，并未真正贯彻到商业银行的经营实践中。尤其是国有商业银行，服务质量堪忧。国有商业银行要想转变服务风貌，首先应建立自己的服务文化体系，工商银行在 2017

年正式发布"客户为尊，服务如意；员工为本，诚信如一"的服务文化核心理念，建立起自己的服务文化体系。其次，国有商业银行要通过宣导并深植服务文化核心理念，强化全体员工的服务意识，使其充分认识并真正理解服务好客户、保持客户与我们的紧密合作关系是经营发展的重要基础，以切实为客户提供方便、快捷、安全的服务，积极提升服务质量，以客户需求为发展导向，坚持微笑服务、体验服务，使客户在获得全方位金融服务的同时倍感尊重。

2. 优化服务管理体系

一是要创新服务管理工作方式，积极探索实施分级分类管理机制。结合客户满意度调查及线上评价反馈，对于特定领域的体验问题进行深入调研、跟踪评估与改进；结合客户体验指数评价及行内督导情况，分类指导分支机构开展针对性的服务提升；对客户投诉多、窗口效率低、服务管理差的机构进行挂牌督导管理，补齐短板，加速提升。二是升级客户体验优化工作方式。在推动客户服务"触点"整改的同时，拓展业务"旅程"的调校。逐季开展客户满意度调查与网点服务督导工作，保持对微博、微信、电话等各类客户服务触点服务意见的日常监测分析，及时梳理总结发现的具体问题并协调相关机构优化改进，并聚焦2~3个客户端到端旅程进行内外部调研、专业化剖析和协调性优化，从源头和条线优化客户体验。三是健全客户投诉管理制度体系。根据最新监管要求和全行管理需要，制定各行相关制度办法，提高客户投诉规范化、精细化和专业化管理水平，在新产品、新制度、新协议及活动方案、营销话术、信息披露、重大变更等涉及消费者权益重要事项准入或实施前，要按照相关规定严格履行消费者权益保护审查程序，并在送审前主动开展专业审查，落实消费者权益保护相关监管规定要求。

3. 创新服务体验工程

一是通过组织开展各类客户服务主题活动，以活动为载体，推动服务改进的持续深化，以客户体验的实在改善，推动服务口碑的广泛传播，提升服务美誉度，扩大优质服务影响力。二是开展系统建设，提高工作效能。通过搭建网点客户体验指数智慧监测平台，以大数据分析为核心实现客户体验可视化管理，推动服务管理领域工作的价值挖掘，提升全行服务体系的整体效能，深化价值型服务管理体系建设；构建服务督导管理系统，通过对督导人员、督导内容、被督导机构等的大数据联动分析，逐步实现督导工作的自动化、信息化，逐步优化当前服务督导的工作方法；搭建"客户服务视频实时分析预警系统"，探索音视频分析技术，实现服务监测工作的智能化。

8.2　国有商业银行竞争力再造的四大路径

前文分析表明，在新时代背景下，国有商业银行的存贷款市场份额、资产质量、当期盈利水平及潜在盈利能力均受到显著冲击，竞争力提升空间不断被其他进入者和潜在进入者挤压，稳定金融市场的能力也明显削弱。下文将结合理论分析与国有商业银行的实际运营情况，从发展观念、中介职能、风险管理与业务调整、管理模式四个方面，给出国有商业银行做大做强、重塑竞争力的可操作路径。

8.2.1　转变发展观念

基于既有的规模优势、垄断优势、政策优势等，国有商业银行长期将传统产业的"大客户"作为主要贷款主体，忽视中小客户，贷款结构不合理。在去产能、去杠杆、防风险的背景下，国有商业银行资产质量改善压力大。旧有的管理模式令国有商业银行更加侧重指标任务的层级分解，侧重销售业绩考核，疏忽客户培育及金融产品服务创新，客户流失严重。国有商业银行重塑竞争力的首条途径应是转变发展观念，即转变"唯大""等客"和"唯GDP"的观念。

1. 转变"唯大"观念：分层维护全量客户

国有商业银行在信贷业务中"垒大户"现象比较突出，贷款集中度较高，易遭受风险错配危机。相较于传统大型工业企业，发展迅速的新零售、共享经济、物联网等新型产业、环保产业盈利能力更强、金融需求更多、议价能力相对较弱、政策风险更小。中国市场化改革正向纵深推进，靠政府兜底的大而不倒的旧时代已成为历史，国有商业银行要真正用市场的眼光去发掘客户。

普惠型互联网金融展现出聚沙成塔的长尾效应的事实表明，国有商业银行长期坚持的"二八"定律零售策略已不合时宜。尤其是科技创新使得"单笔金额小微化、交易笔数海量化、边际成本超低化"，长尾效应日益凸显。国有商业银行应积极适应金融需求多元化的格局，在扎实做好高端客户服务的同时，更要注重对全量客户的分层维护，针对不同收入群体的客户定制和供给不同的金融产品，让所有客户在服务上有相同的体验。

2. 转变"等客"观念：创新拓展业务方式

进入21世纪，我国迎来高速发展的黄金十年，金融需求也快速增长。凭借严格的制度管制和过去积累的规模优势，国有商业银行的垄断地位依然显著，即使金融服务供给不足，网点也经常人满为患，银行雇员只需坐等客户上门即可轻松实现绩效增长。然而，近些年受实体经济萎靡和金融脱媒的双重影响，国有商业银行网点客户流量急剧减少，网点运营成本与员工工资却与效益呈反向运动。这说明，粗放铺设网点"等客"模式难以为继，国有商业银行需要及时转变业务拓展方式。

国有商业银行应抓住第四次科技革命的机遇，努力创新客户获取方式，关注重点是如何提高科技性与便利性，将金融服务与长尾客户的日常生活工作融合，而非普通的营销方法创新。充分借鉴互联网金融营销思维和分享经济模式，跨界合作，采用先进金融科技，营造服务营销场景；着力发展无人银行，以优质的科技服务主动吸引客户，促使客户主动推荐客户，用更低的成本，更现代、更快速的方式拓展客户群体，实现客户拓展业务的内涵式增长。

3. 转变"唯GDP"销售观念：重视消费流量

商业银行的本职是提供金融服务，满足主体需求。激烈的金融市场竞争加大了商业银行营销压力，倒逼围绕市场和客户的销售战略转变自上而下分解指标、派任务的"唯GDP"营销模式。客户经理不再全心维护客户，而是向客户推销产品，不惜违背客户意愿、损害客户利益，导致客户忠诚度与信任度"双降"。此外，国有商业银行推出的金融产品同质性强、特色不突出、竞争性不高，业务流量难以有效提升。

金融市场上的竞争体现为客户的竞争，必须把握客户需求的调整。"80后""90后"以及"00后"客户群体更注重金融消费体验，更强调个性和时尚前卫的金融服务。国有商业银行要适应金融消费需求变化的新趋势，真正落实"以客户为中心"的经营理念，联合企事单位创新金融服务，将之充分嵌入客户日常的衣、食、住、行、娱、学、医等，获得客户流量。

8.2.2 创新中介职能

国有商业银行的主要职能依然是借贷双方的信用中介和支付中介。然而，随着金融市场的发展完善与互联网公司的跨业发展，国有商业银行的信用中介职能因为市场竞争及不同金融机构功能定位的差异而有所弱化。这表现为，绕过商业银行的直接融资业务快速发展降低了融资成本，金融脱媒越来越明显；由于互联网金融便捷、高效、开放、信息更透明的特点，互联网理财、保险、基金、融资类产品被市场广泛认可；便捷性优势突出的第三方支付极大地节省了交易和流通成本，加速商业银行支付中介职能弱化。由此，提高国有商业银行的盈利能力与竞争力的主要着力点是创新优化其中介职能。

1. 构建创新性的金融平台，提高金融交易效率

传统金融交易模式下，个体分散且信息不对称，交易成本较高。商业银行的出现在一定程度上提高了信息的透明度与交易效率，但新一轮的科技创新尤其是互联网技术在平台搭建方面的广泛运用，使得商业银行借助金融平台进一步提高金融交易信息的搜寻匹配效率及交易成功概率成为可能。商业银行本身就是一个提供金融产品和服务的大平台，但平台内部各部门节点、各客户节点并没有充分链接聚合，彼此间的需求及供给信息尚未真正交互整合，交易效率并不高。

互联网时代，国有商业银行应充分汲取互联网公司的优质基因，开创银行和客户间交流和沟通的新方式和新渠道。国有商业银行应依托现有的平台基础与持续技术创新优势，聚合关联金融主体信息，将供应链上下游客户或有某一类金融服务需求特征的客户纳入基本的结构单元，着眼产品、资金与物流的关联性形成大企业集团内客户集群、城市集群、社区集群等，适时嵌入在线融资、支付结算、资金清算、咨询顾问等在内的一系列综合性金融服务，提高交易效率的同时拓展自身收入来源，夯实潜在获利增长点。

2. 解决人力资本错配问题，发展有大金融特质的咨询服务

随着资本市场在我国的深入发展，未来大部分微观主体均有参与资本市场的动机。囿于资本市场的复杂性、专业性和风险性较强，微观主体进入资本市场需付出高昂的学习成本与时间成本，限制了其参与金融交易的深度与广度。因此，商业银行开展投资理财服务的空间较大，着力培育新收入增长点，增加中间业务收入，以弥补利率市场化背景下存贷利差缩小对竞争力的负面影响。

然而，当前的国有商业银行人力资本错配问题极为突出，大量具备金融背景的本科及以上学历的员工却从事技术含量较低的柜台与营销工作，较低的人力资本使用效率已成为商业银行竞争力提升的主要制约因素。因而，国有商业银行应及时调整人力资本使用结构，充分发挥人力资本存量优势，强化具备"大金融"特质的投资理财融资类咨询顾问服务的智力支持，拓宽个体及中小微企业投融资渠道，以增加非利息收入，进而达到优化收入结构、培育客户忠诚度与提升可持续发展能力的效果。

8.2.3 风险管理与业务调整并重

传统经济发展模式下，国有商业银行主营业务的僵化、固化导致的负面影响在中国经济步入新常态后逐步显露，国有商业银行的风险防控水平、信贷结

构以及经营的智慧化程度与经济环境以及宏观调控制度建设不适应、不匹配。同抓业务管理与取向调整是高质量发展阶段下国有商业银行重塑竞争力的重要抓手。

1. 注重化解与防范风险

受国内外经济下行，去产能、去库存结构调整政策指导，传统产能过剩、高污染以及房地产等行业的企业债务违约现象时有发生，国有商业银行在这些行业的信贷资产有明显劣变趋势，国有商业银行不良资产的比重持续增高。工商银行近几年的财务数据显示，2012—2016 年的不良贷款率呈逐年上升态势，分别为 0.85%、0.94%、1.13%、1.5%、1.62%，国有商业银行对公信贷资产质量管控形式严峻。因此，国有商业银行一是要注重对存量不良资产的处置，创新清收方式，加大清收力度，减少风险损失；二是加强对新增信贷资产投向的精细化、科学化管理，同步做好风险防范工作，保持稳定经营。

2. 积极调整信贷结构

理论与实践表明，实体经济对金融资源的需求从根本上决定了商业银行信贷资金的流向。当前，我国产业的整体发展状况是，传统产业加速萎缩，以人工智能、云计算、大数据为基础的高新技术产业发展前景广阔，康养文旅体教等"幸福产业"异军突起。产业结构的调整要求金融服务与之适应。国有商业银行过去的瞄准传统行业"垒大户"的信贷模式已不可取，应及时调整信贷投向。国有商业银行信贷结构调整步伐的加快，需从以下几个方面着手：

一是坚持分类导向。着力将传统产业分为积极进入类、审慎进入类和退出类等，实行行业信贷导向标准化政策，严控产业结构快速演变所引发的资产错配风险。二是布局新兴产业。通常而言，新兴产业具备科技含量高、契合市场需求、受国家鼓励支持的特征，市场发展前景好。国有商业银行以信贷支持新兴产业发展既能落实国家给予的引导经济结构优化的任务，也可持续获得较高的资本回报，强化利润长期稳定增长动力。三是以制度确保绿色金融良性发展。绿色经济是未来较长一段时期的发展导向。经济绿色化要求加大清洁能源、环境修复、污染防治等方面的投入，环保产业将迎来黄金发展期。国有商业银行不应将与环保有联系的业务均纳入绿色信贷范畴，粗放扩张绿色金融体量，而应制定领跑行业的绿色金融标准制度框架，认真甄别遴选优质的环保项目予以绿色信贷支持，以实现以绿色金融支撑竞争力提升的局面。

3. 全力打造智慧业务格局

新时代，科技与金融的深度融合颠覆了以往面对面的金融服务模式，对国有商业银行的零售金融而言，机遇与挑战并存。国有商业银行固有的经营逻辑使得零售金融市场份额被以余额宝为代表的"互联网+金融"瓜分的速度有增无减。国有商业银行以提升零售金融的科技含量、加速零售业务的智慧化转型为抓手，重塑自身竞争力已迫在眉睫。具体来说：

一要实现物理网点智慧化。人力成本与运营维护成本高企是国有商业银行利润率下滑的重要因素。国有商业银行既要拆撤客流量少的物理网点，也要推进客流量大的网点智能化与自助化改造升级；积极增设超级柜台设备和具备人脸识别功能的存取款设备，实现柜面业务智能化与便利化，释放人力资源为拓展诸如咨询顾问类服务提供智力支持；强化网点线上线下一体化建设，实现一点接入、全程响应的智慧化客户识别响应机制和精准营销服务闭环。

二要实现拓客方式智慧化。"触屏化"的金融需求模式大大降低了国有商业银行客流量，倒逼"等客"零售模式转型。国有商业银行一方面应从金融服务平台入手，以业务链条为支撑，构建良性循环的金融生态圈；另一方面，积极与互联网巨头开展跨界合作，共享互联网平台客户资源，变互联网用户为银行客户。此外，国有商业银行要借助嵌入式的金融服务增加年轻长尾客户储量。

三要实现客户维护智慧化。零售客户大量流失的重要原因是国有商业银行未充分了解微观主体金融需求的异质性。因而，国有商业银行应依托大数据分析客户行为特征，对全量客户进行智慧分层与精细化管理；借助远程运维机制实现中高端客户的单体维护和长尾客户的批量维护有机结合；提供差异化服务，制定适合不同目标客户群的基础产品渗透方案、金融资产配置方案和增值服务个性化方案。

8.2.4 变革管理模式

马克思主义政治经济学表明，管理是重要的生产力要素。良性的组织管理制度能有效改善企业的劳动生产效率，提高企业生产力；反之，则相反。商业银行也是企业，组织管理制度对其竞争力有极为重要的作用。国有大型商业银行竞争力再造的难点往往不在于如何确立战略或方向，也不在于如何创新技术或工具，而是在于如何破除管理体制机制制约。

横向来看，国有商业银行条块分割不利于管理效率提升。部门多、专业条线细分、管理分散是国有商业银行的突出特征。这种管理割裂的状态使以客户为中心的理念往往流于形式，难以集聚力量为客户量身打造定制服务，本质上是以各专业条线的产品销售为中心的。因此，国有商业银行区理顺组织架构，转变组织管理方式，通过多专业人员组成柔性团队，如为某类客户或某个项目专门组建委员会，整合人力资源，提升组织的灵活性和适应性，进而改善管理效率。

纵向来看，国有商业银行管理层级多影响信息传递，拉低了管理效率。从总行到一级分行、二级分行，再到支行与网点，总行的战略意图经多层传导后信息衰减严重，个体理解能力的差异也诱发贯彻执行偏差问题，而且冗长的信息传导链条致使基层网点也难以向上有效传递及时搜集的市场信息。这使得国有商业银行的决策效率、执行效率和市场反应效率相对较低，与互联网时代精准定位、快速应变的要求相背离，弱化了国有商业银行的竞争力。国有商业银行有必要充分借助考核指挥棒作用，建立直通化的考核评价机制，促进纵向直通化信息传导机制的形成，降低上下信息传递的损耗率，提升决策执行效率。

8.3 国有商业银行竞争力再造要正确处理的四大关系

提升国有商业银行竞争力归根结底是要寻求一个平衡点，一个各方关系和利害的最优解、效率和规模、盈利和社会责任、稳健与创新、表内与表外，非此即彼，任何一方打破平衡，都不利于国有商业银行的长远可持续发展。

8.3.1 效率与规模的关系

我国银行业经过多年的发展和变革，已具备一定的规模，并且规模还呈不断扩张的趋势。

2018 年年末数据显示，工商银行资产规模达 27.7 万亿元，建设银行资产规模达 23.2 万亿元，农业银行资产达 22.6 万亿元，中国银行资产规模达 21.3 万亿元，交通银行资产规模为 9.5 万亿元，已经形成庞大的金融帝国。现代经济学理论的一个基本观点是：任何一个经济单位要取得相当的收益，一定的经营规模是必须的，但并不意味着规模与收益始终保持正相关。同时，国有商业银行也呈现出规模快速扩张但效益增长放缓的趋势，也反映出商业银行亟需强化的是效率。许多学者研究表明，我国银行业存在的首要问题是效率低下。对规模与效率相关性的研究也得出相同的结论，资产规模与效率正相关但处在规模效应递减区间，这就需要银行在扩大资产规模的同时，更应重视资产结构的优化和内部管理水平的提升，从而增强银行的盈利能力和发展质量。

商业银行效率提升不仅是单一指标的改善，还是银行综合管理过程和结果的反映，是银行经营过程中"质"与"量"的统一。商业银行效率提升的实现路径也分很多种：一是业务发展质量与风险控制，通过正确的业务规划和方向选择以及完善的风控制度和文化，尽量控制风险对利润的侵蚀；二是优化资产配置，丰富资产投资渠道，提高资金的开发和利用效率；三是改变唯规模的粗放经营模式，选择内涵式集约化发展模式，努力实现银行盈利性、安全性和流动性的协调发展。

8.3.2 盈利性与社会性的关系

商业银行与一般工商企业一样，是以营利为目的的企业，依法经营，照章纳税，自负盈亏，这是商业银行的特征之一。虽然随着上市银行越来越多，银行由单一利润比较转向市值、效率、业务机构、经营战略等多元评价体系评价，但盈利能力无疑仍是评价银行最核心的指标，而且银行只有创造合理的盈利，才有持续发展的能力，才能加大科技等基础投资力度，在日益激烈的竞争中立于不败之地。合理的盈利能力也是商业银行扩大经营规模、增强银行信誉、提升科技能力的需要。

同时，任何企业和社会组织也兼具相应的社会责任，作为金融行业的支柱，国有商业银行更是肩负着保持金融稳定、服务社会经济的社会责任。西方发达国家发生了若干次规模较大的经济危机，使得国家经济停滞不前甚至倒退，也对全球经济发展造成了严重的影响，究其根本原因还是银行体系危机以及部分企业的唯利是图。国有商业银行作为国家经济的加速器和稳定器，更应该肩负应有的使命，不能一味地追求盈利，否则有可能导致更大的经营风险，也更谈不上发展了，唯有处理好盈利性与社会性的关系，才能促进商业银行实现良性可持续发展。

商业银行应承担的社会责任主要包括经济责任、法律责任、道德责任。

首先，应承担经济责任。经济责任一般指可以用经济手段度量的创造利润、实现价值的能力，也应该与商业银行的经济目标相一致，包括但不限于股东价值实现、保障国有及公众资金安全、维护经济金融稳定、发挥资源优化作用、增加税收贡献等。商业银行履行经济责任既可以改善自身所处的经济金融环境，也可以得到政府以及公众认可，从而获得更大的发展机会，并有能力履行更大的社会责任。

其次，应履行法律责任。法律责任指银行履行法律法规各项义务的责任，这里既有"积极责任"也有"消极责任"。履行法律责任指银行自身不仅要遵守国家法律法规，也要履行依法协助政府监督相关主体资金交易、依法纳税等责任，以及履行客户权益保护、员工权益保护业务的责任，和遵守环保、安全等法律规定的责任。在银行方面，要在日常管理过程中树立遵纪守法、诚实守信的管理理念，在全行上下营造懂法守法的浓厚氛围。在客户方面，银行要根据相关法律法规提供金融服务，做好客户信息保护、资金安全保障以及产品适当性推介等，切实保护金融消费者合法权益。在员工方面，切实履行雇主责任，依法保障员工劳动权、知情权、公平权，积极履行员工在劳动报酬获取、休息休假、福利待遇、社会保险等方面的法律义务。

最后，要履行道德责任。商业银行道德责任分为内部道德责任和外部道德责任，内部道德责任是指商业银行内部经营管理除了要满足法律法规的硬性规定外，也应该善待员工，在条件许可的情况下，要充分关注职工生命安全和身体健康，改善工作环境，自觉保障职工合法权益，注重职工成长成才，让每位职工都能分享银行发展成果；外部道德责任是指商业银行应该自觉遵守倡导正确的价值观，包括但不限于遵守商业道德、平等交易、诚实守信，以及尊重自然、爱护环境、珍惜节约资源等。从狭义视角看，银行的道德责任是银行自觉承担所肩负的对自己、对同业、对合作伙伴和对社会的道德义务，道德责任的内化就是所谓的企业良心，它由爱心、诚心、善心和公正之心所构成。

8.3.3 稳健性与创新性的关系

金融是国民经济的重要部门，是经济发展的血脉，而国有商业银行是我国金融体系的重要组成部分，尤其在直接融资工具相对比较匮乏的中国，大型基础工程等经济发展中创造的奇迹和"一带一路"倡议等的推进无不频繁地出现国有商业银行的影子。相比股改前，国有商业银行亏损严重、举步维艰，以致引起西方国家的中国崩盘论，经济发展也受到严重拖累，中外历史经验教训都已经反复证实，金融强则经济强、金融稳则经济稳，而国有商业银行无疑又是金融体系的定海神针，稳健经营也始终是其战略的内在基因。同时，国有商业银行也具有一般商业银行的属性，需要通过金融创新提高市场竞争力，推动自身的发展。但金融的过度创新也引发了美国次贷危机等对经济社会发展杀伤力极强的金融风暴，金融创新被定义为金融市场的双刃剑，处理好稳健性与创新性的关系，对于国有银行的持续健康发展具有非常重要的意义。

综上所述，笔者认为，国有商业银行在发展过程中要妥善处理好业务创新与稳健发展的关系，要保持创新的活力，亦要评估和重视创新过程中潜在的风险，适度创新、科学创新，不被眼前的短期利益蒙蔽，不脱离实际盲目创新，要在做好规划和风险防控的前提下，以长远眼光和视野开展创新工作。

8.3.4 表内业务与表外业务的关系

商业银行的主要业务根据是否反映在当期资产负债表上可分为表内业务和表外业务，表内业务核算的是现有资产、负债和所有者权益，而表外业务的共同点是银行自身不提供资金，也未形成实际的资产和实际的负债，可以定义为或有资产和或有负债。表内业务很容易理解，就是我们常见的存款、贷款、票据、透支及各项垫款等，表外业务则多是非标准化或创新型业务，有担保类、承诺类、服务类、代理类、咨询类以及金融衍生交易类等业务。

两大类业务从规模上看，并无对立关系，可同步增长；从占比上看，二者此消彼长，每家银行都有自己的平衡战略。表内业务是商业银行的传统业务，是商业银行稳定经营的基础；表外业务是随着商业银行业务的创新和拓展，逐渐衍生而来的，具有拓展商业银行业务范围和利润来源的重要作用。当前，在利率市场化背景下，商业银行竞争日趋激励，利差逐渐收窄，倒逼商业银行不断拓宽经营范围，维持利润水平稳定。然而，各大商业银行在大力发展表外业务的同时，出现了一些金融市场乱象，金融风险汇聚，政府不断加强对银行业的监管，倡导银行经营回归本源。国有商业银行在业务发展过程中，要综合考量宏观经济、外部监管、业务发展之间的关系，科学规划表内外业务发展战略，始终要以表内业务为基石，保持基业长青，以表外业务创新为引擎，占领行业龙头地位。

8.4 本章小结

在前文对新时代背景、国外经验，以及国有商业银行现状、存在问题、职能拓展分析的基础上，本章围绕组织架构、内部管理、金融科技、业务产品、客户服务五大方面，提出了创新建议；指出了国有商业银行竞争力再造四大路径，即转变发展观念、创新中介职能、风险管理与业务调整并重、变革管理模式，以及对如何正确处理好效率与规模、盈利性与社会性、稳健性与创新性、表内业务与表外业务四大关系，提出了建议。

9 基本结论与后续展望

9.1 基本结论

在本书中，笔者采用了文献查找梳理归类法、定性分析与定量分析相结合法、规范分析与实证分析相结合法、比较研究与经验总结法等多种方法对新时代背景下国有商业银行竞争力再造的理论基础、框架构建、水平评价、职能拓展以及发展策略等方面的内容展开了研究。从众多的研究内容中，本书可以得到如下基本结论：

1. 新时代背景下，国有商业银行需要开展竞争力再造

本书将历史时点定格在 2013 年以后，汇聚种种国际国内、经济政治、科技人文等重大事件，形成了新时代的时代特征，通过分析新时代互联网金融发展、经济新常态、利率市场化、全球化加深、金融科技、金融监管等具体因素对商业银行经营管理的影响路径，看清了国有商业银行面临的被动局面，如互联网企业等跨界竞争、外资银行竞争、经济增速放缓、经济结构调整、利差收窄、技术瓶颈、金融消费升级等。马云曾经说："银行不改变，我们就改变银行。"足以说明国有商业银行在新时代自我革新，重塑竞争力的必要性。

2. 适应能力是国有商业银行在瞬息万变的经营环境中最核心的竞争力

面临这么一个"快餐式"的社会环境，唯有出手更快者方能取胜。本书突破已有文献将商业银行竞争力局限于财务指标的范式，认为财务指标只是一个结果，可以衡量过去，不能代表未来。本书提出商业银行的竞争力并不是在明处和竞争对手你死我活的斗争，而是和自己竞争，是不断改变自己，适应外部环境的变化，不断调整升级，适应未来发展的需要。这种竞争，是对五力模型潜在进入者的扩展，潜在进入者已经不再局限于同一个行业和业务的范围，而是扩张到一切创新的技术和环境，一切有可能催生出使传统业务消亡的新技

术和新事物。同时，本书指出商业银行的适应能力体现在几个维度，一是宏观经济维度，二是政府维度，三是市场维度，将各维度进行细分后，总结出商业银行竞争力实为商业银行的环境适应能力，具体表现在对市场、政府、新经济、全球化等环境的适应能力。

3. 国有商业银行在跨界经营的边界上具备越来越多的职能

首先，在以互联网企业为代表的其他产业向金融行业大举进军的同时，银行业也在谋划着建立生态圈，积极融入这场跨界大潮，发展金融平台职能。金融平台职能包括以线下网点为核心构建金融生态圈，和以线上渠道为核心构建开放银行平台。金融平台职能的核心是银行围绕人们的衣、食、住、行、娱、学、购等方方面面，将金融服务深度嵌入老百姓的生活当中，与政府、学校、医院、周边商户合作，提供各类政务服务、校园金融服务、银医服务等。其次，国有商业银行作为企业公民，作为商业银行的领头羊，应履行金融公民职能，就当下而言，要积极响应政府发展绿色金融与普惠金融的号召，积极做好战略转型，调整信贷资金投向。同时，应在灾害来临时，展现出国有大行担当，发展救灾金融。最后，在我国逐步打开金融市场大门的时候，国内市场竞争愈发激烈，商业银行应该尝试参与全球市场竞争。近年来，国有商业银行已经具备"走出去"发展的实力，尤其是在"一带一路"倡议下，沿线和周边国家为国有商业银行向外拓展提供了巨大的市场空间。同时，金融实力是一国国际竞争力的重要组成部分，国有商业银行拓展境外业务也是履行国家金融外交职能、辅助我国国际战略实现、展示我国实力的需要。

4. 国有商业银行需要自我革新才能增强适应能力

从本书的分析可以看出，国有商业银行经营的环境发生了变化，国有商业银行原来的垄断地位受到了威胁，倒逼国有商业银行对组织架构、内部管理做出调整，推动金融科技快速创新和应用，实现业务产品和客户服务快速迭代，满足市场需要。这就要求国有商业银行要转变固有的"唯大""等客"等经营理念，拓展职责范围，正确处理效率与规模、稳健与创新等的对立统一关系。

5. 国有商业银行的发展方向得到科学指标体系的验证

商业银行竞争力是一个复杂的系统，需要建立综合评价指标体系加以量化分析。根据商业银行竞争力的定义，商业银行竞争力水平涵盖市场适应能力、政府适应能力、客户适应能力、新经济适应能力和国际化适应能力五个方面的内容。依据投入产出的基本经济学原理，将商业银行竞争力水平视为最终产出，上述五个竞争力视为投入要素，那么，关于商业银行竞争力水平的投入产出关系可以表示为一个复合的隐函数，这个函数值为商业银行竞争力指数，用以反映商业银行在时间窗口内与样本银行相比的竞争力水平。

将商业银行竞争力作为一级指标，将上述五个竞争力作为二级指标，遵循科学性、可行性、目的性、指向性等一系列原则，从大量的可衡量国有商业银行竞争力的指标中筛选出最有效的指标，最终确定出24个三级指标，用以分析和挖掘商业银行竞争力水平的具体影响因素。

本书采用熵值法对商业银行竞争力水平进行评价。根据商业银行竞争力评价的多元指标体系，本书基于2012—2018年反映商业银行竞争力的多元指标，使用熵值法计算时间窗口内各商业银行的竞争力指数，并对商业银行竞争力水平进行评价。整体来看，国有商业银行的竞争力水平要高于其他股份制商业银行。2012年，五大国有商业银行竞争力指数的平均值约是0.29，至2018年缓慢上升为0.33。同期，其他8家股份制商业银行竞争力指数的平均值由2012年的0.28下滑至2018年的0.26。这说明，近些年国有商业银行面临日益激烈的市场竞争压力而推进的管理、战略、业务、经营模式等变革有所成效。

9.2 后续展望

国有商业银行竞争力问题是个受多方面因素影响的复杂问题，受限于笔者的理论基础、眼界学识等，以及数据的可得性，本书的研究范围没有覆盖商业银行竞争力问题的所有方面，对部分内容的研究也不够深入。本书只是笔者研究国有商业银行竞争力问题的开端，在今后的研究中，笔者将从以下几个方面开展深入研究：

一是补充竞争力评价维度。国有商业银行竞争力问题是个非常复杂的系统性问题，影响国有商业银行竞争力的因素来自方方面面，本书在对评级指标体系进行设计的时候，由于数据可得性等，部分指标未能被纳入指标体系，在后续的研究中要进一步补充。

二是丰富外部环境观察角度。影响国有商业银行竞争力的外部环境因素众多，而且千变万化，本书对新时代外部环境的分析只选取了重点方面，未能穷尽，需要根据外部环境的重要性、主次性的变化开展后续研究。

三是完善国有商业银行竞争力再造的方法策略。本书提出的国有商业银行竞争力提升对策基于的是研究期间的背景，它是一个方法论，需要在后续基于实践结果不断完善。

参考文献

边卫红，廖淑萍，王玉婷，等，2012. 摩根大通巨额亏损事件的原因及影响探析 [J]. 国际金融（6）：13-19.

波特，2014. 竞争优势 [M]. 陈丽芳，译. 北京：中信出版社.

曹凤岐，2015. 互联网金融对传统金融的挑战 [J]. 金融论坛（1）：3-6，65.

曹永栋，陆跃祥，2012. 城市商业银行竞争力指标体系及其对策设计 [J]. 改革（1）：66-74.

曾康霖，2015. 曾康霖文集：进言与献策 [M]. 成都：西南财经大学出版社.

曾康霖，2015. 曾康霖文集：育英与咀华 [M]. 成都：西南财经大学出版社.

陈红平，吕强，2002. 试论我国商业银行竞争力的影响因素及改进对策 [J]. 广东商学院学报（1）：68-72.

陈四清，2019. 全球银行业转型镜鉴 [M]. 北京：中国金融出版社.

陈一洪，2017. 城市商业银行竞争力分析（2009~2016）：基于横向对比与动态发展的视角 [J]. 当代金融研究（2）：111-123.

陈雨露，杨栋，2016. 世界是不金融史 [M]. 南昌：江西教育出版社.

陈雨露，甄峰，2011. 大型商业银行国际竞争力：理论框架与国际比较 [J]. 国际金融研究（2）：89-95.

程华，程伟波，2017. 新常态、新经济与商业银行发展转型 [J]. 金融监管研究（2）：81-92.

程华，杨云志，2016. 区块链发展趋势与商业银行应对策略研究 [J]. 金融监管研究（6）：73-91.

程惠霞，2007. 马克思主义银行理论与中国中小银行发展 [J]. 经济经纬（1）：148-150.

迟国泰，郑杏果，杨中原，2009. 基于主成分分析的国有商业银行竞争力评价研究 [J]. 管理学报 (2)：228-233.

崔晓蕾，吴凡，李子怡，2019. 德意志银行重大战略转型对中国银行业的启示 [J]. 农村金融研究 (12)：70-74.

丁丁，2018. 汇丰银行跨国联动机制分析 [J]. 经济师 (8)：126，128.

丁欢新，2003. 商业银行竞争力评价的现状及评价指标构建 [J]. 商业经济与管理 (11)：56-59.

杜静，2010. 汇丰银行的实践对我国商业银行发展的启示 [J]. 福建金融 (1)：40-41.

杜莉，张鑫，2014. 国有商业银行产权制度改革绩效评析 [J]. 经济学家 (2)：73-79.

段卫平，2002. 国有商业银行与股份制商业银行竞争力比较分析：兼论中国商业银行的增量改革 [J]. 中央财经大学学报 (7)：29-32.

樊纲，1998. 论竞争力：关于科技进步与经济效益关系的思考 [J]. 管理世界 (3)：10-15.

樊志刚，黄旭，谢尔曼，2014. 互联网时代商业银行的竞争战略 [J]. 金融论坛 (10)：3-10，20.

范伟强，2001. 中国商业银行竞争力评估与比较 [J]. 南开金融研究 (3)：27-31.

方先明，苏晓珺，孙利，2014. 我国商业银行竞争力水平研究：基于2010—2012 年 16 家上市商业银行数据的分析 [J]. 中央财经大学学报 (3)：31-38.

龚明华，2006. 现代金融中介和金融市场理论：演进及前沿 [M]. 北京：经济科学出版社.

郭少泉，2018. 建设现代商业银行公司治理体系 [J]. 中国金融 (14)：42-44.

韩凡申，2020. 全球化背景下国际经济与贸易的发展趋势 [J]. 中国市场 (5)：69，85.

何大勇，谭彦，陈本强，等，2007. 银行转型 2025 [M]. 北京：中信出版社.

何淼，2015. 城市商业银行竞争力提升对策研究 [J]. 商业经济 (3)：151-152.

胡昆，李璐，2019. 德意志银行战略转型分析 [J]. 中国金融 (16)：87

-89.

胡锟，2019. 德意志银行全球败退［J］. 英才（3）：86-87.

黄茂兴，叶琪，陈洪昭，2016. 马克思主义竞争理论及其在当代中国的运用与发展［J］. 数量经济技术经济研究（5）：17-29.

黄宪，牛慕鸿，2008. 商业银行竞争力研究的新框架：以X效率为核心的三层次分析［J］. 国际金融研究（7）：25-32.

黄益，曹裕静，陶坤玉，等，2019. 货币政策与宏观审慎政策共同支持宏观经济稳定［J］. 金融研究（12）：70-91.

姬晓婷，2018. 中国大型商业银行国际竞争力比较与借鉴［J］. 甘肃金融（10）：57-66.

姜建清，蒋立场，2016. 近代中国外商银行史［M］. 北京：中信出版社.

科斯，2014. 企业、市场与法律［M］. 盛洪，陈郁，译. 上海：格致出版社.

孔彩梅，2012. 我国城市商业银行的SWOT分析及其市场定位［J］. 中国浦东干部学院学报（3）：106-108.

孔永和.，2017 中国经济新常态的趋势性特征及政策取向［J］. 当代经济（33）：20-21.

雷友，2014. 西部地区城市商业银行竞争力比较［J］. 改革（11）：63-73.

李春胜，2012. 城市商业银行异地分支机构迅速扩张的问题与思考［J］. 内蒙古金融研究（8）：27-29.

李庚寅，2000. 商业银行管理理论演变的辩证思考［J］. 暨南学报（哲学社会科学）（1）：81-86.

李继尊，2015. 关于互联网金融的思考李继尊［J］. 管理世界（7）：1-7，16

李明，2017. 国有银行盈利能力影响因素分析［J］. 山东理工大学学报（社会科学版）（6）：10-17.

李瑞红，2015. 汇丰银行的管理经验及我国银行业治理改革［J］. 金融教学与研究（1）：34-35，76.

李文颖，马广奇，2013. 中美商业银行竞争力比较研究：基于改进后的CAMEL框架［J］. 南京财经大学学报（2）：44-51.

李鑫，徐唯燊，2014. 对当前我国互联网金融若干问题的辨析［J］. 财经科学（9）：1-9.

李燕，2019. "汇金模式"下国有大型商业银行治理的应然与实然［J］.

学术界（12）：64-76.

李瑶函，刘俊，2018. 我国商业银行绿色金融业务的发展现状、问题及对策分析 [J]. 科技经济市场（8）：52-54.

李政，2006. 基于创新的商业银行核心竞争力评价体系研究 [J]. 金融理论与实践（8）：24-26.

李志刚，2013. 商业银行综合化经营实施对策 [J]. 中国金融（11）：40-42.

梁荣栋，2018. 城市商业银行2018年信用风险展望 [J]. 债券（2）：31-35.

刘方健，杨继瑞，2016. 曾康霖学术思想考 [M]. 成都：西南财经大学出版社.

刘惠好，焦文妞，2019. 金融强监管对银行个体风险影响的实证研究 [J]. 金融监管研究（10）：39-52.

刘婧，2015. 我国商业银行竞争力的评估 [J]. 河北工程大学学报（社会科学版）（4）：42-45.

刘念，2015. 基于大数据时代的互联网金融创新研究 [J]. 商场现代化（30）：125-126.

刘诗白，丁任重，李萍，等，2011. 马克思主义政治经济学原理 [M]. 成都：西南财经大学出版社.

刘水根，2014. 基于因子分析的商业银行竞争力研究 [J]. 金融与经济（3）：53-56.

刘锡良，刘软，2006. 提升我国商业银行竞争力：成本领先战略视角 [J]. 金融研究（4）：71-81.

刘永强，2009. 银行业企业核心竞争力评价指标体系的建立及因子分析 [J]. 商业经济（21）：68-69.

刘子源，2019. 利率市场化对我国国有商业银行的影响及对策分析 [J]. 现代经济信息（12）：316-317.

陆岷峰，李蔚，2019. 金融供给侧改革中商业银行的担当与实施路径 [J]. 福建金融（6）：4-12.

陆岷峰，高伦，2019. 强监管背景下商业银行资本管理应对措施的选择：基于《巴塞尔协议Ⅲ》对我国商业银行资本监管的影响与启示 [J]. 金陵科技学院学报（社会科学版）（4）：1-5.

罗仲平，蒋琳，2004. 中国商业银行竞争力变动态势研究 [J]. 经济学家（5）：88-95.

马勇，姜伊晴，2019. "双支柱"调控的研究进展：综述与评介 [J]. 金融评论 (6)：1-14.

马运全，2018. 中央银行沟通机制国际经验及借鉴 [J]. 金融理论与教学 (2)：21-24，37.

苗娟，2016. 互联网金融背景下提高商业银行竞争力研究 [J]. 安阳师范学院学报 (4)：34-36.

潘炳强，2006. 商业银行经营模式转型路径探究 [J]. 理论学习 (11)：44.

潘功胜，等，2008. 国际大型商业银行成长之路 [M]. 北京：中国金融出版社.

彭碧浪，张晓琳，2006. 基于公司内部法人治理机制的新老三会关系研究 [J]. 特区经济 (6)：199-200.

彭霞，2007. 提升我国商业银行竞争力策略研究 [J]. 企业家天地 (8)：101-102.

蒲涛，蒲适，2009. 美国银行战略转型及对中国银行业的启示 [J]. 西南石油大学学报（社会科学版）(3)：9-11.

齐建国，王红，彭绪庶，等，2015. 中国经济新常态的内涵和形成机制 [J] 经济纵横 (3)：7-17.

乔向兵，徐琳，2015. 商业银行的金融创新与收益分析 [J]. 科教文汇（下旬刊）(3)：225-226.

乔云霞，2006. 我国股份制商业银行核心竞争力的评价与分析 [J]. 当代经济科学 (3)：60-64.

邱兆祥，2009. 耕耘和探索 [M]. 北京：中国财政经济出版社.

屈婷婷，2019. 商业银行经营管理风险分析：以日本三菱金融集团为例 [J]. 开封教育学院学报 (12)：256-257.

阮国军，2015. 我国国有商业银行风险管理分析 [J]. 现代国企研究 (8)：167.

阮开武，2017. 浅谈新常态下商业银行的转型路径 [J]. 时代金融 (10)：142-144.

石庆波，2014. 法人治理模式下"新老三会"的组织制度设计 [J]. 管理世界 (25)：66-67.

宋文昌，2007. 国内上市股份制商业银行竞争力比较研究 [J]. 山西财经大学学报 (3)：94-100.

宋文昌，2007. 商业银行提升服务品质的途径 [J]. 中国金融 (3)：34-36.

隋平，2013. 银行公司治理：现存问题与制度重构 [J]. 云南社会科学 (6)：61-65.

谭斌，郭凯，2008. 我国主要商业银行竞争力的实证分析 [J]. 统计教育 (3)：53-55.

唐亮，杨玉娟，2012. 后金融危机背景下国有企业"新、老三会"关系研究 [J]. 中国外资 (22)：238.

王佃凯，张炎炎，2019. 德意志银行裁撤投行业务的改革与启示 [J]. 银行家 (9)：123-125.

王光远，2015. 基于互联网金融背景下商业银行转型发展对策研究 [J]. 投资研究 (6)：154-160.

王军，2011. 商业银行核心竞争力评价的指标体系构建与运用 [J]. 统计与决策 (5)：137-140.

王立胜，2019. 中国政治经济学学术影响力评价报告2019 [M]. 济南：济南出版社.

王丽，杨斌，2008. 浅谈中国商业银行的金融创新 [J]. 经济与管理 (11)：51-53.

王晟，2016. 区块链式法定货币体系研究 [J]. 经济学家 (9)：77-85.

王松奇，2018. 商业银行竞争力报告 [M]. 北京：中国金融出版社.

王未卿，姚娆，刘澄，2014. 商业银行客户流失的影响因素：基于生存分析方法的研究 [J]. 金融论坛 (1)：73-79.

王一成，达津，1996. 简明中国银行史（一）[J]. 中国钱币 (1)：54-56.

温彬，2004. 商业银行核心竞争力研究 [J]. 国际金融研究 (4)：58-64.

夏仕龙，2020. 我国货币政策和宏观审慎政策双支柱调控框架研究 [J]. 区域金融研究 (1)：5-16.

向鸿瑾，2019. 汇丰银行对我国商业银行发展的启示分析 [J]. 现代商业 (21)：106-107.

肖丽，叶蜀君，2014. 公司治理与银行稳定的关系研究 [J]. 南京社会科学 (3)：50-56.

徐志宏，2006. 关于我国商业银行经营转型的几个认识问题 [J]. 金融论坛 (9)：11-15.

薛超，李政，2013. 城市商业银行绩效：地区经济、金融发展及跨区域经营 [J]. 财经论丛 (6)：39-45.

闫旭红，2019. 我国商业银行的国际化经营研究 [J]. 时代金融（8）：37-38.

杨德勇，李杰，2007. 金融中介学教程 [M]. 北京：中国人民大学出版社.

杨钢，2019. 浅析互联网金融背景下传统商业银行营销中的问题与对策 [J]. 现代营销（下旬刊）（12）：50-51.

杨家才，2008. 商业银行竞争力及其评价研究 [J]. 改革（12）：148-163.

杨凯生，2016. 金融笔记 [M]. 北京：人民出版社.

杨芮，董希淼，2015. 上市股份制商业银行转型路径与挑战 [J]. 清华金融评论（12）：74-76.

杨小波，2012. 科学发展观引领下的国有商业银行发展研究 [J]. 中国市场（5）：49-50，82.

杨杨，代增丽，2006. 商业银行管理理论发展脉络的梳理与思考 [J]. 海南金融（9）：14-16.

姚铮，邵勤华，2005. 商业银行竞争力评价指标选择及其权重确定 [J]. 科技进步与对策（1）：60-63.

易纲，赵先信，2001. 中国的银行竞争：机构扩张、工具创新与产权改革 [J]. 经济研究（8）：25-32.

益言，2016. 区块链的发展现状、银行面临的挑战及对策分析 [J]. 金融会计（4）：46-50.

尹练文，2019. 商业银行人力资源管理中存在的问题及对策研究 [J]. 中国管理信息化（23）：95-96.

袁舟，2014. 我国商业银行竞争力研究 [J]. 南京理工大学学报（社会科学版）（6）：22-26.

张承惠，2015. 新常态对中国金融体系的新挑战 [J]. 金融研究（2）：9-15.

张迪，2019. 商业银行内部控制审计现状与问题研究 [J]. 经营与管理（2）：42-44.

张建萍，李海涛，2019. 商业银行内部控制的常见问题及对策 [J]. 财会学习（34）：251，253.

张磊，2004. 商业银行核心竞争力问题研究 [J]. 生产力研究（1）：82-84.

张梅，2004. 影响我国商业银行竞争力因素的分析 [J]. 河南金融管理干部学院学报（4）：51-52.

张萌萌，叶耀明，2018. 综合化经营监管对交叉性金融风险的影响［J］. 金融论坛（8）：28-42.

张萍，2017. 互联网金融在中国的发展与影响研究［J］. 知识经济（2）：53-54.

张衢，2008. 掀起银行的盖头［M］. 长春：吉林科学技术出版社.

张衢，2017. 银行业与未来［M］. 北京：中国金融出版社.

张兴荣，王哲，2018. 日本三大金融集团转型的实践经验［J］. 银行家（2）：94-97.

张莹，2015. 基于产业经济学视角的国有商业银行绩效分析［J］. 商场现代化（4）：248.

赵碧莹，2019. 中国商业银行竞争力评价与影响因素研究［J］. 金融监管研究（5）：70-82

赵睿琳，2014. 中国农业银行核心竞争力分析［J］. 科技视界（22）：321-322.

赵昕，薛俊波，殷克东，2002. 基于 DEA 的商业银行竞争力分析［J］. 数量经济技术经济研究（9）：84-87.

马克思，2004. 资本论：第1卷［M］. 北京：人民出版社.

马克思，2004. 资本论：第2卷［M］. 北京：人民出版社.

马克思，2004. 资本论：第3卷［M］. 北京：人民出版社.

周民源，2012. 中国商业银行转型的路径选择研究［J］. 金融监管研究（9）：54-68.

周琼，韩军伟，2016. 摩根大通近十年发展情况分析及启示［J］. 银行家（8）：95-100.

邹东涛，2002. 马克思的竞争理论之我见［C］//中国《资本论》研究会第11次学术年会论文集.

邹新，2012. 富国银行抵御危机之道及投资价值分析［J］. 金融论坛（9）：38-44.

ABOAGYE A，AKOENA S K，ANTWIASARE T，et al.，2008. Explaining market power in the Ghanaian banking industry［J］. South African Journal of Economics 76（4）：569-585.

ANTHONY M，2013. Simpasa. Increased foreign bank presence, privatisation and competition in the Zambian banking sector［J］. Increased foreign bank presence（8）：787-808.

BOATENG A, HUANG W, KUFUOR N K, 2015. Commercial bank ownership and performance in China [J]. Applied Economics (49/51): 5320-5336

DRAKE, 2001. Efficiency and productivity change in UK banking [J]. Applied Financial Economics, 11 (5): 557-571.

GENAY, HESNA, PODJASEK, et al., 2014. What is the impact of a low interest rate environment on bank profitability? [J]. Chicago Fed Letter.

GODDARD, JETAL, 2009. The crisis in UK banking [J]. Public Money & management, 29 (5): 277-284.

HRYCKIEWICZ A, KOZLOWSKI L, 2018. A horserace or boost in market power? Banking sector competition after foreign bank divestment [J]. Rearchgate (11): 371-389.

Jones I W, Pollitt M G, 2016. How UK banks are changing their corporate culture and practice following the financial crisis of 2007-08 [J]. Centre for Business Research, University of Cambrige Working Paper.

TAYAN B, 2019. The Wells Fargo cross-selling scandal [J]. Rock Center for Corporate Governance at Stanford University Closer Look Series: Topics, Issues and Controversies in Corporate Governance No. CGRP-62 Version (2).

TIMOTHY J. RICHARDS, RAM N, 2007. Acharya and Albert Kagan. Spatial Competition and Market Power in Banking [J]. Timothy J. Richards et al (5): 436-454.

ZOU X, NIU X Y, 2012. Wells Fargo's Way to Resist Crisis and the Analysis of Investment Value [J]. Finance Forum (9): 38-44.

后　记

国有商业银行竞争力问题是一个受多方面因素影响的复杂问题，囿于笔者的理论基础、眼界学识以及资料的可得性，本书的研究范围没有覆盖国有商业银行竞争力问题的所有方面，对于评价维度、外部环境观察视角、竞争力再造策略的研究也不够全面。笔者将以本书为始，加强理论学习，丰富实践经验，不断深化国有商业银行竞争力再造问题研究。

本书参考借鉴了诸多前辈、学者的相关研究，汲取了国内外先进银行的实践经验。尽管本书采用了大量脚注对这些相关成果进行标识，但难免会出现疏忽遗漏，敬请谅解。此处，对进行相关研究的学术前辈们一并表示诚挚的谢意。

本书的撰写与成稿，得到著名马克思主义经济学家丁任重教授的恳切指导。迷茫时，恩师日夜操心指明方向；受挫时，恩师耐心开导激励前行。本书的每一点成果都凝聚着恩师的心血。学者之路漫漫，我将不忘初心，继续前进。适逢本书出版，谨以此谢师恩。

杨英

2022 年 3 月